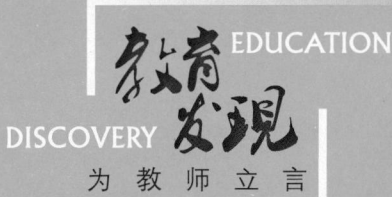

教育发现

RANG XUEXI ZHENZHENG FASHENG

让学习真正发生

小学数学任务驱动式教学解读与实施

严育洪 著

山东文艺出版社

前　言

如今，许多数学课堂不能尽如人意，集中表现为学生的学习力不强。学习力并不就等于学习能力，学习能力只是学习力中的一个要素。学习力由学习的动力、学习的毅力和学习的能力三个要素组成（也有人认为还包括学习的潜力）。许多教师只盯着学生学习能力的提高，而且，学习能力中也往往只盯着应试能力，因为它直接作用于考试成绩。

殊不知，学习动力和学习毅力也至关重要，它既关乎学生学习的发动，更关乎学生学习的持续。要知道，学生学习兴趣的平淡以及学习毅力的走低，是如今数学课堂的最大问题。学习动力不足，很容易让学生的学习成为被动学习。学习毅力不强，很容易让学生的学习成为浅层学习。这些都在制约着学生学习能力的提高。

由此可见，要提高学生的学习能力，必须重视学生学习动力和学习毅力，学习动力如同学生学习的发动机，而学习毅力如同学生学习的永动机。从另一角度看，学生要具备较强的学习动力和学习毅力，也必须具备较强的学习能力，否则也长久不了。因为有能力才可以保证学生长久地专注学习，有能力才可以保证学生坚定地排除困难。

做一个"狠心"的教师

学生学习动力、学习毅力和学习能力三"力"不强的课堂面貌,很多时候是由教师自己造成的。那么,该做一个怎样的教师?教师该怎样进行教学?或许下面两个故事能给我们带来启发——

【故事1】美国的一家动物园,新来了一个河马饲养员。老饲养员告诉他,不要喂河马过多的食物,不要怕它饿着,以免它长不大。新饲养员十分纳闷。他没有听老饲养员的话,拼命地喂他的那只河马。在他喂养的河马面前,到处都是食物,人们无不感到他的仁慈和善意。

两个月后,他发现他的河马没有长多少,而老饲养员不怎么喂的那一只,却长得飞快。他以为是两只河马自身的素质有差别。老饲养员不说什么,与他换着喂。不久,老饲养员的那只河马又超过了他喂的河马,他大惑不解。

老饲养员这时才一语道破天机:你喂的那只河马,太不缺食物,反而拿食物不当回事,不好好吃食,自然长不大。我的这一只,总是在食物缺乏中过生活,因此它懂得珍惜,是珍惜使它有所获得。珍惜是一种正常的生命反应,甚至是一种促动。

【故事2】日本的一家动物园,一个常年喂养猴子的人,不是将食物好好地摆在那儿,而是费尽心思,将食物放在一个树洞里,猴子很难吃到。正因为吃不到,猴子反而想尽了办法要去吃,猴子整天为吃而琢磨,后来终于学会了用树枝努力地把食物从树洞里弄出来。

别人都很奇怪,对养猴人说,你不该如此喂养猴子。养猴人却说:你把食物摆在猴子跟前,它连看都懒得看,也不会主动去吃;

只有换了这种办法去喂它，你越是让它够不着，它才越会努力去够，正因为很难得到，在得到时，它才会珍惜。珍惜，使普通的东西变为好东西。

在上述两个故事中，养河马的人和养猴子的人，从日常生活中都发现了一个道理——不能"好好"喂养他们的动物。联想到我们的教学，教师为了能让学生"好好"地学习知识，绞尽脑汁地把学生"该有的"和"该要的"知识都准备好并无私奉献给学生，不忍心也不甘心让学生"不够吃"和"吃不够"，担心学生因此而"饿"着。于是，复习铺垫"一应俱全"，不怕学生"一帆风顺"，只怕学生"难懂"知识；新授讲解"无微不至"，不怕学生"无话可说"，只怕学生"难解"知识；巩固练习"铺天盖地"，不怕学生"昏天黑地"，只怕学生"难留"知识。由此，教师"慈母"般的关怀因过分"不放心"而异化成"保姆"式的包办，学生学习知识"得来全不费工夫"，缺乏"惊涛拍岸"般激动人心的深刻体验，更多的是单调枯燥、机械重复留下的苦恼与厌倦。

知识获得得轻而易举，使学生不再有学习的动力，更不用谈学习的毅力和学习的能力。也就是说，我们不能做一个"好心"的教师，而应该做一个"狠心"的教师；我们的教学也不应该让学生"好好学习"，而应该让学生在"不够吃"和"吃不够"中奋发图强、自强不息，最终觅得知识，这样得到的知识学生才会珍惜。我们应该永远记住这样的道理：你获取信息的过程有多简单，你遗忘信息的速度就有多快。一个不经过思考就能轻易得到的答案，也无法在脑海中停留太久。

人世间，什么东西是最宝贵的？解释多种多样，但有一个规律，就是那些离人们远又难够到的东西往往被视作宝贵。同理，教学中什么知识是最宝贵的？解释也多种多样，但有一条不容忽视，即离学生远又难得到的知识往往最为宝贵。在此意义上，不让学生"好好"学习的

"狠心"教师反而能让学生学得更好。

由此，在小学数学教学中，就要求教学设计具有挑战性，例如减少复习铺垫的暗示性、加大新授讲解的探究性、提升巩固练习的思考性，从而增加学生学习知识的"阻力"，让学生在完成知识学习的过程中充满饥饿感——"不够吃"和"吃不够"，但获取知识又不是那么轻而易举，只能在困难中自力更生、艰苦奋斗，由此品尝到知识习得过程中的"酸甜苦辣"，最后取得胜利。这样的"果实"，学生才会"吃"得更有滋味、更有营养。

最好的教学是让学生自己去学习，并能够克服学习中的困难，这样也就能够让学生获得最多的学习体验。意大利教育家蒙台梭利提出了"体验是最好的老师"的思想——"对孩子来说，听到的，容易忘记，看到的，记忆不深，只有亲身实践和体验到的，才会刻骨铭心，终生难忘。"而有挑战性的体验更能让学生刻骨铭心。

体验教育要求施教者积极创设各种情境，引导学生由被动到主动、由依赖到自主、由接受性到创造性地对教育情境进行体验，并且在体验中学会避免、战胜和转化消极的情感与错误的认识，发展、享受和利用积极的情感与正确的认识，使学生充分感受蕴藏于这种教育活动中的欢乐与愉悦，从而达到促进学生自主发展的目的。

我们可以发现，"让学生自己去学习"并不是一开始就命令学生自己去学习，而是"要求施教者积极创设各种情境，引导学生由被动到主动、由依赖到自主、由接受性到创造性地对教育情境进行体验"，也就是首先应该激发学生的学习动力，以此驱动学生自己去学习。

"人，才，是教学中至高无上的"

"让学生自己去学习"，并非不再需要教师，相反，教师非常关键。课始，教师组织教学所起的作用，课中，教师组织教学所用的方式，都直接关乎着学生这些"人"和其"才"是否能够得到充分的彰显。

一个测试题——"人才是世界上至高无上的",对于这样一句话,你会怎么去断句?

"人才,是世界上至高无上的。"这是大多数人的解读。虽然"人"在"才"前,但这种解读重点是"才",往往忽视"人"的存在。

也有人断成"人,才是世界上至高无上的。"一个"人"字独自占先,人的尊严和意志、人的肉体和精神……"人"的丰富内涵凛然而醒目。对句子这样理解的人,往往看重人的本质。

"人,才,是世界上至高无上的。"这是第三种理解。把"人"放在首位,又不忽视"才"的创造价值,这样理解的人考虑问题或许更全面。

在教学中,要能够兼顾学习动力、学习毅力和学习能力这让学习真正发生的三大引擎,我们必须采用"人,才,是世界上至高无上的"这种理解——"人,才,是教学中至高无上的",在以人为本的教学理念下,给每一个学生发挥才能的机会和舞台。

"人,才,是教学中至高无上的",我们要遵循学生的"人"情和"才"情。学生既然是学生,很多时候学习并不会是自觉的,此时就需要教师来驱动。另外,给学生怎样的发挥才能的机会和舞台,这也需要教师来谋划。那么,教师的驱动学习与学生的自主学习是否矛盾呢?

原江苏省教科所所长成尚荣曾表达过这样一个观点:"课改必须改课。"改课可以理解成改变课堂面貌。而课堂面貌主要涉及两个关系,一是师生关系,二是教学关系。在师生关系上,我们都有比较清醒的认识,那就是师生关系应该平等。而对教学关系,许多教师可能认识并不清晰。

南京师范大学博士生导师杨启亮教授认为:"师生关系不等于教学关系。师生关系是人与人之间的人格关系,哪怕学生只有三岁、五岁,教师和学生的人格也要平等。但不等于在教学过程中,教学关系也平等。师生关系平等,教学关系永远不平等。不平等的原因就是教必须肩负主要的责任，教师应该拥有主要的权力。"

成尚荣也指出："以学为核心，并不意味着以学代替教，学与教是两个不同的概念，缺一不可。没有高水平的教就没有高水平的学……"

日本教育学者佐藤学也说："对儿童来说，自由活动本身并不能将活动转化为有意义的经验。"

认知科学领域的奠基人之一、诺贝尔奖获得者、卡耐基—梅隆大学教授赫伯特·西蒙认为：学习来自学生的所做所想，教师只有通过影响学生对学习所做的事情，才能促进学生的学习。

综上所述，我们不难发现，在课堂教学中，教师"如何教"在驱动学生学习中有着非常重要的影响，这也就是教师应该发挥好指导作用，成为学生学习活动中的重要指引者，帮助学生获得持续发展的驱动力。如果说传统教学更多地重教轻学，而新课程在实施之初重学轻教，那么2011版新课程标准则体现了学教并重的思想，恢复了教师在学生学习中应有的作用。

任务，撬动课堂

教师该怎么"通过影响学生对学习所做的事情"来实现"高水平的教"呢？

心理学家韦特海默说过这样一句发人深思的话："别人对你的感受，并不完全依赖于你付出了多少，而更大程度在于是以一种什么样的方式付出。"同理，在教学中，学生对教师的感受，并不完全依赖于教师付出了（教了）多少，而更大程度在于是以一种什么样的方式教。

教师对学生学习的影响方式大体有以下几种：第一种是"牵"——"妹妹你坐船头，哥哥在岸上走"；第二种是"领"——"跟我走吧，天亮就出发"，"领"要比"牵"好得多，至少学生能自己走；第三种是"推"——"妹妹你大胆地往前走"，虽然学生能够完全自己走，但很容易漫无目的地走；第四种是"指"——"牧童遥指杏花村"，这样的指引虽为学生指明了前进的方向，但前进的路线和前进的方法还需要学生自己去探索，前进的工具和前进的资源还需要学生自己去寻找。

教师"高水平的教"需要以"牧童遥指杏花村"的方式去影响学生对学习所做的事情。不过，在"指引学生学习"之前，教师首先得考虑学生的"人"情，这也就是我们常说的"以学定教"，这样才能够达成东北师范大学孔凡哲教授所说的课堂面貌——"教只有紧紧围绕着学生的学展开，朝向既定的课堂教学目标，全体学生在教师的带领下，开展积极的、深层次的学科思考，才能真正实施课堂教学。"

那么，具体而言，教师用什么方式"指引学生学习"？或者说，教师用怎样的方式"指引学生学习"更有助于学生学习力的提高，更有利于学生才能的培养？

此时，每一个教师都会有这样一个美好的愿望，那就是希望如同古希腊物理学家阿基米德所说的"给我一个支点，我可以撬动地球"那样，也能够找到一个支点，可以撬起整个课堂。

我认为，撬起整个课堂的支点可以是一种有趣、有劲、有用、有料的任务（如下图），这样的教学方式就是任务驱动式教学。任务驱动式教学就是采用把知识设计成任务的方式进行教学，以求给学生创设一个充满吸引力、充满活力的体验情境，以此驱动学生积极主动地学习。

有一个说法很形象：一个鸡蛋，从里面打开是生命，从外面打开是食物。然而，要从里面打开，离不开外面的孵化。任务驱动式教学，就起着孵化功能。

杜威曾经说过："因为生长是生活的特征，所以教育就是不断生长；在它自身以外，没有别的目的。学校教育的价值，它的标准，就看它创造继续生长的愿望到什么程度，看它为实现这种愿望提供方法到什么程度。"任务驱动式教学为它提供了任务的方式，最大限度地孵化学生要求生长的强烈愿望，从而驱动学生的自主学习。

在2017年国务院印发的《国家教育事业发展"十三五"规划》第三部分"改革创新驱动教育发展"之第一点"着力推进教育教学改革"中明确指出："推进合作探究式学习，倡导任务驱动式学习，提高学生分析解决问题的能力。"

为什么说任务驱动式教学可以让学生心潮澎湃、念念不忘？举个例子：江西师范大学文学院一位老师给学生布置了这样一个任务——"用小篆给父母写封家书。"尽管写的过程挺困难，但完成作业后同学们都感觉，手写小篆家书很有意思。任务如此特别，虽有难度，学生却乐意接受。

也就是说，一个好的任务，不仅能让学生觉得有意义——学习"有奔头"，而且能让学生觉得有意思——学习"有劲头"，最后能让学生觉得有意愿——学习有"想头"。有了意愿，也就能够驱动学生主动学习。面对"用小篆给父母写封家书"这样具有挑战性的任务，为了完成任务，学生就会主动去学习如何写好小篆。同样，在数学教学中，当学生接受了任务，也会经历这样的学习过程：在完成任务的过程中发现知识"不够吃"，从而想方设法寻找有用的知识资源；在完成任务的过程中发现知识"吃不够"，从而想方设法寻找能用的知识方法。这样"不够吃"和"吃不够"的任务学习，对作为学习主体的学生，必定会体验深刻。

"任务驱动在小学数学教学中的应用"是我主持的江苏省教育科学"十二五"规划立项课题，课题编号为 D/2015/03/143。本书是"任务驱动在小学数学教学中的应用"课题研究的成果，特向支持我的研究团队和教育媒体表示感谢！也希望本书能给各位读者以教学上的帮助。不过，本书内容可能并不全面，也可能并不成熟，恳请各位读者提出宝贵意见，请将您的意见和建议发我电子邮箱 13861472533@139.com，在此表示感谢！

严育洪

写于 2017 年元月无锡

目 录

前 言 / 2

第一章　小学数学任务驱动式教学的内涵

什么是小学数学任务驱动式教学 / 3

任务驱动式教学如何让学生有更多获得感 / 12

任务驱动式教学会让课堂发生怎样的变化 / 25

第二章　小学数学探究性任务的设计

探究性任务设计应体现哪些特性 / 41

挑战性任务可以设计哪些类型 / 54

任务在分解、选择和设定时应该注意什么 / 81

探究性任务如何考虑设置时机 / 91

任务驱动式教学中如何更好地"订制"教材 / 105

第三章　小学数学预习性任务的设计

如何巧用学生心理推动课前预习 / 125

如何进行课前预热，让学生有备而学 / 137

如何根据预习情况，选择教师教学作为 / 145

预习后的课堂该怎样导入 / 155

第四章　小学数学表现性任务的设计

如何练好"lian"功，用任务驱动学生练习 / 173

如何做好"任务＋"，使数学练习焕发新气象 / 187

如何把知识整理与复习的任务"承包"给学生 / 199

如何指导学生完成"小老师"的扮演任务 / 209

第五章　小学数学任务驱动式教学设计及案例

案例1　一堂别有"风味"的数学课

　　——"认识左右"教学实录 / 223

案例2　"任重"，让学生的学习更加"道远"

　　——"用假设的策略解决问题"教学实录和教学思考 / 227

案例3　设计多种类型的任务，驱动学生主动学习

　　——"认识方程"教学实录与教学思考 / 237

案例4　把挑战性任务转化为教学生产力

　　——特级教师严育洪"年、月、日"教学赏析 / 252

案例 5　教学需要教师多向的"复式"思维

　　——由听一节"复式统计表"数学课想到的 / 259

案例 6　"表面积的变化"任务驱动式教学设计 / 264

案例 7　教学，让学生与什么样的任务"相遇"

　　——对"相遇问题"教学的评说 / 268

案例 8　数学是要有感情的

　　——"认识图形"教学实录 / 275

案例 9　在小心求证中验明知识真身

　　——"钉子板上的多边形"教学实录与思考 / 280

第一章

小学数学
任务驱动式教学的内涵

什么是小学数学任务驱动式教学

任务驱动是一种建立在建构主义教学理论基础上的教学法。

建构主义认为:教学应该基于内容的真实性和复杂性,方法的导引性和支撑性,学习环境的丰富性、挑战性和开放性,评价的激励功能与支持反思和自我调控功能,教学情境的浸润功能。

建构主义教学设计原理强调:学生的学习活动必须与大的任务或问题相结合,让学生在真实的教学情境中带着任务学习,以探索问题的解决方法来驱动和维持学习者学习的兴趣和动机,在完成实际任务的过程中完成知识的学习任务,并从中发展认知能力和处理问题能力。

任务驱动式教学会呈现出"一个中心"和"两条基本线"的课堂格局

"一个中心"不再是传统意义上的以知识为中心,而是一个包含着知识的有目标、有情境、有价值的真实任务,其"真实"表现在这样的任务不仅"看得见""摸得到""想得出",而且"用得着"。它不再那么单调、枯燥和冰冷,而是充满着知识的魅力,吸引着学生去感受、去获取这种力量。在教学过程中,学生在教师的帮助下,紧紧围绕一个共同的任务活动中心,在强烈的解决问题的动机驱动下,通过对学习资源的积极主动应用，进行自主探索和互动协作的学习，在完成实际任务的过程中完成知识的学习，并从中发展认知能力和处理问题能力。

"两条基本线"是指"智慧线"和"生命线"，任务驱动式教学能让学生的智慧和生命大放异彩。学生在情境中明确任务，在教师的点拨下分析任务，在师生互动中解决任务，在多元评价中反思任务，在此过程中，学生的智慧得到充分展示，学生的生命得到充分尊重。

任务驱动式教学适用于数学课堂

在任务驱动式教学过程中，学生不仅能学得主动，而且能学得生动，获取智慧的能量，焕发生命的活力，不仅学会了知识，学会了做学问，而且学会了做事和做人。任务驱动式教学能够使学生在明白状态下学知识，在激情状态下学知识，在幸福状态下学知识。

张奠宙教授提出数学教育的四条特有原则——数学化、适度形式化、问题驱动、提炼数学思想方法，将"问题驱动"作为一种重要的数学教学策略。张奠宙教授特别强调数学教育要重视"问题"，因为"问题是数学的心脏"，数学天生就是与问题联系在一起的。而从孔子的"启发式教学"到苏格拉底的"产婆术"，都是把问题设计作为教学的核心技术来重视的。任务驱动式教学可以采用问题驱动，也可以把问题包装成任务的形式，使之更能激发学生的心理需求或更能迎合学生的生活需求。这种任务可以是探究性任务、操作性任务、表演性任务、应用性任务甚至是思辨性任务等，但无论如何，它们都能归结或转化为数学问题。

目前，任务驱动式教学常见于英语和信息技术教学，但它们更多地围绕知识任务。数学学科，和生活联系更紧密，知识前后联系更紧密，思辨性和探究性更强，数学课程强调学生是学习活动的主体，主张数学学习是学生主动建构数学认识的活动，所以，从某种意义上来说，数学教学最需要任务驱动，也最适合任务驱动。

任务的形式可以多样

这里所说的"任务"不同于我们平常所说的知识任务,它是一种创造力强、探究度大、信息量足、应用味浓的知识资源,是教师设计提供给学生可以"一探究竟"或"一展身手"的一份材料、一个问题或一项活动。

这样的任务可以是"?"。例如:"从字面上看,你知道什么是周长吗?"这样的任务更多属于探究性任务。

这样的任务可以是"。"。例如:"把纸上的卡通娃娃剪下来,说说你是怎么剪的。"这样的任务更多属于实践性任务。

这样的任务可以是"……"。例如:"认识了1度的角,你会创造出量角的工具吗?"这样的任务更多属于创造性任务。

这样的任务可以是"!"。例如:"在地球赤道上缠一根橡皮筋,在西瓜的最大横截面上也缠一根橡皮筋。橡皮筋被拉长的幅度一样大,这怎么可能?"这样的任务更多属于质疑性任务。

这样的任务可以是"——"。例如:"时间中比'时'小的单位是'分'和'秒',角度中比'度'小的单位是'分'和'秒',这是巧合吗?"这样的任务更多属于沟通性任务。

不管何种任务,都应该聚焦于教学的重点和难点,可以是一个(或几个)具有较大思维力度的问题探究,也可以是一项(或几项)具有较大探究力度的项目研究,又可以是一份(或几份)具有较大思辨力度的材料分析,还可以是一场(或几场)具有较大体验力度的角色表演。它呈现在学生眼前的不再是简单的知识获取,而是艰巨的能力挑战,知识和能力相比,能力更容易生成智慧。

坎特指出:"基于项目的学习法是在科学知识构建之前,学习者必须有一个理由来学习,然后从记忆中创建语境,整合新学到的知识,最终达到完全理解。"其中,学习的"理由"可以让学生产生学习的需要和学习的兴趣,而这个学习的"理由"可以是一个有趣的活动任务,可以是一个有劲的探究任务,也可以是一个有用的应用任务。

恰当的任务给学生带来学习上的高峰体验

不管何种任务,挑战性是任务的显著特点。其实质在于激起学生强烈的思维活动,通过思维活动促进外部知识与内部认知结构之间产生互动,从而促进认知结构的不断发展。

挑战能够让人获得一种完美的体验——"心流"。"心流"是一个心理学名词"Flow",中文译名叫"心流",形容人的一种心境。心流理论属于积极心理学(Positive Psychology)范畴。积极心理学是进入 21 世纪以来国际心理学界正在兴起的一个新的研究领域,它致力于研究人的发展潜力、美德等积极品质,关注人类的健康幸福与和谐发展。

达到"Flow"这种境界,要有两个要素:一是"有挑战",二是"有实力"。米兰大学的马西米尼(Massimini)和卡利(Carli)对"挑战"与"技能"的关系进行研究,认为心流体验只有在挑战和技能处于平衡状态并且都达到一定强度水平时才会发生,而这个强度正好是个人所面临的

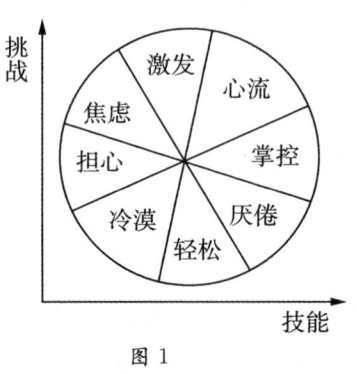

图 1

挑战与可能掌握的技能的平均水平。从心流模型(如图 1)中我们不难发现:当面对的活动需要高挑战、高技能时,心流体验最有可能发生;当面对的活动需要高挑战、低技能时,人们会有焦虑体验;当面对的活动需要低挑战、高技能时,人们会有厌倦体验;当面对的活动需要低挑战、低技能时,人们会有冷漠体验。

"Flow"给我们的教学启示是：真正的学习快乐来自挑战后的成功。任务驱动式教学努力让我们放弃容易得到的愉悦，而积极引导和鼓励学生去追求比较费力的满足。就像"一捅就破"的成功与"千捅才破"的成功不可相提并论，前者带给学生的愉悦可能是转瞬即逝的，而后者带给学生的体验却是刻骨铭心的，也就是经历千辛万苦才成功的学习更有"Flow"的快乐和幸福。按照维果茨基"最近发展区"理论，当任务活动的挑战难度刚刚超过活动者现有技能水平时，心流体验最有可能发生。

赞可夫说："我们的时代不仅要求一个人具备广泛而深刻的知识，而且要求发展他的智慧、情感、意志，发展他的才能和禀赋。"只有学习具有挑战性，学生才会全身心地投入，一旦沉浸到"挑战—应对—进阶"的螺旋反馈体验之中，也就更容易进入"Flow"的良好学习状态。

任务给学生带来信心和学习热情

在中国教育学会第 28 次学术年会上，芬兰驻华大使馆教育与文化参赞狄明嘉（Mika Tirronen）举了一个例子：芬兰有一位化学老师，思考为什么自己班每次考试总有一半的学生不及格。他后来改变教学方式，不再上课了，也不布置作业了，但是他给孩子们设置任务，让孩子们基于问题去学习。老师不再是传递知识者，而成了咨询师，帮助学生学习。结果再考试时，孩子们都及格了。

给学生设置任务，也就给了学生完成任务的自主，其间不过分干预，也就给了学生充分的信任，于是，学生在完成任务的过程中，也就有了自信和自强，学习 high 起来也就有了可能。

除了任务的自主——"自力更生"，学生还可能会因遭遇任务的挑战——"艰苦奋斗"，而喜欢上学习。

有一个孩子平时学习数学的热情不高，数学学习成绩也就不佳，虽然老师一直关注着他，也通过各种努力想改变他，但一直没能成功。直至一次班级举行"算 24 点"数学挑战活动,老师刚出题目,他立即举手说出了答案,赢得了同学们的称赞,从此他喜欢上了数学挑战。老师在课中和课后也经常开展数学挑战活动,让他有大显身手的机会。他学习数学的热情日益高涨,数学成绩也越来越好。

由此可见,学生是不怕挑战的,相反,学生最怕没有挑战。因为人自古以来就是在挑战中生存。"爱拼才会赢",也就是说,只有挑战,才能让人更好地发展。

任务应具备的五种吸引力

如果这种挑战性活动被学生需要和渴望,那么这种挑战性活动就可以被设计为挑战性任务,吸引着学生去完成。如果这种挑战性任务中包含甚至饱含着数学知识,那么学生在完成这种挑战性任务的同时也就完成了数学知识的学习。从中,我们不难发现,挑战性任务可以在整个教学过程中有效驱动学生为了完成任务而不断地进行知识学习。任务的挑战性愈强(在学生努力后能达到的范围之内),其学习的驱动力也就愈强。

在许多教师眼里,数学是"筛子",留下好的,淘汰差的,常常给学生一种失败感。而在任务驱动式教学中,我们通过任务使数学具有"泵"的吸引力,强劲地驱动学生学习。挑战性任务应针对学生的知识基础、生活经验、思维水平、学习方式引起挑战,并对学生产生以下五个"有"的吸引力:

一是任务的"有趣"对学生构成吸引力。

例如,一位教师给学生表演了一个数学魔术:让学生写出生日,如 2004 年 3 月 6 日,记作 20040306,再倒过来写成 60304002,然后用大数减小数,$60304002-20040306=40263696$,接着从得数中偷走一个数字(0 除外),再将剩下的数字相加,报出得数,教师能猜出偷走了哪个数字。学生感到惊奇,教师顺势大做广告:"这节课学习的'倍数和因数'

知识，将为你揭开谜底。"这样有趣的探究性任务，不仅给学生留下了感叹号，更重要的是给学生留下了问号。

二是任务的"有疑"对学生构成吸引力。

例如："用直尺能够画出圆吗？"这就是一个能让学生感到有疑的任

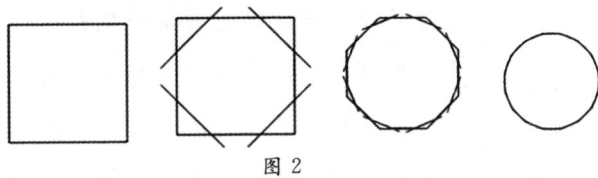

图 2

务，因为学生知道"没有规矩，不成方圆"，画圆的工具是圆规，而直尺只能画直线，由此而生发的强烈疑问会驱动学生在学习了"圆的认识"之后去探索更大的知识天地。当学生明白是如此（如图2）化直为圆之后，就会深深地感叹知识之间的微妙联系。

三是任务的"有劲"对学生构成吸引力。

例如"你会用圆规在方格纸上画出一个广告牌上用的美术体逗号吗？"就是一个能让学生感到有劲的任务。而要很好地完成这个任务，学生同样必须学好圆的知识。之后，还可以"小题大做"，进一步提出制作任务："如果给这个逗号外边镶上金属条，需要多长？"还可以进一步提出测算任务："把这个逗号剪下来，算一下这张长方形纸的利用率。"

四是任务的"有用"对学生构成吸引力。

例如教学"长方形的认识"时，教师可以布置一个制作任务："夏天到了，蚊虫多了，小明想给窗户做一个纱窗。要做纱窗，先要做个框架，他该怎么做呢？"这就是一个现实问题，也是一个能让学生感到有用的任务。在测量边的长度中发现长方形边的特征，然后在不让框架变形中发现长方形角的特征。

五是任务的"有料"对学生构成吸引力。

例如学习"圆的认识"之后，教师可以引导学生不断开阔知识视野和思维角度，逐步由数学的"方""圆"，到生活的"方""圆"，再到做人的"方""圆",甚至到哲学的"方""圆",此时教师可以布置学生阅读任务,读一读爱默生的散文《圆》——

> 眼睛是第一个圆,眼前的地平线是第二个圆。这个原始的形状在自然界到处都是,没有止境。圆是一种最高形式的象征。它有着无所不在的圆心,但是其圆周却无处寻觅。我们用一生的时间来研究这个最原始的图形有什么丰富内涵。
>
> 在讨论人类每一个行为的循环及其补偿性时,我们从中探寻出了一种道德寓意。有这样一条真理贯穿在我们的生活当中:在任何一个圆的外围都可以画出另外一个圆;自然没有极限,每个终点都是一个新的起点。

一个司空见惯的图形,在作者爱默生的眼里不仅有着"世情",也有着"诗情",不仅有着"画意",更有着"话意"。学生必须学会了有关圆的知识,才能懂得这篇文章的含义。

甚至,我们还可以给学生布置这样一个写作任务:"你能否写一句或一段话甚至写一篇文章,就'圆'这一图形的某一特性入手,展开想象,说明一个人生道理?"可以是"圆内代表已知世界,圆外代表未知世界,未知世界永远大于已知世界",也可以是"圆没有起点,也没有终点,人生也是如此。生生死死,如此轮回,没有起点,也没有终点"……

与之对应,教师要能够很好地以任务的形式驱动学生主动学习,也必须具备五个"有":

一是有趣。一个有趣的教师能带给学生愉悦的心情。

二是有用。一个能把学生带向远方并能让学生有所依靠的教师能让学生感觉你的"有用"。

三是有料。让学生发现跟教师相处更能打开眼界，放大格局。

四是有量。教师能倾听学生的想法并毫不保留地助推学生的学习。

五是有容。教师能充分认可学生的价值，欣赏学生的特色，哪怕学生探究失败，也能肯定学生的努力。

由此可见，任务驱动式教学从教的层面出发，可以有效改变和改善学生的学习方式。

学习方式主要是指学习者的学习心向与学习活动，是这两者的总和。也就是说，学习方式是学生学习情绪与态度、学习方法与结果的综合表现。通俗地说，学习方式是指学生想怎样学习，在怎样学习，学的结果如何。学生的学习方式与教师的教学方式具有内在一致性，这是因为学生的学习方式受到教师教的影响，什么样的教学思想与方式，会造就相应的学习方式。

在任务驱动式教学中，有趣、有疑、有劲、有用、有料的任务让学生有了强烈的学习欲望，接着就会为了完成任务而热情洋溢地主动开展学习活动，哪怕是有难度的挑战性任务，学生也会愈战愈勇。此时，学生的学习方式在任务的驱动下发生了转变，课堂教学面貌也就会随之改变，并且这种转变常常并不需要课堂翻天覆地的"翻转"，而学生的变化却可能是翻天覆地的。

任务驱动式教学如何让学生有更多获得感

我们已经知道,"课改"最终是为了人(学生)的发展——成为有才之人。这也就告诉我们,要评价一种教学方式是否有效,就要看这种教学方式是否改变了课堂面貌,而课堂面貌的改变是否恰当归根结底要看是否改善了学生面貌。

郭思乐先生在《教育走向生本》一书中对师本教育和生本教育的区别的阐述非常生动。他说,师本教育就像是皮带带动两个齿轮,老师是大齿轮,学生是小齿轮,连带着运转,这样的方式属于连动式。而生本教育就像开动汽车一样,老师给学生钥匙,去开启自身的动力系统,这样的方式被称为激发式。

在任务驱动式教学中,任务就是给学生一把启动自身动力系统的钥匙,看似外部给的,却因为学生心向往之而成为内需。任务驱动式教学可以让学生"全身运动"(如图1),全身心地投入为完成任务而进行的学习中。

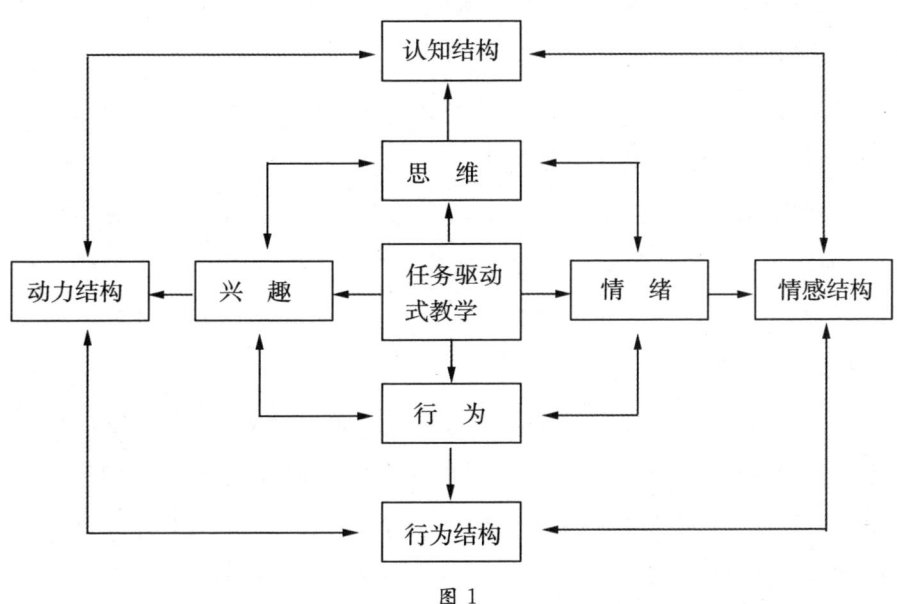

图 1

北京师范大学石中英教授在《教育哲学导论》一书中阐释:"人的发展,就其根源来说,不是一个外在的规则或控制过程,而是一个内在的觉醒或成长过程。"要激发学生觉醒,首先要让学生能够明明白白地学习:一是明白学习对自己的成长有什么帮助,二是明白自我学习能力有多大。

教师应该"授人以 yu"

要让学生"能够明明白白地学习",教师首先要做一个明白人——明白"学生要什么"和"学生能做什么"。教师还应该明白,只要是"学生要的"和"学生能的",哪怕是"教师给的",也是学生欢迎的。所以,教师就应该围绕"学生要什么"和"学生能做什么"来考虑"给学生什么"。具体来说,我们应该好好思考以下几个"授人以 yu"的问题:

第一个问题：授人以鱼，够了吗？

回答：不够，还要授人以渔。

《道德经》早就告诉我们：授人以鱼，不如授人以渔。授人以鱼只救一时之急，授人以渔则可解一生之需。

一位卖菜的大姐就懂得这个道理，她不仅卖菜，而且还向顾客介绍烧菜的艺术，所以她的菜常常比别家卖得好。在任务驱动式教学中，教师不仅要向学生"卖"知识，而且还要"卖"学习的方法，让学生明白如何完成知识学习从而完成任务。

授人以渔也就是要引导学生学会解决问题的方法。一位教育家说："你每告诉孩子一个答案，就剥夺了孩子一次学习的机会。"这句话除了"要放手让学生探究"这一意思之外，还有一层意思是"要让学生学会自己学习"。联合国教科文组织谈道：今后的文盲将不再是不识字的人，而是不会自学和学了知识不会应用的人。

第二个问题：授人以渔，够了吗？

回答：不够，还要授人以欲。

"授人以欲"就是教师首先要激发学生学习的欲望，让学生确立学习的目标，然后激发学生上进的欲望，让学生树立学习的理想。任务驱动式教学，也就是要解决学生学习动力不足和学习目标不明的问题。

2001年5月，美国内华达州的麦迪逊中学在入学考试时出了一个题目："比尔·盖茨的办公桌有五个带锁的抽屉，分别贴着财富、兴趣、幸福、荣誉、成功五个标签，盖茨总是只带一把钥匙。请问盖茨带的是哪一个抽屉的钥匙？"许多人的答案是"财富"。而盖茨的回答是："在你最感兴趣的事物上，隐藏着你人生的秘密。"

兴趣能调动最热烈和最强烈的学习欲望。日本心理学家木村久一对此做了最好的概括："千万不要忘记：毅力、勤奋、入迷和忘我的出发点实际上在于兴趣。有了强烈的兴趣，自然会入迷，入了迷自然会勤奋、有毅力，最终达到忘我。因此，我特别想说的是，天才就是强烈的兴趣和顽强的入迷。"

知识的英文为"knowledge"，我们说知识的第一步是"知道"（know），最终的目标是产生领先（edge），那么"know"和"edge"中间的这个"l"是什么？是热爱（love），是学习（learn），是生活（live）。有目的、有目标的学习和有活力、有活动的学习，学生才会向往，才会有积极投入的强烈学习欲望。

而要让学生能够"love"学习，我们可以这样解释"love"的含义："l"代表 listen（倾听），"o"代表 obligate（感恩），"v"代表 valued（尊重），"e"代表 excuse（宽恕）。这也就告诉我们在任务驱动式教学中，要做到以下几点：一是要学会倾听学生的想法——如何去完成任务；二是要学会感谢学生的付出——为学生取得的进步点赞；三是要学会尊重学生的地位——相信学生的能力；四是要学会宽容学生的错误——失败也是学习的财富。唯有这样，尽管"任重"和"道远"，学生依然能够保持斗志昂扬。

学生学习欲的产生得益于两个因素，一是发现了知识的神秘力量，让他好"问"，二是体验了知识的实用价值，让他好"学"。好"学"＋好"问"＝有"学问"。我们就应该为学生设计这样有"学""问"的任务，吸引学生去完成，从而成为一个有学问的人。

第三个问题：授人以欲，够了吗？

回答：不够，还要授人以娱。

有这样一个孩子，从幼儿园开始，父母就不准他看电视、玩游戏。他也争气，小学、初中、高中一直都是第一名。高考，他考了省状元。母亲准备带他出去玩，他回答"没意思"；母亲又问他晚上吃啥，他木然。母亲用笔在纸上写道："你今天想吃啥？A. 包子；B. 米饭；C. 面条；D. 稀饭。"孩子突然来了精神，在"B. 米饭"后边打了一个"√"。

这样的学习任务只是为了考试，到头来只会让学生学得人生越来越干瘪。也由此可见,设计一些有快乐元素的任务或者能让学生体验到快乐的任务是多么重要。魏书生曾开设过"游戏课",他认为,让同学们和老师一道在玩中开怀大笑,不仅可以训练学生的注意力、观察力,而且可以在提高他们的记忆力、想象力的同时,融洽师生感情。

如今的教育有着很强的功利性。"这有什么用",往往是教师决定是否解答学生疑惑的标准。例如学生说"我想知道量角器是怎样发明的",教师就会问:"这有什么用?"在这里,学习是否有用的标准常常局限在考试层面。

第四个问题:授人以娱,够了吗?

回答:不够,还要授人以愚。

"授人以愚"就是要告诉学生学习要勤奋、要刻苦,而不要逗小聪明,学习没有捷径。勤奋与刻苦涉及人的毅力的培养。在任务驱动式教学中,学习毅力的训练也十分重要。

有人说,老天在送你一个大礼物时,都会用重重困难做包装。教学中,学生的学习也是"任重"才能"道远",正如有人所说的那样——"人生之路上就该负重而行,想轻松上阵是什么也得不到的"。学习之路上也应该让学生负重而行,想轻松上阵是什么也得不到的。

美国心理学家格拉德威尔一直致力于成功心理学研究,他提出了一个与众不同的理论——一个人在任何领域取得的成功都跟天分无关,只跟练习时间长短有关。神经科学家丹尼尔·列维京说:"人类脑部确实需要这么长的时间,去充分理解和吸收一种知识或者技能,然后才能达到大师级水平。"在任务驱动式教学中,我们要给学生足够长的时间去探究奥秘或寻求支持,不到万不得已,不要出手相助,这样才能最大限度地锤炼学生意志,也才能让学生最大限度地发挥自己的才能。

第五个问题:授人以愚,够了吗?

回答:不够,还要授人以遇。

"授人以遇"就是要给予学生成长、学习、发展的机遇。可以说,在任务驱动式教学中,任务就是给学生展现自我、发展自我以及发现自我的机遇。学生都想表现自己,如果我们给他们舞台,让他们能够大展风采,就能够激发他们的潜能。

在教学中,我们不能解放学生的耳朵,却堵住他们的嘴、捆住他们的手,这样的教学方式是断然不会给学生的学习带来好运的。教师应尽可能多地给学生自我表现和自主学习的机会,让学生说,让学生读,让学生写,让学生做,让学生想。让学生自己运"气"才能给他们自己带来长足进步的"运气"。可以说,遇上一个思想开放、教学开放的有任务在手并能让学生任务在身的教师,是学生的运气。

魏书生主张上课时教师不替学生说学生自己能说的话,不替学生做学生自己能做的事,学生能讲明白的知识尽可能让学生讲。有学生也说:"老师还是懒一些好,这样逼得我们多思考,越思考我们的能力就越强,感到上课特别有意思,时间过得特别快。"

第六个问题:授人以遇,够了吗?

回答:不够,还要授人以誉。

"授人以誉"就是要帮助学生获得精神层面的赞誉,从而学得心满意足、心花怒放。在任务驱动式教学中,当学生为完成任务而奋斗的时候,需要教师的鼓励,当学生胜利完成任务的时候,需要教师的祝贺。

在学生处于探究的困境之时,尤其需要教师的支持或支援,此时教师身边可以常备一些空白的小纸片,随时、随地、随心、随情写下几句赞美之词或鼓励之词或点拨之词奖给或交给那些需要关心的学生,为学生的学习鼓劲和加油。有人说,美国前总统乔治·布什在政治上的成功很大程度上归功于他那支随时准备写便笺鼓励人的笔。

第七个问题:授人以誉,够了吗?

回答:不够,还要授人以羽。

2007年，在上海建平中学举行的"首届教学改革国际研讨会"上，传出了"让课堂产生学生的思想，让教学建立在倾听之上""学生学会了思想，就学会了创造；教师学会了倾听，就学会了教学！"等教育呼声。

在任务驱动式教学中，让课堂能有学生的思想也是一项很重要的教学任务：一是能让学生自己去设计完成任务的途径与方法，二是能让学生在学习之中产生自己的思想。

例如一名学生通过计算得出结论"周长相等的平面图形中圆的面积最大"后，进行了如此有思想的创造性解释："同样一些人手拉手围成一个圈（即周长相等），要使它尽可能大，每一个人都应尽力向后退。如果每个人力量相同，这样形成的图形便是圆。而围成其他图形只需部分人用劲。像正方形，可以看成是只有四个角的人在使劲后退。当然是圆的面积最大了，'团结力量大'嘛。"这就是儿童独特的"数学视界"。对数学知识主观的独特阐释，产生了如此个性化的表达。

波里亚说："教师在课堂上讲什么当然重要。然而学生想什么更是千百倍的重要，思想应该在学生脑海中产生出来，而教师仅仅应起一个助产婆的作用。"要让学生有思想，教师首先要有"放"的胸怀，交给学生展翅飞翔的舞台；其次要有"开"的水平，指给学生展翅飞翔的方向。

第八个问题：授人以羽，够了吗？

回答：不够，还要授人以宇。

"授人以宇"就是要触及学习的本质、触及学生的灵魂，让学生能够觉悟到学习的目的。一旦学生觉悟到学习的目的，学习的动力问题就不再是问题，或许就不再需要用任务来驱动了。

2012年，一道"最牛"地理考题在网络走红。重庆市南开中学2012级初二地理结业考试试卷第一题是"学好地理，是为了更好地_____"，四个选项是："A. 当大官；B. 赚大钱；C. 让父母高兴；D. 生活"。我们暂且不去评价出这样的试题是否合适，这道题确实可以引发我们对"学习究竟为了什么"的思考。

上述选择题的答案"生活",这只能算是学习最基本的功能。如果从更高的层次看,学习是为了明天能够更好地生存。

还有一本书叫《学习是对人生应尽的礼仪》,作者李炯禛认为学习不是单纯地钻研书籍的过程,而是为了培养自己、发展自己、解放自己,更是为了与世界沟通、为实现梦想而迈出的步伐。学习不是"方法"问题,而是"心态"问题。

在任务驱动式教学中,不仅要让学生着力解决知识问题,而且要让学生着力解决生活问题;不仅要让学生着力解决"方法"问题——提高解决问题的能力,而且要让学生着力解决"心态"问题——提高解决问题的毅力;不仅要让学生树立正确的知识观,还要让学生树立正确的价值观。

例如学习了"圆的认识",在面对孟子的"不以规矩,不能成方圆"时,如果学生的眼里只看到数学世界,那么他们只会感悟到"规者,正圆之器;矩者,正方之器";如果学生的眼里还看到了人生世界,那么他们就可能会从中觉悟到做人的道理。

有人说,圆是最美的图形。在教学时,教师如果仅仅把眼光放在"图形"上,那这样的教学仅仅只是传授知识,让学生理解的是知识的特征;如果教师把眼光还放在"最美"上,那这样的教学就会充满一种美学的文化特质,让学生感受知识的文化力量。或许,以后首先能唤起学生回忆的恰恰就是圆的美学欣赏,尔后才牵起学生对圆的数学印象。

教师只有授予了学生以上几个"yu",才能让学生获得最全面的发展,成为人才。那么,人才应该具备怎样的素质呢?北京大学原副校长陈章良认为人才应该具备的素质有三:创新、执着、自信。可以说,具备如此素质的人才具备强劲的竞争力。而这,也就是任务驱动式教学需要造就的学生面貌。

任务驱动式教学关注学生的学习力

一、学习力

要培养学生的竞争力,在学校教育中,就要培养学生的学习力,让学生能"生龙活虎"地学习。学习力是本质的竞争力,它的三个要素——学习的动力、学习的毅力和学习的能力,恰好对应着陈章良副校长所谈的三个人才素质:增强学习的动力以让学生自信地学习,增强学习的毅力以让学生执着地学习,增强学习的能力以让学生创新地学习。

现在的数学课,常常面临三"力"不强的局面:学习动力更多地靠外驱力激发,这种靠外驱力激发的学习热情和学习行为常常不能得以维持。许多小学数学课内容缺乏挑战,加上教师"小步走"波澜不惊的教学方式,很难磨砺学生的毅力,最终这种平铺直叙的教学也就无法最大限度地提高学生的学习能力。

在小学数学的课堂导入中,有些教师为了吸引学生的注意力,激发学生的兴趣,故事、游戏、玩具、动画片等无所不用。打造五颜六色、五彩缤纷的课堂确实能让学生觉得有趣,但也有专家指出,教具的有趣并不是十分必要的。因为最终"有趣"的教具有可能引发的只是"好奇心",而并不是兴趣。被具体事物表面有趣的特征吸引的好奇心与兴趣有以下几个区别:第一,好奇心范围广泛,没有明确的方向,小学生对任何新奇的事物都可以产生好奇,而兴趣则有明确的方向;第二,好奇心容易满足,疑问一旦解除,好奇心便消失,兴趣则相反,会更加强烈。

从英文词源来看,"兴趣"(interest)一词,是由两个拉丁词"inter"(在……之间)和"esse"(存在)组成的,原来的意思是指"在存在之间",即把两个本来有距离的东西联系起来的事物。这与杜威对"兴趣"的解释是一致的,兴趣有居间的事物的意思,是过程性的,是儿童在主动参与活动过程中的产物,兴趣在过程之中产生,而不是在过程之外插入。所以,真正的兴趣是个体全身心投入的,包含着生长、努力和思考的动态发展过程。教学不只在于将抽象的知识与生活实际以及学生已有的经验相联系,更在于提供一种环境和机会,让学生自己去体验,在经验中学习知识。这样的学习过程,关注学习内容对学生本人产生的意义,那种积极主动地参与、专心致志、全心全意的态度就是兴趣最好的证明。

任务驱动式教学,使得学习内容对学生本人产生意义,让学生体会学习的价值和知识的乐趣,从而使整个学习基于兴趣之上。而兴趣是推动学生提升学习动力、毅力直至能力的引擎。

要让数学课走出困境,让学生具备强劲的学习力,我们除了兴趣上的准备,还要为学生提供优秀的知识资源,它是提升学习力的抓手。在任务驱动式教学中,这个抓手表现为任务。

我们从传统教学与任务驱动式教学关注点的不同(如图2)中可以看出,传统教学只是关注了知识,而在任务驱动式教学中,除了知识,还重视目的和意志的参与。三个层面的齐进,激发出学生的"想学""应学""能学",即学习动力、

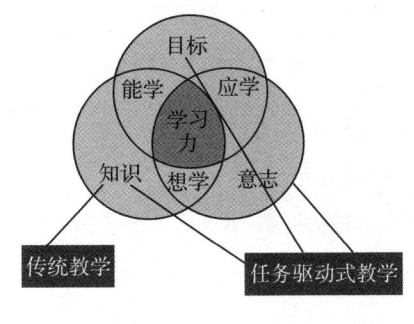

图 2

学习毅力、学习能力,最终生成学习。因此,任务的设计不仅要关注到知识的学习,而且要关注到目标的召唤,更要关注到意志的磨炼。这样,才能为学生提供行之有效的知识通道,搭建畅通的提升学习力的桥梁。

二、现场学习力

华东师范大学教育学系教授李政涛的文章《现场学习力:教师最重要的学习能力》,虽然是对教师谈的,其实对学生同样适用——现场学习

力:学生最重要的学习能力。他在文章中谈道:"良好的现场学习能力表现为专注力、捕捉力和转化力。有这些能力的人会带着两种东西进入现场,一是钉子,二是钩子。"而任务驱动式教学中的挑战性任务就有此功能,驱动着学生整节课专注地完成任务,如同"钉子"一样钉在一处——围绕中心任务展开学习活动;随时捕捉能够完成任务的知识信息,随即进行知识学习行为和知识应用行为,如同"钩子"一样努力把现场涌现的资源"钩"出来为我所用。

任务的挑战性所产生的强大吸引力让学生欲罢不能,最大限度地激发了学生的好奇心与好胜心,从而让学生在完成任务中产生了"钉"和"钩"的自觉学习状态。

三、自主学习能力

从更高层次看,学生的学习力最终体现为学生的自主学习能力。什么是自主学习?美国密执安大学的宾特里奇(Pintrich)教授认为,自主学习是一种主动的、建构性的学习过程,在这个过程中,学习者首先为自己确定学习目标,然后监视、调节、控制由目标和情境特征引导和约束的认知、动机和行为。

齐默曼提出了一个系统的自主学习研究框架,包括"为什么学""如何学""何时学""学什么""在哪里学""与谁一起学"六个方面。这个自主学习研究框架为学习者提供了自主学习的判断理论依据。任务

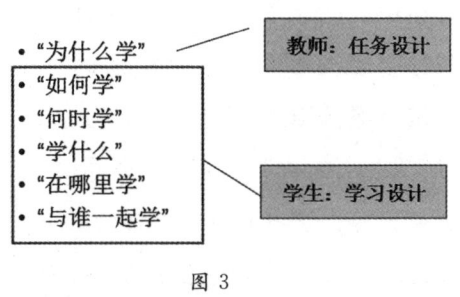

图 3

驱动式教学,首先解决了"为什么学"(包括"因为什么学"和"为了什么学")这一首当其冲的问题,让学生产生学习需要,进而产生学习动机。之后,教师就可以顺应学生的学习需要,指导学生制定"如何学"

"何时学""学什么""在哪里学""与谁一起学"等学习方案，以任务的方式驱动学生自主学习（如图3）。

可以说，"为什么学"这一问题，给了学生前进的总目标、大目标，就是说既给了学生学习的挑战，也给了学生学习的愿景。愿景是具象化的目标，它能让人产生创造性张力。《第五项修炼》一书中指出，在人的自我超越当中会有两种张力发生作用，一种是创造性张力，另一种是情绪张力。

真正能够驱动学生主动学习的，是学生的梦想而不是教师的指令。脚会跟心一起走，所有"现实的地图"都是一个人"愿望地图"的延伸，心愿、夙愿、祝愿等所有的"愿"，都会产生强大的力量。有愿力，就有潜力。

随着任务的不断深入，随着学生自主学习能力的不断提高，教师会越来越放开手，教学也会变得越来越开放。在任务驱动式教学中，学生是任务的主要完成者，但是这并不意味着学习一开始，他们就能独立参与学习。皮尔森强调学生和教师的认知负担是相互作用的。随着学生获得的技能越来越多，认知责任便逐渐转向学生，而教师承担的则是支持作用（而非指导作用）。即"逐步放开责任教学"，学生在参与结构中逐渐独立起来。

"自组织"是相对于"他组织"而言的。传统的"他组织学习"是一种"被学习"，表现为学生在学习中被设计、被控制。"自组织学习"是学生在一定的情境（可以是任务情境）中，借助已有知识经验能动地建构自己对知识客体的认知，进而让自我的本质力量彰显，让生命涌动。也就是说，任务驱动式教学在学生明白"为什么学"的基础上，最大可能地让学生自己去设计"学什么"和"怎么学"。

任务驱动式教学，通过挑战性任务的设计，特别是与生活息息相关的挑战性任务的设计，跳出偏向"书本式"表达的框框，将"书本习得"

与"社会生活"相融,将书本内核与生活外延互相渗透,可以有效地促使学生从单纯的"读书人"向"社会人"发展。因为在实际生活中,学生面对的问题往往是繁杂或复杂的,需要学生自己去面对挑战。同时,让学生明白数学的外延和生活的外延虽然并不完全相同,但很多时候是相通的。

也就是说,任务驱动式教学让学生一开始就以"独立人"和"社会人"的角色参与到书本学习之中。

任务驱动式教学会让课堂发生怎样的变化

我们都知道,教学的最高境界是课人合一。有怎样的课就会成就怎样的学生,有怎样的教师就会成就怎样的课。所以,要成就学生,必须要有能够与之相适应的课与教师。舍得把任务托付给学生的教师,其学生必定不负教师的期望,最终交出一份满意的答卷。

当学生尝到了"自力更生,艰苦奋斗"获得的喜悦之后,就会愈来愈醉心于这样的任务驱动式学习。也就是说,当学生的面貌发生了根本性的改变,就有可能倒推甚至倒逼课的结构改变。由此可见,任务驱动式教学能使教学结构获得最大限度的优化。那么,任务驱动式教学,可以让课堂教学结构发生哪些根本性改变呢?

任务驱动式教学可以改变传统教学中学生"不知情"的状况,实现有目标地学习

在如今的数学课堂上,尽管新课程提出了"知识生活化"的要求,但许多教师仅仅只是注重了知识从生活中的"来",把生活作为知识的引入,却不注重知识到生活中的"去",只是在练习中放置几道生活应用题。教师和学生关注更多的是知识的运用,而非知识的应用。呈现这样的教学面貌,是因为我们的教师常常只是为了完成知识传授的任务,课堂教学大体以知识的生长和生成为设计的线索，仅仅是沿着知识"从哪里来""如何变化""到哪里去"的进程呈现知识的发生和发展过程。这种教学模式的弊端是，很多时候学生一开始并不知道知识到底有什么用，一般要到一节课甚至一个单元即将结束的时候才明白知识到底有什么用。这种一开始不知情的学习过程给学生的感觉就是为学习而学习。

新课程标准明确指出，为了适应时代发展对人才的需要，数学课程还要特别注重发展学生的应用意识和创新意识。日本数学家米山国藏也把"应用化的精神"作为数学精神之首。任务驱动式教学可以让学生的学习拥有知情权，不仅知道知识"是什么"和"为什么"，还可以在课一开始就知道本段知识"为了什么"这个终极问题，这样的学习才是"有用"的学习。同时，"用是最好的学"，学用可以互哺。

知识的"有用"主要表现在两个方面：一是有助于学生掌握一定的活动技能。例如"你会用圆规画出一个逗号吗？"是许多学生渴望一展身手而想学会的活动本领。它能够体现出知识的"有用"，这是知识的基础价值，让学生感觉自己是一个"有用"的人。二是有助于学生掌握一定的生活技能。例如"怎样包装最节省纸？"是许多学生渴望一探究竟而学会的生活本领。它同样能够体现出知识的"有用"，这是知识的实用价值，让学生感觉自己学到了"有用"的知识。学生为了能够获取自身发展的利益和自身生活的利好，将"有用"当作他们学习知识的目标，孜孜不倦地学习。

正因为挑战性任务不只是一种包含知识问题的任务，也是一种包含知识技能的任务，还是一种包含知识应用的任务，所以任务驱动式教学能够充分体现知识的价值，也就能够让学生一开始就知道学习的价值所在——学习的知识最终是为了什么。它指向性非常明确，在远方召唤着学生走向知识的归宿。

在任务驱动式教学中，任务的挑战性为激发学生不甘落后提供心理基础，任务的问题性为驱使学生积极求知提供实际基础，任务的操作性为推动学生展示风采提供能力基础，任务的应用性为学生学以致用提供价值基础。

研究发现，把关注重点放到挑战及挑战后的收获上，能让人立志于从事那些更有难度的活动。例如，美国犹他州心理学家尼克·德特灵（Nicole Detling）鼓励高空杂技师和速滑运动员畅想他们学习某一技巧后得到的收获，这样做让他们更有动力练习该技巧。由此可见，接触任务的"现在时"——挑战，学生会因好奇心和好胜心而产生学习的驱动力；展望任务的"将来时"——收获，学生会因解悟感和解放感而产生学习的驱动力。

布卢姆指出："有效的教学始于准确地知道期望达到的目标。"学生对学习目标、学习内容和学习过程的"知情"，能够很好地解决或缓解传统数学教学始终存在着的两大问题：一个是儿童对数学知识的信度问题，即认同、悦纳的程度；另一个是儿童对数学知识的通感问题，即透彻、贯通的程度。

社会心理学家之父库尔特·勒温认为，在我们描述愿望或目标时，大脑会分泌让人愉悦的多巴胺。这种幸福和满足感让我们觉得，原本遥远的愿望或目标离我们更近了，甚至已经成为我们自身的一部分。尤其是当旁人对自己的想法和目标表示赞赏和支持时，这种喜悦和满足会被进一步放大。

任务驱动式教学可以改变传统教学中学生学习热情难以持久的状况，使学生全身心投入到为完成任务而进行的学习之中

在20世纪90年代中期，学者们提出了著名的"信息差"理论。这个理论认为，无论什么时候，如果我们知道的与我们还不知道的存在一个差距，这个差距会让人产生一种被剥夺感。好奇的个人为了获得丢失的信息，以减少被剥夺的感觉，会采取一定的行动。在任务驱动式教学中，已知的"到那里去"与未知的"如何去那里"之间的"信息差"，加上强烈的"到那里去"的召唤，给学生带来认知上的不舒服。为了缓解和消除这种不舒适感，学生就会采取行动，积极主动地获取"到那里去"所需要的知识与技能。

尼采说："一个人知道自己为什么而活，就能忍受任何生活。"引用到教学上同样如此，"一个人知道自己为什么而学，就能忍受任何困难"。可以说，学习的"知情"和学习的"有用"强有力地驱动着学生学习，任务也就成了学生奋斗的阶段目标，也就成了一条连接教师"教"与学生"学"的情感线和知识线，并一以贯之地驱动着学生奔向知识的远方。这也让传统教学课一开始设计情境"短平快"导致的驱动力不足的局面得以改观。任务驱动的情境具有长效性，不再是那种昙花一现的知识引入，也不再是那种逾期作废的知识引入，它浸润着学生整个学习阶段：课首，学生对有挑战性的真实任务产生兴趣；课中，学生把真实任务自觉转化为知识学习任务；课终，学生用所掌握的知识技能完成任务。

任务驱动式教学可以有效地增加学生的"学术学习时间"，让学生在"学术学习时间"中更为专注地学习。戴维·伯利纳认为，学习效果最好的是"学术学习时间"，这大致相当于学生在专注于学习目标引导下的学习活动上所花的时间。有效学习要求教师能巧妙掌控整个场面，让"学术学习时间"尽量接近学生的全部时间。

美国国家神经失调和中风研究所乔丹·格拉夫曼说："你处理的事情越多，专注的时间就越少，你思考推理的能力就越差。"任务驱动式教学，通过设计一个"大的任务"，将散碎的知识点上挂下连组合在一起，让学生感知为在做一件事。这件事虽然内容丰富，而且有些艰难，却是有尽头和有劲头的，于是也就能够让学生专心致志。

也正是由于"大任务"的串联性，在实际教学实验中，"大任务"常常能够驱动学生几节课的学习。

例如"用一根木条怎样可以加固椅子"这个实用性任务，学生在上完"三角形的认识"这一节课时还只是半信半疑，一直要等到上完"平行四边形的认识"这一节课，在知识的对比中才能茅塞顿开，真正理解三角形的稳定性（"稳定性"并不是生活中常说的"稳固性"）。

又如"生活中的容器为何大多设计成圆形"这个探究性任务，需要学生上完"圆的认识""圆的面积""圆柱的体积"这三节课才能彻底明白其中的奥秘。"大任务"会像针一样，将这几节课内容穿针引线般串联起来，并让学生始终带有疑问，进而对下一节课充满期待。

大任务之"大"，不仅体现在问题难度大和时间跨度大上，还可以体现在牵涉范围大上。有时候任务还能让学生"打破砂锅问到底"，实现知识的拓展与"跨界"。

例如学生由"生活中的容器为何大多设计成圆形？"这个探究性任务联想到"生活中的物体为何大多呈圆形"，进而观察到，水珠准备要滴下的时候，都是将近圆形的。要完成这个新的探究任务，不仅需要数学知识，而且涉及中学学习的物理知识：液体表面有一种力叫表面张力，就是液体表面相邻部分的相互吸引力。表面张力能使不受外力作用的液体形成圆形，因为对于一定体积的物体，球面的表面积最小。所以一滴水滴里，水滴分子总是尽量靠拢，从而使表面积缩小，最后形成了圆形。

如果学生顺势问"水果为何大多成圆形"，要完成这个探究任务，不仅需要数学知识：

圆形水果的表面积小于其他形状水果的表面积，所以水果表面的蒸发量也就小，水分散失少。

还涉及物理知识：

一是很多时候水果并不是纯粹的圆形，这是因为地球引力和水果连着树枝的向上牵引力的相互作用；二是圆形的果实在经历风雨的时候，可以不完全受风和雨滴的冲击力，当风和雨滴撞击到一个平面时，这个平面会受到完全的力，而当撞击到曲面时，会有一些风和雨滴沿着曲面划过，这样曲面就不会受到完全的力，所以圆形的果实在暴风雨来临的时候更容易保存。

除此，还涉及生物学知识：

一是果实的作用是繁育下一代，要尽量远离母体，就像蒲公英长成伞状是为了随风飘远。而果实长成圆形，便于在掉落之后远离母体，扩大边界；二是圆形的果实，害虫能停留在表皮的部分就少，下半部分几乎不能停留表面上，上半部分因为弧度的原因，站不稳滑落的概率也很大，这样就极大地减少了害虫对果实的破坏。

上述所谈到的任务的挑战性、持久性和拓展性，都会使学生的学习热情得以保持甚至增强。

任务驱动式教学在一定程度上可以改变传统教学结构的线性和单调，让教学有一种荡气回肠的整体感和艺术感

"如果你刚开始学习打棒球，你是愿意听无数个关于棒球比赛的知识讲座或是进行反复的分解练习，还是愿意和小伙伴在棒球游戏中学习棒球？相信选择后者的居多。"哈佛大学戴维·珀金斯教授以自己学打棒球的经历倡导教师让学生在一开始学习时就接触全局，这样学生才愿意主动参与学习，并乐于迎接一路遇到的挑战。这也就是前面所说的"展

望任务的'将来时'——收获,学生会因解悟感和解放感而产生学习的驱动力"。

在数学学习中,有的学生会在行为或心理上表现出非参与状态,他们之所以没有全身心地投入学习,是因为在我们的传统教学中,仍存在上述"第一种学习棒球的方式",主要表现为"了解病"和"要素症"。所谓"了解病"是指大量了解有关知识,而不是直接学习如何去做;"要素症"指的是周复一周甚至年复一年地专注于学习要素,却很少学习和实践有关全局的东西。

传统的教学思维往往呈现出点状化、割裂化的现象,这样的碎片化思维表现在数学教学中则是对学科教学内容无系统的把握,学生学习一开始往往只看到局部,知识、目标以散点状呈现,没有整体的序列,教到哪学到哪。

要治疗这种"要素症"和"了解病",教学迫切需要一种立体式全视域的思维来突围。这种思维将教学元素的全部潜态、显态信息置于整体视野下,用知识结构、系统思考等潜态方式,使时间、空间、物质、能量这些显态信息组成一个统一的有机整体。我们应该让学生一开始就看到知识的彼岸,并在游泳中学会游泳,在具有挑战性的游泳任务中学会关于游泳的知识,这也就是任务驱动式教学对学生的自我学习和自我发展的巨大促进作用。

传统教学中,教师为学生的学习设计了一个个环节,为学生的进步设置了一个个行进途中的小目标。这种走一步看一步的学习,往往使学生"目光短浅",不去看或看不到知识的全局,无法很好地进入"时刻准备着"的预热和预演状态,也无法发挥自己的全部能力。要改变这种学习状态,我们应该采用"师傅领进门,修行靠自身"的教学策略,让学生一进门就有全局观念:首先思考"该往哪里走",明确方向之后才去思考"该怎么走"。

哈佛大学教授蕾·兰德和简·迈耶提出了一个"门槛"概念，即一种能一上来就辨明方向，并能直接进入全局实践的学习体验。任务驱动式教学就能让学生产生这种"门槛体验"，即让学生知道自己正在做什么、即将做什么。在教学中确立一个清晰的学习目标，教学就不会变成一系列活动或任务的简单堆砌，学生就能把"散装"的学习经历综合成一个有意义的整体。

例如"倍数和因数"这一单元，课一节连着一节，知识一个连着一个，传

倍数 → 公倍数（最小公倍数）→ 通分 ↘
因数 → 公因数（最大公因数）→ 约分 ↗ 分数计算

图 1

统课堂上，教师教到哪学生学到哪，至于为什么要安排这些课，学了这些知识到底是为了什么，学生一开始并不清楚，一直要等到最后学"分数计算"的时候才知道，于是也就难有学习的全局观。由此，为了能让所学知识有一个整体性，在开始这一单元教学之前，我们可以先呈现知识的"地图"（如图1），让学生在学习的一开始就明白最终要走到哪里、往哪里走、怎样走、中途要经过哪些知识的"站点"，这样学习一开始就有了目标和方向，学生也能够清楚地看到自己学习的进程。当自己的学习离目的地越来越近时，学生的成就感和解放感也就会越来越强，甚至能够愉快地欣赏"沿途"的知识风景。

在文学作品中，倒叙能增强文章的生动性，使文章产生悬念，更能引人入胜，同时也可以避免叙述的乏味和结构的单调。任务驱动式教学的"门槛体验"能让课堂更具有整体感，而其常常采用的"倒叙"手法则能让课堂具有艺术感。

例如把课尾练习阶段的知识应用设计成与生活紧密联系在一起的真实任务放置在课首导入环节，以此驱动学生的新知学习（具体教学实例参考第五章案例6《"表面积的变化"任务驱动式教学设计》）。这样"倒叙"的教学,更容易获得引人入"胜"的教学效果。这里的"胜",一是可以理解为把学生引向知识的"胜景",使之体会到知识的价值;二是可以理解为把学生引向学习的"胜利",使之体验到学习的快乐。

于是,任务驱动式教学往往是前后呼应的,任务既是教学的起点,通过情境、目标、活动等内容引导学生的学习行为,任务又是教学的终点,通过结果、意义、评价等内容总结学生的学习成果。这样的教学结构能让学生感到是"圆满"的,这样的教学结果也能让学生感到是"满意"的。

任务驱动式教学更容易让学生有"获得感",产生愉悦的学习体验

任务驱动式教学起始部分就提出挑战性任务,让学生一开始就站在高处看知识的风景,从而把各个散装的知识点纳入整体视野之中,并达到"站得高看得远"的学习效果。也就是说,任务驱动式教学以高层信息为组合点,把其下诸层次的各种信息及同一层次的不同信息,甚至事物以外的事物统统联系起来,形成了立体的信息网络。这样,目标落实一定是扎实的、有生长的。没有这样的空间架构,数学教学活动是平面的、浅层次的,教学板块之间缺少内在的联系,缺少了生长。由此可见,任务驱动式教学有助于知识的生长,也有助于学生学习能力的成长。

传统数学教学,随着时间的增加和知识的增多,学生的学习热情呈下降趋势。而任务驱动式教学向目标的不断接近常常能给学生带来持续激情,让学生在圆满完成任务的那一刻获得感特别强烈,其心理状态正如罗杰斯所描绘的那样——"在这种富有成果的时刻,你会看到一个人的内心世界简直奇迹般地展现在你眼前……班里每一个成员都沉浸在一种近乎神秘的温暖、高尚的情绪之中……还有什么比把我们的全部自我、我们的内心动力、热情、态度和价值观全都投入更好的学习途径呢?"

任务驱动式教学不仅能够很好地让学生全身心地投入到挑战之中，品尝到成功的快乐，而且能够让学生体验到克服困难的骄傲，成为一个"有用"的人，并成为一个"有幸"的人，而不会成为苏霍姆林斯基所说的这种"不幸"的人——"一个孩子如果从未品尝过学习劳动的欢乐，从未体验过克服困难的骄傲——这是他的不幸。"

任务驱动式教学不仅能够助推学生登上知识的高峰，而且能够助推学生获得"高峰体验"。马尔克斯对幸福的含义说了这样一句话："人们都想伫立在巅峰上，殊不知真正的幸福恰恰在于攀登险阻的过程。"而当学生经过长途跋涉、克服困难而完成挑战的时候，这种胜利的快乐是刻骨铭心的，所以学生会滋生出一种享受挑战过程和享用挑战成果的强烈幸福感，此时学生会成为一个"幸福"的人。这样的幸福如同下面故事中音乐大师史达温斯基的感受——

有一次，史达温斯基接受访问。主持人问他："作为音乐大师，什么时候是你一生当中最感到骄傲的时刻？"史达温斯基笑了一笑，低头沉默无语。主持人接着问："是新曲的首度公演时？功成名就、掌声四起时？"好一会儿，史达温斯基抬起头对主持人说："这些都不是。"主持人惊讶地问："那到底是什么时候呢？"最后，他说："我坐在这里已经好几个小时了，这期间，我在一直不断地为我新曲中的一个音符绞尽脑汁，到底'哆'比较好，还是'咪'比较好？当我最终确认那个音符的一刹那，就是我人生中最快乐、最骄傲的时刻。"

学生在完成任务的过程中不完全都是快乐的，常常伴随有克服困难的艰苦，但是学生在遭遇任务困难的时候，只要虚心求学，克服困难之后的快乐程度更高，痛苦之后是痛快。

由此可见，在完成任务的过程中，"愈难愈战、愈败愈战、愈战愈勇"能带给学生深层次的快乐，这种快乐已不再是那种简单有趣，而是那种深入骨髓的有劲。

任务驱动式教学可以实现学生学习的自我管理，让学生得到控制力、情绪等非知识性能力的全面提高

课堂管理是教师为了完成教学任务，调控人际关系，改善教学环境，引导学生学习的一系列教学行为方式。在教学中，教师常常控制整个课堂。但笔者认为，这样的课堂管理更多的是一种外驱力使然，会让学生有被动的不适感。那么，有没有一种办法可以把管理由重"管"转向重"理"，最终实现学生的自我学习管理？在此，笔者认为，任务驱动式教学就能较好地达到这一目的。具体而言，任务驱动式教学中所采用的"任务"管理，可以实现以下课堂管理的三重境界：

1."任务"管理的第一重境界：实现学生学习的自告奋勇

传统的课堂教学，被动灌输常常使学生感觉无聊，无聊也就容易分心，此时教师只能通过强硬的组织教学手段来让学生回心转意，然而强扭的瓜不甜，维持的时间也长不了，最终，教师管得精疲力尽，学生被制约得苦不堪言。而在任务驱动式教学中，任务的趣味性和挑战性可以打败无聊，探究本身就是人对抗麻木的最佳武器。当学生全身心投入到完成任务的过程中时，自然不会是无聊的，他们也不再需要教师过多的课堂管理，而表现为一种自理。

所以，在任务驱动式教学中，任务探究本身就带来了管理和约束的效用，它既是教学的资源，也是教学的线索，还是课堂管理的方式。

2."任务"管理的第二重境界：实现学生学习的自知之明

传统课堂教学中，学生常常处于"不知情"的学习状态。学生对知识的未来以及学习的未来是模糊的，学生的脑袋就如同等待被打开被填

满的"抽屉",被动接受着教师的知识管理和课堂管理,缺乏学习的自主权。

而在任务驱动式教学中,学生对学习拥有"知情权"。任务驱动式教学能让学生一开始就看到知识的全局和布局,由此,学生便可以获得一种有意义的激励,从而助推自身的学习,实现学习的自我管理。

另外,学生对学习的"知情"还表现在知道自己学得怎样,对学习进程和学习进度能做到心中有数,对自己所获取的知识和技能是否足以解决问题完成任务心中有数,对自己的探究方向是否正确和探究方法是否有效心中有数,任务驱动式教学能使学生随时进行对学习过程的调控和对学习结果的反思,也就是对自己的学习状况进行自我评估,对自己的学习表现进行自我评价,最终实现对自己学习活动的自我管理。

深度学习强调运用元认知策略监视和调控学习。达到专家学习程度的学习者的学习都是处于基本的元认知循环过程中的。在任务驱动式教学中,学习初期需要借助教师的帮助,启动学生元认知循环过程,提供认知支架。对复杂的任务,教师可以先为学生提供一个有效计划的榜样示范,要求学生反思和解释自己的学习活动,然后再逐步移除这样的元认知支持,呈现要求学生自主完成的任务,让学生更多地承担制订计划和自我监控的责任。

3."任务"管理的第三重境界:实现学生学习的自得其乐

传统课堂常常只把知识教学作为中心任务,而任务驱动式教学在关注知识的同时还为学生指明了目标,并且还把磨炼学生意志纳入了课堂管理的内容。

当学生拥有了强劲的学习力之后,就更容易获得学习的快乐——体验了知识的价值,体现了自身的价值。这也就是自我实现的高层次的快乐。

可以说,自得其乐也是实现学生自我学习管理的重要"激素"。我们已经知道,在任务驱动式教学中,挑战训练不仅能够提高学生的技能,而且能够让学生获得一种完美体验的心流。"心流"是形容人的一种心境，出现在"努力往一个目标迈进，并感觉到自己可以做到它"的时刻，心情如流水，顺畅地"正在达成中"。

任务驱动式教学中，心流体验的获得离不开接受任务迎接挑战后的快意，它可以引发学生对成功后的快乐的期待，从而让自己的学习心无二至。研究表明，当学生处于心流体验状态时，学习活动的过程本身就是一件快乐的事情。这种全心投入的学习是一种自觉的学习，是学生掌握主动权的学习，学生在此过程中自主思考、自主探究、主动寻求帮助，也就在一定程度上实现了自主控制和管理。

总之，课堂管理，"管"是为了"理"，更好地理顺师生之间的关系的同时更好地理清知识之间的关系。课堂管理的最高境界是学生学习的自我管理，而要实现这一点，我们不妨尝试把管理任务变成"任务"管理。

最后，如果要描绘任务驱动式教学的课堂面貌，不妨把移动通信技术中的"4G"借用到任务驱动式教学中：

第一个"G"指"genuine（真实的）"，也就是说任务驱动式教学中的任务必须是真实的；

第二个"G"指"glamorous（富有魅力的）"，也就是说任务驱动式教学中的任务要对学生充满吸引力，课堂有魅力，学生心向往之，乐此不疲地享受课堂学习；

第三个"G"指"gay（愉快的）"，也就是说任务驱动式教学中的任务要能够让学生的需求得到满足而产生喜悦快乐与稳定的心理状态；

第四个"G"指"gradual（渐进的）"，也就是说任务驱动式教学中的任务要具有适度的挑战性，让学生能够逐渐获得进步。

第二章

小学数学探究性任务的设计

探究性任务设计
应体现哪些特性

任务驱动式教学，虽然强调以学生自主学习为主，学生是知识的主动建构者，是任务的主要完成者，但这并不表明可以忽视教师在其中的作用，相反教师的作用比在传统教学中更为关键，要求更高。

任务设计的原则

实施任务驱动式教学，教师首先要做的是设计好任务。因为好的任务设计是任务驱动式教学获得成效的关键，是激活学生"自组织学习"的催化因子。教师在设计任务时，应遵循以下原则：

一、情境原则

在任务驱动式教学中，任务情境直接影响任务的确立，恰当的任务情境能够激发学生探究的兴趣，有利于学生主动地理解任务、分析任务；任务情境关系到任务驱动式教学能否顺利进行，恰当的任务情境是运用任务驱动式教学的前提条件。任务情境应注意与现实生活相联系、与学生已有知识经验相适应、与教学目标相匹配。

二、反应原则

任务要包含处理信息所需要的知识和技能，包括理解、分析、综合、评价、协商、争论等。让学生面对一个真实复杂的任务并在任务完成的过程中扮演积极的角色，同时在开发问题解决策略中，获得基础知识和技能。也就是任务驱动应能激起学生强烈的情感反应和认知反应。

三、交际原则

任务要让学生之间、师生之间都有真实的交际机会和行为。例如，任务要求交换意见、策划方案、选择方案、选择方法、寻找信息等。在教师的帮助下，学生能够主动从真实的任务情境中提取出抽象的、为了整体目的创造的而具有创新性的任务，根据这个目标任务的大小、难度决定是否分化目标任务（要保障知识的结构性），确立可行的阶段任务。

四、复杂原则

任务要有难度，让学生不能一下子解决问题。也就是说，任务的完成并不是"跳一跳就能摘到果子"，而必须是"跳一跳才能摘到果子"，甚至是"跳几跳才能摘到果子"。困难的认知体验未必总带来消极的影响。在某些学习情境下，创造不熟悉、加工困难的认知任务，正是吸引学生学习的手段。

不过，在实施中要注意，由于"学生常常因为缺乏某种经验（某种其他领域或当下没学到的事实性知识、某种操作、某种策略）及经验的良好组织而导致解决问题受阻"，即学生无法形成解决问题的适宜结构，出现新的认知障碍，这时，教师就要提供线索进行引导，帮助学生把经验组织起来，形成解决问题的适宜结构，使学习者在形成问题理解的最近发展区上得到及时的支撑。

任务应具备的特性

在任务设计原则的指导下，具体而言，我们在进行任务设计时应体现以下几个特性：

一、关键性

关键问题往往是核心问题，是教学过程中最具思维价值、最有利于学生思考及最能揭示事物本质的问题。它既可以是教师针对知识概念的本质内涵所提的问题，也可以是教师为了帮助学生探究知识的来龙去脉而在关键环节中提出的导向性问题，还可以是教师在学生认知困惑处所进行的方法指引或者思路点拨。在任务驱动式教学中，围绕核心问题设计任务，才能起到牵一发而动全身的教学效果。

例如在设计"折线统计图"一课的任务时，我们可以先找到其核心问题——"几个点完全能够代表数量，为何还要将它们连成折线呢？"这个核心问题包含了折线统计图的基本元素："线"和"点"。"点"并不是折线统计图的独有特征或优势所在，但对学生们来说较为熟悉，而"线"作为折线图的特有元素，是折线统计图应用价值与独特优势的象征。由"点"及"线"，可以引导学生进行思考探究，从而理解折线统计图。

二、趣味性

托尔斯泰说过："成功的教学所需要的不是强制，而是激发学生的兴趣。"兴趣是学习的先导，也是开展好活动的关键所在。要使学生对学习活动产生浓厚的兴趣，活动的内容和形式就要新颖、有趣、富有吸引力。兴趣是最好的老师，所以我们的任务设计同样应该注重趣味性，让学生能够被任务中的趣味所吸引，快乐地接受挑战性任务。

例如苏教版教材"分类统计"一课，低年级的学生特别喜欢小动物，由此教材创设的"动物运动会"情境就让学生感到特别有趣，尽管这样的情境是虚拟的，但学生会把动物运动会想象成人的运动会来解读。

不过，教材中该情境的提问是："看了这幅图，你想知道什么？"这样的情境尚构不上任务，因为学生统计的动因仍然出自教师的要求，而不是学生为了解决一个生活问题而自发的需求，也就是说，这样的趣味情境只是为学生提供了素材，还算不上为学生设计了任务。

要让上述指令式教学成为任务驱动式教学，我们可以再附加设计这样的情境："举办运动会，如果你是裁判长，那么你需要知道什么？""如果你是厨师，那么你需要知道什么？"从而自然而然地引出按运动项目和按动物种类的分类统计，从中让学生明白："完成的任务不同，分类的标准就不同。"这样的教学不仅有情有理，而且有根有据。这样的情境才是任务情境，且依然具有趣味性。

三、真实性

有这样一个段子：aftermath 这个单词让我再次相信了一个事实——全世界都讨厌数学。这个单词由 after 和 math 组成，也就是考完数学。而这个单词本身的意思是"灾难性后果"。所以，这个词说明，考完数学就会迎来灾难性后果。

学生之所以把数学学习视为灾难，讨厌数学，很多时候是因为数学学习只是为了数学考试，如此只盯着成绩的考试就成了学生的灾难——让学生倍感煎熬的"烤"事、无休止摧残学生心灵的"拷"事、束缚学生手脚的"铐"事。

数学学习不只是为了考试，也不应止于考试。让学生完成真实的任务和研究真实的问题，可以让学生认识到知识的实用价值，从而自觉地追求学习。

教师在设计任务时要提供给学生明确、真实的问题情境或应用情境，让学生在一种自然、真实或模拟真实的情境中体会和学习知识，从而掌握知识的应用。只有这样，才能激发学生参与活动的动机，使学生感到学习就是生活，生活就是学习。实践证明，学生在课堂上完成的真实的实际任务越多，学生在现实生活中使用数学知识的机会也就越多，解决实际问题的能力也就越强。

例如苏教版教材"倒推"一课，教材上的两个例题（如图1）还不属于实际生活的真实性问题，而属于数学研究的构造性问题。因为在实际生活中，对已经发生的事件，大多是已知起始状态，像例题中要求"原来"多属于人为要求，是为了倒推而倒推。所以，例题中的问题还达不到任务设计的要求。

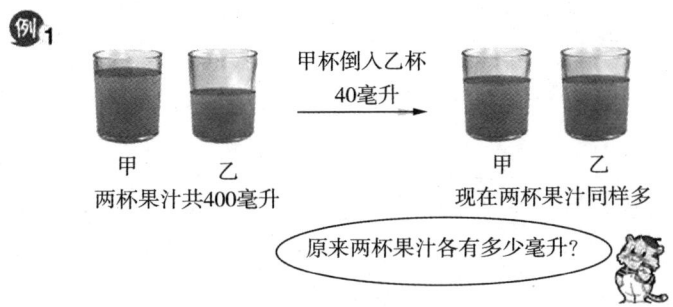

例2 小明原来有一些邮票，今年又收集了24张。送给小军30张后，还剩52张。小明原来有多少张邮票？

图 1

那么，怎样的问题情境可以成为任务情境？我们可以这样思考：什么情形下真的需要用到倒推这种解决问题的策略？我们不难在生活中找到这样的真实例子，比如在计划行程的时候，最迟应该什么时间出发，人们经常采用倒推的策略来解决问题，这样的任务就是真实可靠的。

当然，这里所说的"真实性"有时候不在于"真实情境"，而在于"真实的问题情境"，也就是说只要问题是真实的，而情境可以是模拟真实，它同样能够产生学生学习的驱动力。

例如在教学"比和比例的练习课"，我们就可以采用著名数学教育家弗赖登塔尔设计的一个经典数学问题"巨人的手印"，以此设计一个任务："夜晚，巨人访问我校，在黑板上留下了他巨大的手印，你能根据他的手印为巨人设计他使用的书籍、桌子和椅子的尺寸吗？"要完成这个设计任务，学生要用自己的手和巨人的手相比，定下"比值"，然后量出自己的书、桌子、椅子的尺寸，最后依照自己的手和巨人的手之间的比例关系将这些物品放大。

在上述任务中,情境虽然不真实,但问题却很真实,并因为新颖、浓缩(很好地与"比和比例"相关的数学内容整合在一起)而具有很好的驱动价值。

四、新颖性

由上述"巨人的手印"的任务,我们可以知道如果任务具有新颖性,便能够吸引学生。

还有一种新颖叫"出人意料"。一些数学家在谈到"什么将他们引向数学时",不约而同地提到了"数学深处出人意料的联系"。兼获菲尔兹奖、沃尔夫数学奖、阿贝尔奖的著名数学家皮埃尔·德利涅说:"在数学中,发现两个看似没有共同之处的东西事实上相互关联是一种乐趣,而在两个问题之间建立一个支点则是一个强大的工具。"美国数学家阿德比西·阿布拉指出:"对我来说,数学中最美妙的事情就是,一些乍看来毫不相干的观念和想法事实上可以证明是紧密相关的,有时甚至以一种非常深刻和神奇的方式。"数学家在研究数学的过程中,享受着在数学深处发现联系的乐趣。学生同样可以如此。

例如教学用方格估计不规则图形面积之后,教师趁热打铁,如此激疑:"你们知道吗,投骰子也能估计面积?"对这一新方法,学生大感意外,教师趁机布置学生"用投骰子的方法估计面积"这一别出心裁的任务活

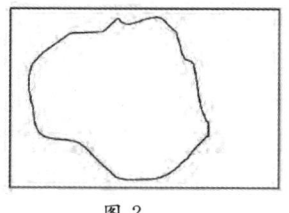

图 2

动:先在曲线所围的图形外面画一个长方形(如图 2),然后在图上投骰子,记录骰子停留的区域与次数。

通过操作,学生发现骰子落在曲线所围的图形里面与落在长方形里面的次数比大致是 1∶2,由此推知它们的面积之比也大致是 1∶2。

五、适切性

任务设计除了要考虑情境的真实性，还要考虑情境的适切性。任务反映的事情，学生应该感到比较熟悉，而不是离学生实际比较遥远，并且任务反映的事理，应该是学生有能力解决的问题。另外，如果有多种任务设计方案，我们应该根据学生实际选择最佳方案。

例如苏教版教材"图形覆盖现象中的规律"一课，例题中的求和问题只是为了启动框数这一动作而设计的（如图3），为数学而数学，没有实际的意义。怎样让框数这一行为变得有实际意义呢？

 下表的红框中两个数的和是3。在表中移动的这个框，可以使每次框出的两个数的和各不相同。

| 1 | 2 | 3 | 4 | 5 | 6 | 7 | 8 | 9 | 10 |

（1）一共可以得到多少个不同的和？

图 3

一位教师设计了"体育彩票问题"作为任务情境导入——"在开出的一组数字中选对两个连续的数字，可以中五等奖"。此时，框数就成了一种为解决实际问题的自觉行为。用"彩票问题"作为一种探究任务，可以驱动学生为了解决生活问题而研究其中蕴藏的数学问题。不过，"体育彩票开奖"的生活问题不是所有学生都熟悉的，特别是农村孩子，所以把"体育彩票开奖"设计成任务情境还不十分理想，因为它离学生的实际生活还比较远。

在这里，尽管任务具有高挑战性，但学生完成任务的可能性加上包装任务的趣味性，使得学生置于"放松的警觉"之下，这也就是华东师范大学课程与教学研究所高文教授主张的"低威胁、高挑战"学习状态。

六、挑战性

问题是学生进行"自组织学习"的"脚手架"，任务问题应该具有挑战性。东京大学教育学博士佐藤学教授倡导"给学生提供挑战高水准学习的机会"。任务设计的挑战性的实质在于激起学生强烈的思维活动,通过思维活动促进外部知识与内部认知结构之间产生实质性的互动,从而促进认知结构的不断发展,并引起学生一定的"焦虑性"心理反应。

例如上述"图形覆盖现象中的规律"一课,有一位教师设计了"电影票问题"作为任务情境导入——"在100张电影票中选择两张连号票,一共有多少种选法?"结果学生凭借直觉一下子说出了正确答案,其原因是这样的任务缺乏挑战性。

还有一位教师设计了"旅游问题"作为任务情境导入——"小明一家准备在今年暑假组织一次五日游,在安排日程时,小明一家能有多少种选择?"这样的任务情境比较理想,一是"旅游问题"比"彩票问题"更贴近学生的实际生活,二是"五日游"比"两张连号票"更具有挑战性,对此学生会主动采用化难为易这种解决问题的策略,从较少的一组日期数(例如1—10十个数)、每次框较少的数(例如每次框两个数)开始研究,从中寻找规律,然后运用发现的规律去解决这一生活问题。在完成任务的过程中,学生不仅掌握了知识本身,还知道了知识有什么用,以及用什么科学的方法来解决问题。整个学习过程,不仅显示了规律本身的实用价值,而且突出了"找规律"的过程价值。

七、合作性

需要学生共同完成的任务,应该符合以下情况:个体独立思考尝试解决时,一部分学生能解决而另一部分学生不能解决,或是个体能解决问题的一部分而不能解决问题的全部,但集全组之力能够解决。问题分布在小组集体的认知的"最近发展区"。

也就是说,这样的任务具有成员互赖性:每一个小组成员只拥有解决问题的一部分资源,需要汇集所有成员的学习材料才能达成完整解决问题的小组目标;或是每一个成员的学习材料中都隐含着要学习探究的数学知识,但都不能充分、有效地独立验证发现的准确等。这样具有互赖性的学习材料促使小组成员相互支持、相互依赖,形成解决问题的强大凝聚力,进而生成互动探究的内在动力。

例如在"长方形的面积计算"一课中,教师发给每个学生数量不等的 1 平方厘米的小方块。在完成"用小方块测算长方形面积"这一任务时,有些学生发现自己的小方块不够,就主动与同桌或同学合作,集满小方块后实施测算任务。随之,教师对这些学生提出"不合作,你能测算出长方形面积吗"这一更具挑战性的任务,于是学生想到了这些方法(如图4):

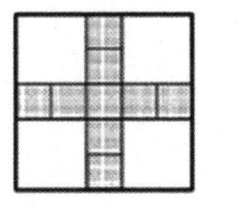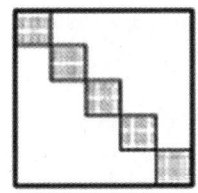

图 4

最后,教师乘胜追击,继续提出更具挑战性的任务:"只用一个小方块,你能测算出长方形面积吗?"最终引导学生发现"只需要用直尺量出长方形的长与宽,然后长乘宽就可以算出长方形面积"这一更方便也更具普适性的方法。

八、续接性

任务除了能够在最短的时间内唤起学生的学习欲望并能够在最短的时间内发起学生的学习行为,还应该在最长的时间内延续学生的学习热情,使学生在学习之路上能够走得更远,发挥任务的长效价值。

任务的强大驱动力还体现在它能最大限度地实现教学形式与教学内容的契合,最大可能地连接散落各处的众多知识点,最终使所要完成的知识任务统一在一起。

例如"圆的认识"一课,如果设计"你会用圆规画圆吗"这一操作性任务,那么这样的任务驱动学习的效果只能维持一时,难以串联更多的知识点,也难以串联更多的教学环节。如果教师在学生用圆规画圆后提问:"请你观察一下,针尖留下的点在圆的什么位置?"学生凭直觉都会认为"在圆的中心",此时教师可以顺势布置这样的探究任务:"你有什么办法可以说明这个点位于圆的中心?"此时,有的学生会连接这一点与圆上的点(即半径)并测量它们的长度来说明,有的学生则通过画圆过程中圆规两脚之间的距离(即半径)始终不变来说明,也有学生利用测量通过这一点两端在圆上的线段长度(即直径)来说明。由此可见,最后设计的这个探究性任务功能最强大,既串联了主要教学环节,又串联了主要知识点,可谓一举两得。

九、应用性

现代建构主义的情境认知理论认为,生活情境是知识经验建构的最可靠的生长基地,它是知识经验得以产生并保持活力和价值的根本条件。既然学习的知识能够应用于生活,那么我们也可以围绕学以致用来设计任务情境。不过,有时候生活情境不一定可以直接构成任务情境,包含任务的生活情境应该凸显知识的生活应用。

例如苏教版教材"平均数"一课,教材创设了"套圈比赛"的生活情境(如图5),如果我们给它加上比赛目的——"要选出优胜组,如果你是教练,会怎么选?",更符合生活了,因为有意图才算是真正的任务——生活中常见的选拔任务。此时学生根据生活经验会想到看哪一组套得更准一些,于是教师就可以顺势组织学生探究比较方法——求平均数。从知识任务看,求出平均数比出优胜组后就已经完成了教学任务,但从选拔任务看,这还不够,教师最后还应该让学生明白在实际选拔的时候,除了看选手的整体平均水平,还要看选手整体水平的稳定性,两者综合之后才可能做出选择。这是实施任务驱动式教学才会产生的延伸功能,它让学生的视野从"就题论题"的解题拓展到了"就事论事"的解决问题,让学生对"套得准"有了更为完整和更为正确的理解。

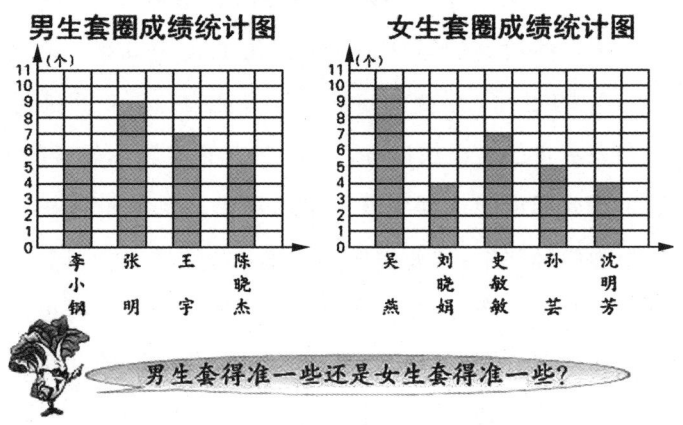

图 5

十、发展性

知识的学习有两大作用，一是让学生更好地生活，二是让学生更好地学习。在任务驱动式教学中，任务的设计同样如此，要让学生发现该任务活动除了能让自己更好地生活之外，还能让自己更好地学习。而当学生发现完成这个任务可以有助于自己更好地学习，就会产生强大的学习内驱力。

例如苏教版教材"有趣的乘法计算"一课（如图 6），尽管属于找规律课型，知识本身难度不大，但要让学生心甘情愿去找规律并非易事。

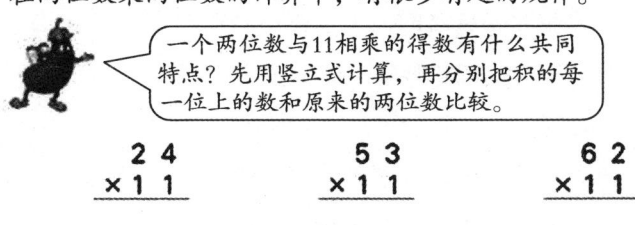

图 6

对此，我们可以进行这样的任务设计：第一步，出示一些可以直接口算的简单的题目。第二步，出示一些可以利用运算规律口算的题目，指出有时候利用一些找到的运算规律可以帮助我们口算。第三步，出示一组"11乘几"的题目，学生纷纷认为没有能力口算，只能笔算得到结果，而教师却表示自己能很快口算，在学生几番出题而教师轻易答出后，就有学生意识到此间可能也存在着一定的规律，也就是存在着计算的窍门。顺此，教师激励学生："如果你也想像老师这样成为口算的高手，不妨琢磨一下老师是怎么巧算的？"学生在这个能让自己学得更好的任务驱动下，积极主动地展开探究活动，寻找"11乘几"这种计算题的外在特征和内在规律，最终找到计算窍门"两边一拉，中间一加"，从而实现了本题的口算。

十一、开放性

开放性强调在设计任务时，要给学生可以发挥的余地。要设计任务中的"可扩展点"，使任务具有一定的灵活性，使学生有创造的机会。任务的完成只是教学的基本要求，在完成任务之后，不同的学生根据自己的条件与需求，可以由任务中的"可扩展点"做进一步的发挥与完善。

例如"认识钟表"一课，我们可以在学期初就在教室前面挂一只钟，每天问问学生："现在是什么时间啦？"因为老师每天都问，特别是有同学已经会看的时候，学生都会自发地揽下学看钟表这一涉及生活技能的任务。此时他们学习的渠道是开放的，可能会求教于父母，也可能会求教于同学，也可能会凭自己的能力慢慢琢磨明白。当学生会看时刻之后，教师可以改问："从刚才到现在，过了多少时间了呀？"进而让学生慢慢学会算经过的时间段。

由上可知，时间也是一位教师，生活也是一位教师。在任务驱动式教学中，我们除了追求学习时间上的开放，还应追求生活学习上的开放。例如在学习"长方体表面积计算"这一课后，我们可以设计这样一道开放性的任务:"要给乒乓球台的表面喷上漆,要喷多少面积的漆?"要完成这一解决实际问题的任务,学生首先要去实地调查和测量,发现乒乓球台至少有 5 个面喷漆,底面有的喷漆,有的没有喷漆。所以算 5 个面和 6 个面的学生都对。

"算 5 个面和 6 个面都对"还体现了任务的开放性所反映的问题"结构不良"化。所谓"结构不良",也叫"定义不完善",简单地讲,就是不同于常见的一问有一答(确定的回答)情形,而是一问可以有多种乃至无数种回答,"回答是丰富多彩的",具有开放性。

探究性任务可以设计哪些类型

曾经在杂志上看到一篇题为《幸福蜥蜴》的文章——

杰恩斯教授养了一只稀有的亚马孙蜥蜴。头几个星期,蜥蜴不肯吃东西,生菜、坚果、肉馅一概不吃,甚至捕苍蝇、捉昆虫、把水果打成汁喂它都没用。蜥蜴一天天消瘦下去,眼看就要饿死了。有一天,杰恩斯把火腿三明治放在看完的报纸上。蜥蜴看到后,立刻在地板上匍匐前进,跳上报纸,把火腿三明治扯碎,把它吞下。

原来,蜥蜴已经进化成需要匍匐前行、攻击、撕裂,然后才进食,猎食是它的优势和美德。

动物一日不作一日不得食,它们没有幸福的捷径。学生的学习也是如此,如果教师总是把知识喂给学生,学生不作而得知,这种获取知识的捷径也会使学生难以享受到学习的幸福。"宝剑锋从磨砺出,梅花香自苦寒来。""一捅就破"的成功与"千捅才破"的成功不可相提并论,前者带给学生的愉悦可能是转瞬即逝的,而后者带给学生的体验却是刻骨铭心的。经历千辛万苦的成功让学生更有幸福感,并且也只有"千捅才破"才能锤炼学生学习的毅力和学习的能力。

追寻与挑战，同样是人的本性。人总喜欢追寻理想，或挑战自己未曾达到的目标，就像我们不停地在寻觅，永远受着遥远彼岸的诱惑。哲学家尼采说："人的精神有三重境界：骆驼、狮子和婴儿。第一境界是骆驼，忍辱负重，被动地听命于别人的安排；第二境界是狮子，把被动变成主动，由'你应该'到'我要'，一切由我主动争取，主动负起人生责任；第三境界是婴儿，这是一种'我是'的状态，活在当下，享受现在的一切。"在教学中，我们要让学生做"狮子"，变"要我学"为"我要学"，主动地猎知。而要实现"我要学"，我们就应该让学生先想一想"我是谁""我要什么""我能做什么"。

要让学生能够"好好学习"，正确的教学策略是不让学生"好好"学习，不让他们轻易获得知识，而应该设计挑战性任务，激励学生迎难而上。为何登山者对登山乐此不疲，就因为登山是一项充满挑战的运动。学习也好比攀登知识高峰，理应充满挑战。学习唯有充满挑战，才能激起学生不服输的学习激情，才能使学生更好地享受不断克服困难猎取知识的学习过程。一言以蔽之，只有挑战性任务才能让学生的学习在"任重"中"道远"，教师的教也才能避免成为"坏的教学法"——荷兰数学教育家弗赖登塔尔所说的"泄露一个可以由学生自己发现的秘密，这是坏的教学法，甚至是一种罪恶"。

那么，我们该如何设计有挑战性的任务，引导学生进行探究性学习？下面提供几种任务的类型供教师参考。

设计"能玩"的探究性任务，把课上成"游戏课"

好玩是学生的天性，如果知识能玩，学生一定想玩。玩耍也是学生的权利，而非表现良好的奖励，我们永远不要把学习放在玩的对立面。如果"知识的玩"还具有挑战，学生一定更想玩，因为学生都有好胜的心理。

有人说孩子小，注意力不能长久，但我们却看到小孩子玩游戏会忘记回家和吃饭，甚至于冒险逃课，由此可见两点：一是玩游戏能让学生达到享受状态，二是这游戏本身有趣。游戏之所以有趣，是因为它具有明确的目标、设定的条件、一定的选择及其过程中的创造，孩子在游戏中会享受到一种乐趣，内心会得到一种慰藉。从大处看，学习如游戏，数学的学习也应当如此。

陈省身喜欢数学 70 年余年，成果累累，是什么让他孜孜不倦？他的体会是：数学好玩。好玩是"初界"，玩好是"大界"。"初界"能引导学生走近知识，产生学习的兴趣，"大界"能引导学生走进知识，产生学习的感悟力。

例如我们可以把"3 的倍数"知识设计成一个能玩的任务——"抢三十"。其对学生的挑战是如何做到不输，这也就成为吸引和维持学生一探究竟的强动力。学生会明白，要玩好这个游戏，就必须玩好知识——也就是要学好"3 的倍数"知识。此时，知识的学习在学生的玩中完成，最终实现"玩中学"。

玩游戏常常离不开玩具。生活中学生喜欢的玩具有很多，扑克牌、七巧板、魔方都可以成为学习的工具，让学生玩出学问来。

例如魔方的玩法就充满着巨大的魔力，据英国《每日邮报》报道，45 岁的英国男子格雷厄姆·帕克历经 26 年终于解开魔方，他说："这些年我就像被魔方施了咒，整个生活都围着它转。"魔方多达 4.3×10^{19} 种变化，它被称为"最有教育意义的玩具"，并被社会学家列入 20 世纪对人类影响较大的 100 项发明之一。魔方不但可以玩复位，还可以玩图案造型。它的挑战力不仅吸引了数学家"玩"，而且吸引了物理学家"玩"——采用魔方作为反映一些基本粒子的直观模型，还吸引了计算机学家"玩"——"解魔方"可以通过计算机算法来实现。魔方不但是个好玩的玩具，也是个好玩的科学工具，还是个好玩的科学模型。

　　小学生还玩不转魔方中这些高深的知识，但我们可以根据学生的实际水平设计一些魔方挑战赛、七巧板挑战赛、24点游戏挑战赛、数独挑战赛等挑战性竞赛任务，吸引学生参加。学生要玩好，就必须学好知识。好的设计甚至一直会驱动学生不断地深入学习，而不只是一节课。要过游戏关，就必须先过知识关，此时学好知识就成为学生玩好游戏的需要。由此可见，这种"玩"的任务不必局限于课中，也可以用课外活动来驱动学生课内学习。

　　例如俄罗斯方块是学生喜欢玩的课外游戏，那么我们在教学"平移和旋转"一课时，就可以让学生在玩俄罗斯方块中引出平移和旋转知识。

　　其实，如果玩具与学习活动联系不紧密也无妨，我们可以借助玩具的魔力来吸引学生学习。

　　例如苏教版第十一册教材中有一个综合实践活动"表面涂色的正方体"，我们就可以从玩魔方入手，引出"角块""棱块""面块"等小方块位置名称，然后创设这样一个有挑战性的任务情境："一个 $10 \times 10 \times 10$ 表面涂色的正方体（相当于十阶魔方）不小心打碎了，结果少了一些方块，如果要把它复原，你需要做些什么？"此时，学生会设计如下研究程序：第一步，弄清楚一共有多少小方块；第二步，弄清楚各种小方块的涂色情况；第三步，弄清楚不同涂色小方块分别有多少。在探究的时候，学生会从简单到复杂，从二阶"魔方"开始玩起，进而到三阶"魔方"、四阶"魔方"……不必等到十阶"魔方"，学生就能发现规律，然后用找到的规律来解决问题，从而完成这一挑战性任务，同时也就完成了这一节课的知识学习。

　　其实，有时候数学游戏不需要玩具，数学本身就是很好的游戏。例如"数字黑洞"就是一种数字游戏，通常从一个整数或一组整数出发，按某种规定的计算法则，反复进行同一种操作程序，最终都会回到一个数值上,这个数值就像宇宙中的黑洞一样将任何数字牢牢吸住,其中所隐含的数学奥秘也将牢牢吸引学生去探究。

实施玩的学习任务,可以把教室变成乐园。例如笔者设计的《认识左右》一课(详细见第五章案例1:《一堂别有"风味"的数学课》),整节课让学生玩得不亦乐乎,在身动中"生"动,最终达到生动的教学效果。如此好玩的课,学生的情绪反应也是很丰富的:课始,学生纳闷——"这还算是数学课?"课中,学生发现——"这仍应是数学课。"课后,学生回味——"这才是数学课!"

实施玩的学习任务,还可以把教室搬到操场。例如教学"有余数的除法",我们就可以设计玩的任务:把学生带到操场上围成圈慢跑,当老师喊出数字几,学生就几人一组抱成团。不一会儿,就有学生落了单,成了"余数"。

实施玩的学习任务,还可以把教室搬到网上。当前是多媒体迅速发展的信息化时代,网络资源为小学数学教学提供了丰富的素材。在任务驱动式教学中,教师可以挖掘网络上具有趣味性的游戏软件,让学生在玩中学、学中玩。

由此可见,一个好的"玩"的任务,因为好玩,哪怕"任重",学生也不会疲倦、不会厌倦,玩兴会一直高昂。并且,在不断挑战中,高阶的认知得以很好地开发,从而进一步为在知识收获上能够"道远"奠定了基础。

设计"能做"的探究性任务,把课上成"手工课"

梅洛·庞蒂从知觉现象学出发,认定身体是认识世界的通道,身体知觉具有认识的能力,是人认识世界的基点。将认知和身体联系起来的"具身认知"理论的核心观点是:认知、思维、记忆、学习、情感和态度等是身体作用于环境而塑造出来的。从根本上讲,心智是一种身体经验,身体的物理体验制约了心智活动的性质和特征。就是说，发生认识离不开身体的支撑。杜威的"从做中学"就是践行"具身认知"理论的典范，因为这一学习方式建立了学习者的认知与身体动作之间的联系，以身体的动作来促进思维的发展。

　　心理学家皮亚杰认为，智慧自动作发端，活动是连接主客体的桥梁。苏霍姆林斯基则更为明确地指出"儿童的智慧在他的手指尖上"。所有自然的奥秘和人思想意识的奥秘，都是依靠手来解读的，假如没有手，所有的思想都无从诠释。人的思想是靠手来诠释的，表现在儿童身上，甚至可以这样说：儿童是用手来思考的，禁止了手的活动，就相当于禁止了儿童的思考。对此，陶行知也说过："教学做是一件事，不是三件事，我们要在做上教，在做上学，在做上教的是先生，在做上学的是学生。"

　　这里所说的"能做的挑战性任务"，就是指能让学生"劳动"的任务，通过具有挑战性的动手活动来驱动学生学习，让学生产生思想。设计"能做的挑战性任务"符合"4H教育"的精神。"4H教育"指的是"Hand、Head、Health、Heart"，它强调在学习的过程中"手、脑、身、心"的和谐发展。

　　"做的任务"要具有挑战性，而且要保证所设计的操作活动具有探究性。科学研究表明，探究可以打败无聊。人是很容易麻木的，生命中很多新奇美好的东西，一旦我们对它们习以为常，它们的美就不再"存在"了。在心理学里，这叫"适应原则"。这种原则不断地将我们从幸福或痛苦的极点拉回基因设定的起点。这个心理免疫系统是一种让人又爱又恨的进化馈赠，一方面保护我们不至于因极度的痛苦而崩溃，另一方面也阻止我们享受绵长的快乐。然而，在教学中，探究不断发现新知，可以让学生感到学习不是一件无聊的事。如果探究与动手结合在一起形成动手探究，而知识又能够"手到擒来"，那学生的学习热情更容易高涨。

　　例如在教学"长方体的认识"时，我们可以布置学生"用小棒搭一个长方体框架"（如图1）的动手任务，引导学生自己发现长方体的特征。随后，我们还可以布置学生"去掉哪些棱仍然能想象出这个长方体的形状和大小"的动手操作或动脑想象任务，让学生自己明白长宽高存在的意义。

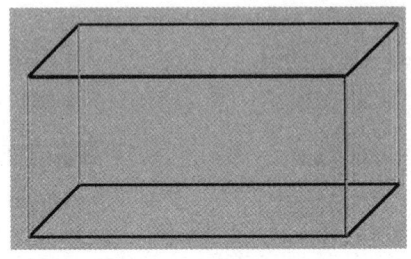

图1

这样的"手工课"还可以放在课前。例如在教学"圆柱侧面特征"时，我们可以把原来仅教师做的教具演示换成学生人人动手做的挑战性制作任务："每人用硬纸片做一个饮料罐模型，接口处用透明胶粘贴。"在制作过程中，学生大多在做侧面时遇到困难，于是集中力量进行攻关：有的学生用依葫芦画瓢的方法，把纸片套在饮料罐上裁剪侧面；有的学生先量出饮料罐的底面直径和高，依照直径裁剪底面，再裁剪一个宽等于圆柱高、长绕底面一周的长方形做侧面；有的学生能根据圆柱底面直径推算出长方形该裁多长；有的学生采用逆向思维，把饮料罐侧面包装纸剪下来研究……

如果上述教学中的制作任务是让学生在琢磨"怎样做"中找到即将学的数学知识，那么下面四年级"角的再认识"课前制作活动角的任务，则是让学生在琢磨"为什么要这样做"中找到即将学的数学知识——

星期五，我给学生布置任务。我问学生："做过活动角吗？"全班学生异口同声："做过。"有学生抢答："用两根木条。""用纸条也行。"

我说:"对!二年级认识角的时候,我们就做过。不过,这一次,请每位同学制作的活动角,是'升级版'的。"

我故意卖了个关子。

学生满脸惊讶:"什么升级版的啊?"

我告诉他们,制作成的活动角,和原来一样的是,两条"边"可以旋转,不一样的是,两条"边"的长短还可以变化。

双休日过后,学生带来的作品,远远超越我的想象。其中3件作品,是粗吸管里"套"细吸管(如图2),粗纸卷里"套"细纸卷(如图3),粗纸套里"套"细纸条(如图4)。还有一件作品,其"边"可以通过折叠的方式变化长短(如图5)。

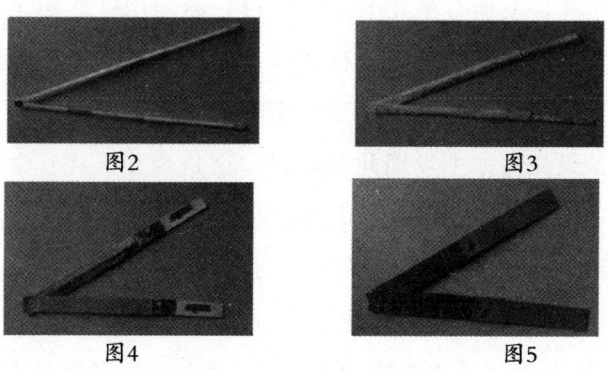

图2　　　　　　　　图3

图4　　　　　　　　图5

更有意思的是,课堂上,我请学生逐个展示他们的作品,然后问学生:"知道为何让你们做这样的活动角吗?"

"知道,就是让我们明白,角的大小和边的长短没有关系。"

"我知道道理,角的边是射线,射线是无限长的,可能画得长一些,可能画得短一些。所以,角的大小和边的长短没有关系。"

——引自苏林《"升级版"的活动角》(刊于《教育视界》)

在上述课例中,上课前原来只有教师才知道的教学意图,对学生来说，已经不是秘密。学习中的难点与"误"点，在学生"谈笑间"，"灰飞烟灭"。

这种"可以做的任务"无疑可以用在活动性和操作性比较强的课堂教学中，通过"做任务"，实现"做中学"，变传统课堂常常采用的"知后行"为"行中知"，也就最大可能实践陶行知所说的教材观——"我们要活的书，不要死的书；要真的书，不要假的书；要动的书，不要静的书；要用的书，不要读的书。"

对于一些不以操作和活动见长的教学内容，有时候我们同样可以通过设计"做的任务"来驱动学生主动进行知识学习。例如教学"质数与合数"课前，我们可以设计这样的操作任务："1 至 20 中，请随便挑一个数，你挑了几，就拥有了几个小正方形，你能用这些小正方形再拼出几种新的长方形或正方形（每一种新的长方形或正方形必须用上全部小正方形）？"学生开始以为选的小正方形越多，拼出的新的长方形或正方形就越多，结果在操作中发现并非如此，这是为什么呢？学生都想一探究竟，于是这一疑问就驱动学生进入新课学习。

这样"可以做的任务"还可以驱动学生主动自学知识。例如教学"认识厘米"之前，教师可以设计这样的操作任务："你会画一条 5 厘米长的线段吗？"学生对任务中的新名词"厘米"可能觉得似曾相识，因为在生活中会或多或少地听到或看到（例如直尺或三角尺上的厘米刻度），于是学生就会通过自学教材进行知识的确认，从而使原来模糊的认识变得清晰，并会积极动手操作尝试。正式上课时，教师就可以直接从学生完成任务的情况——汇报画法以及错例辨析中相机导入和导出所教知识。

我们同样可以把一些原本不能"做"或"做"的成分很少的教学内容让学生"做"出来，以此促使学生自学知识。例如教学"比的认识"课前，布置学生画的任务："用你自己喜欢的方法画出 1∶8 的意思。"

这样"能做的任务"还能驱动学生复习。例如笔者在进行"长方体和正方体的复习"一课时,没有像平常的复习课那样直接进行知识的整理,而是设计了一个"做鱼缸"的任务,不过此时的"做"并不是真的需要动手做,而是笔者创设的一个任务情境,以制作鱼缸、装饰鱼缸、向鱼缸倒水、放装饰物等一系列情境问题为主线,由学生提出有关长方体、棱长总和、表面积、体积、容积、不规则物体的体积等问题,再加以解决。

设计好"能解"的探究性任务,把课上成"实验课"

在数学中,问题的解决,需要建立数量之间的关系。如果能够找到并确定数量之间的关系,那么问题也就迎刃而解。由此,寻找数量之间的关系,寻找问题的突破口,也就可以成为一个有挑战性的数学实验任务。

首先,这样的实验任务可用于新知与旧知的转化中。例如"圆锥的体积"一课,当学生发现圆柱可以卷割成圆锥之后(例如用卷笔刀卷铅笔的过

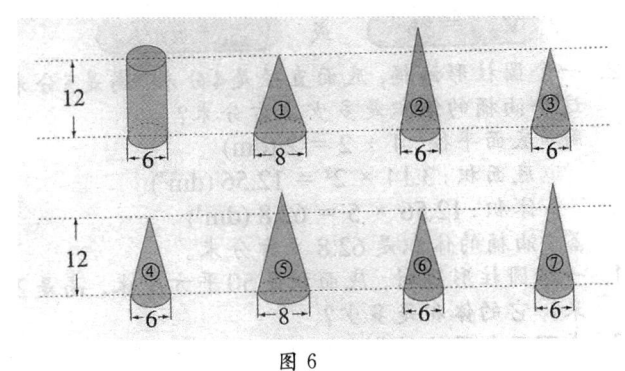

图 6

程),就设想从与圆锥联系紧密的圆柱入手来探索圆锥的体积计算方法。教师由此可以布置实验性任务,让学生从与圆柱不等底也不等高、不等底却等高、等底却不等高、等底也等高的圆锥(如图6)中找到能建立确定关系的一种,由此推导出圆锥体积的计算公式。

这样的实验任务还可以让学生自己设计,让学生自己找到"能解"的条件。例如笔者在教学"用假设的策略解决问题"时(详见第五章案

例2：《"任重"，让学生的学习更加"道远"》），让学生自己通过试一试来确定问题能解的数量之间的关系——

（出示缺少条件的例题：小明把720毫升果汁倒入6个小杯和1个大杯，正好都倒满。小杯和大杯的容量各是多少毫升？）

师：此题能解吗？

生：不能。因为现在有两种大小的杯子。

师：你的意思是，如果换成一种大小的杯子，就能解了，对吧？

生：对。

师：那能不能换？怎样换？我们一起来研究一下。如果用 ■ 表示小杯的容量，同学们想一想，大杯容量画多大的时候，它们就可以转化成一种杯子？

生：我觉得一个大杯画成两个小杯大小的时候，它们就可以转化成一共8个小杯或4个大杯的容量。

教师根据学生回答补画并补充条件"已知大杯的容量是小杯的2倍"或"已知小杯的容量是大杯的$\frac{1}{2}$"：

师：现在你们会解答了吗？

……

笔者在课后反思中也指出：在许多教师的教学中，本节课中所采用的"画图"仅仅显示了"图画"功能——让学生能够直观地看到大杯容量和小杯容量之间的数量关系。笔者的想法是，要让学生在画图的过程中自觉感悟到"大杯画多大"就能把含有两种未知量的问题转化为只含有一种未知量的问题，也就是促使学生自己去建立关系和确定关系。

其次，这样的实验任务还可用于对新知价值的叩问。例如"方程的认识"一课，"方程到底是为了什么"是本节课的核心问题，弄清了这一本质问题，也就可以有效避免为学方程而学方程的机械性学习。由此，"方程到底是为了什么"也就可以成为本节课的探秘任务。

笔者认识到了这一点，在新课一开始就引入未知数，通过增减苹果的实验活动，始终让学生在未知数与已知数之间寻求相等关系。在天平的平衡与不平衡中，让学生明白只有当天平平衡时才能求出未知物品的质量，也就是当未知数与已知数之间建立相等关系才能求出未知数，这可以很好地让学生体会到方程的目的是求未知数（详见第五章案例3：《设计多种类型的任务，驱动学生主动学习》）。

设计好"能创"的探究性任务，把课上成"创作课"

德国教育家斯普朗格曾说过："教育的最终目的不是传授已有的东西，而是要把人的创造力量诱导出来，将生命感、价值感唤醒。"而创作教材、"（再）创造"知识，就可以诱导和唤醒学生的创造力量。创造是一种典型的人类自主行为，是有意识地对世界进行探索的活动。

同样，在任务驱动式教学中，有一种任务就是引导学生做知识的"创客"，驱动学生把还没学的知识"创造"出来，当然，学生的这种创造过程可以通过创作活动呈现出来。

在纽约，一所高中的几何学教师，利用当下流行的家居设计来进行创意教学，让学生在教室里建造迷你房屋，学生一半时间学几何，一半时间设计房屋。教师发现，接受这样实践性训练的学生比参与传统教学的学生在几何学上发挥得更出色。

那么，在小学数学教学中，该怎样实施创意教学呢？

一是引导学生依据生活经验进行知识创作——发现新结果。有一类教材，与学生的生活靠得很紧，对这一类教材，我们就可以让学生运用生活经验进行知识的"再创造"。

例如笔者在教学"年月日"一课时，就设计了"让学生制作新年年历"这一创作任务（详见第五章案例4：《把挑战性任务转化为教学生产力》）。

二是引导学生依据知识逻辑进行知识创作——发明新成果。有一类教材，与学过的教材很像，对这一类教材，我们就可以让学生以以往的知识作为参考资料进行知识的再创造。

例如"7的乘法口诀"一课，因为学生之前已经学过了1-6的乘法口诀，这些教材的"容貌"相似度极高，学生在学习时已经相当熟悉旅行的路线和沿途的风景。不过，熟悉的地方没有风景。相同"风景"的课，越往后教，学生会越感无趣。为了让熟悉的地方仍有风景，我就提出了让学生"自助游"的教学建议，换了一种"旅游"方式，带给了学生一种新感觉，结果教学效果很好。具体上法如下：

首先，在课的开始，复习1-6的乘法口诀，完成以下乘法口诀表：

一一得一					
一二得二	二二得四				
一三得三	二三得六	三三得九			
一四得四	二四得八	三四十二	四四十六		
一五得五	二五一十	三五十五	四五二十	五五二十五	
一六得六	二六十二	三六十八	四六二十四	五六三十	六六三十六

此时这张1-6的乘法口诀表就是学生继续"修学旅行"的一张"地图"，教师可以让学生看着这张"地图"推想下一个旅行的"地点"——

"你认为，我们接下来会学习什么？"学生根据前期经验很轻松地说出："我们接下来会学习 7 的乘法口诀。"

接着，教师继续让学生由这张"地图"推想这一个游览地点会有几个"景点"——"你认为，7 的乘法口诀会有几句？"学生同样根据前期经验很轻松地说出："7 的乘法口诀会有 7 句。"教师顺势在 1—6 的乘法口诀表下标出 7 的乘法口诀的"方位"（如下表），然后提供由 7 个三角形组成的一只小船（教材例题的情境）作为探究的材料，让学生通过摆一摆、说一说、算一算、编一编等活动，自行创造出 7 的乘法口诀。

一一得一						
一二得二	二二得四					
一三得三	二三得六	三三得九				
一四得四	二四得八	三四十二	四四十六			
一五得五	二五一十	三五十五	四五二十	五五二十五		
一六得六	二六十二	三六十八	四六二十四	五六三十	六六三十六	

最后，在课即将结束之时，教师还可以提出一个挑战性任务：把 1—7 的乘法口诀的总句数列成一个加法算式 1＋2＋3＋4＋5＋6＋7，然后告诉学生这一连加算式也可以用一句 7 的乘法口诀来计算，这一知识的新奇大大激起了学生一探究竟的好奇心。此时，就需要发挥教师的"导游"作用，把上述乘法口诀表中的一句句口诀所在的位置看成一个个图形，然后通过图形的移动和拼合，把"七七四十九"这一句乘法口诀所在的图形移拼到"二二得四"这一句乘法口诀上方，把"六七四十二"和"六六三十六"这两句乘法口诀所在的图形移拼到"三三得九"这一句乘法口诀上方……如此移多补少，最终拼成了一个 4 排 7 行的长方形（方阵），数形结合，学生就很容易发现 1＋2＋3＋4＋5＋6＋7 这一加法算式可以用"四七二十八"这一句乘法口诀来计算。

上述"7的乘法口诀"与"1—6的乘法口诀",在知识结构上和教材结构上有着高度的一致性,学生感觉如同"故地重游",因此完全可以用相同的"旅游"经验来实现"自助游"。

在教学中,还有一些教材,看似身处"异地",其实也在同一"风景"中。例如

一辆汽车在公路上行驶,行驶的时间和路程如下表。

时间/时	1	2	3	4	5	6	……
路程/千米	80	160	240	320	400	480	……

图7

"正比例"与"反比例"知识,性质虽然相反,但教学的"行程"相同。当学生学完"正比例"一课后,教师就可以先引导学生由"正"及"反"推想出"反比例"的名称和意义,然后布置学生"创编'反比例'教材"的任务。此时,学习方向已经明确,接下来的学习路线,学生会借鉴之前学习经验,选择走一条在实例中探究之路,至于学习工具,学生也会模仿学习"正比例"时所用的例题(如图7)的格式,就地利用这个例题的材料进行改编,使之变成"在路程一定的情况下,研究一辆汽车的行驶速度和行驶时间之间的关系",从而替代原来教材上"反比例"所用的例题材料。在此意义上,"自助游"式的学习任务,真正让学习成为学生自己的事情,并在自己的事情自己做中"自编"出了教材。

除了可以在相同知识领域实施这样的知识创造,还可以在不同的知识领域形成联系、实施创造,用创意进行任务驱动式教学。

例如教学"分米和毫米的认识"一课时,学生正在学的"米、分米、厘米、毫米"与已经学的"元、角、分"属于不同的计量单位,似乎毫不相干,但它们其实有着相同的结构关系,如果我们以此为模板设计"分米和毫米的认识"一课,那么,知识也就可以由学生寻找出来。具体可以这样设计:

(1)教师出示"1-1=9",学生都会认为此式不成立;

(2)教师改写成"1( )-1( )=9( )",让学生填已经学过

的计量单位使等式成立,学生很容易想到"元、角、分",并由此猜想出"米"和"厘米"之间可能存在一个长度单位,与米和厘米之间也是十进制关系(如图 8);

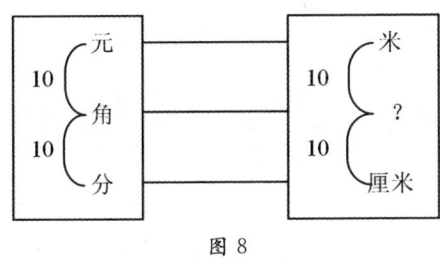

图 8

(3)教师肯定学生的猜想,揭示"分米",然后教师抓住"1 分米 = 10 厘米"的进率关系,让学生在直尺上找 1 分米。

如此设计,学生一旦把新知与已学的"元、角、分"知识拉上关系,那么旧知的内容构造和学习方式就会成为新知学习的踏板。

长度单位和货币单位虽然算不上"至亲",但它们可以算是"近亲",都是计量单位。如果我们看得再远一些,走出"直系血亲"——计量领域,观察"旁系血亲"——数的领域,还会发现计数单位也是十进制,有着类似的进率关系。如此"拉关系",就把不同领域的知识融会贯通了,而这些关系,也就是学生"创造"知识、创编教材的基础。

设计好"能演"的探究性任务,把课上成"表演课"

数学教学常常需要直观演示,有时候这样的演示也可以由学生来表演。例如教学"9 的乘法口诀"时,教师可以先引导学生发现 9 的乘法的特殊之处——这些算式的结果,个位上的数与十位上的数相加的和都是 9。

由这些乘积的特征,教师引导学生联想到人的双手有 10 个手指,如果任意弯起 1 个手指,还剩下 9 个手指——这不正是乘积个位与十位上数的和吗?在此基础上,教师启发学生用手势表演出 9 的乘法口诀(如

图9），以此帮助记忆。

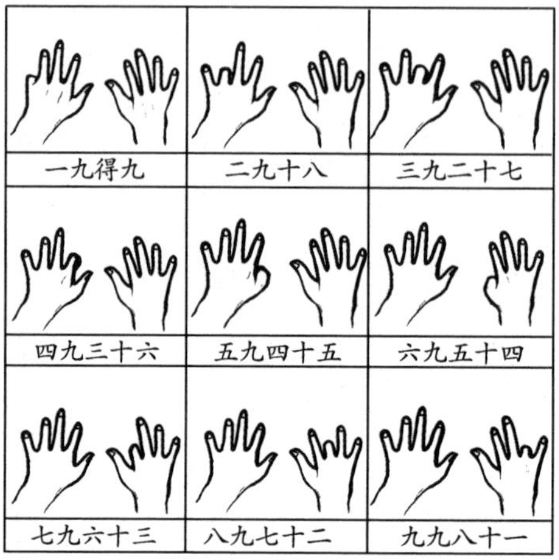

图 9

孩子喜欢看戏，也喜欢演戏。能够将知识表演出来，并且自己还能做演员或导演，这样的表演任务，哪怕有难度，学生也会乐于接受。

例如"相遇问题"这一课，我们就可以通过表演，让学生把知识表演出来，在表演活动中理解一些关键词和数量关系，在写剧本活动中用画线段图的方式记录情境（见第五章案例7：《教学，让学生与什么样的任务"相遇"》）。

学生还喜欢娱乐节目中像"模仿秀"这样的表演。在教学"平移和旋转"一课时，我们可以设计这样的表演任务——"请一名学生上台，把老师写在小纸条中的如拍皮球、转方向盘等运动表演出来"，然后让下面的同学观察表演学生的运动方式，猜一猜他表演的是什么内容。

孩子除了喜欢做演员，还喜欢当制作人。如果让学生制作动画片，他们也会兴高采烈。我们在教学"认识平移"这一课时，还可以布置学生"自己动手做动画片"的娱乐任务：每组9位学生，依次编号，每人一张小方格纸，纸的左下角有从1—9的阿拉伯数字，按各自的编号，分别在空白方格纸上画出小鱼整体向右移动相应格数的图案（如图10），并把本小组画好的9张方格纸片依次排列好装订成小画册，快速翻动小画册，就会看到小鱼在游动。这时，就可以请学生说说在平移过程中小鱼的形状、大小、位置的变化情况。

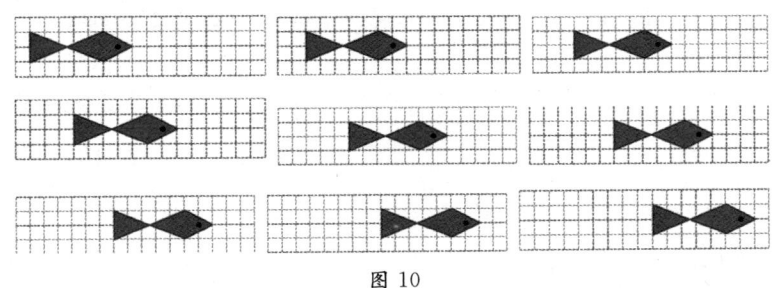

图 10

这种动画片的方式还可以用在知识的千变万化的演示中。例如三角形的认识，概念相当丰富，我们可以以格子图为背景，通过点的移动，让学生认识各知识点之间的关系。具体做法如下：教师出示三个点，用线段连成一个三角形（如图11），向学生提问——如果移动其中一个点，你可以把它变成什么三角形？学生首先想到的是直角三角形、锐角三角形或钝角三角形（如图12），接着发现"点越往上，连成的就是锐角三角形，点越往边下移，连成的就是钝角三角形""以这条底边为直径的圆上的点都可以连成直角三角形（如图13）""如果点沿着中间那条垂线（高）移动的话，就是等腰三角形。如果点移到三条边一样长时，就是等边三角形（如图14）"……这些相关联的变化，不仅演示出了形的分类，还把它们之间的联系演示得一清二楚。

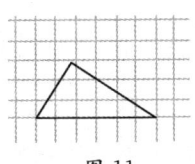 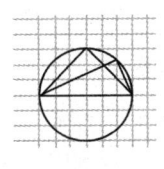 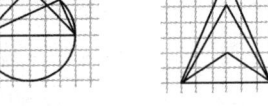

图 11　　　　图 12　　　　图 13　　　　图 14

可以说，上述"能玩""能解""能创""能演"的任务都是基于"设计学习"的教学活动。美国斯坦福大学教授琳达·达林—哈蒙德在访谈中称："当学生被要求设计并制作出需要理解并应用知识的作品时，他们会更深入地学习。"

设计好"能用"的探究性任务，把课上成"应用课"

北京大学哲学系教授李猛说："教育中最根本的东西，无论人文科学还是社会科学，一定要面对每个人日常生活经验中能最强烈触动我们的东西。"法国儿童心理学家瓦龙·亨利说："把人和社会分开，就等于把他的大脑剥除。"我们的学校教育绝不应该剥离学生和真实世界的联系，相反学校应该创设更多的情境，帮助学生打开经验世界。

夸美纽斯曾说过："提供一种既能令人愉悦又有用的东西，让学生的思想经过这样的准备之后，他们就会以极大的注意力去学习。"现代素质教育的核心理念是学有所学和学以致用，这也是当前基础教育的重点。数学是一门应用性强的学科。新课程标准指出："数学教学要致力于使学生学会运用数学的思维方式去观察、分析现实社会，去解决日常生活中和其他学科中的问题。"

这即是说，我们的教学必须着眼于数学与生活的联系，让学生在习得数学知识的同时，领会数学思维，认识到数学在生活中的作用。鉴于此，我们可以从以下角度来设计驱动任务：

一是数学让生活中的"不能"变为"能"，让"不知"变为"知"。

例如教学"比和比例"课前，教师设计这样的测量任务——"测量旗杆的高度"。面对如此高的旗杆，学生面露难色，此时教师把一根已知长度的短竹竿插在和旗杆平行的位置上，让学生测量竹竿影子的长度。如此一番动作，学生弄不懂了："竹竿，旗杆，八竿子打不着啊！这能有用吗？"经过学习，学生明白了所学知识能帮自己轻松解决生活中遇到的难题。这一能用的任务身兼两职,既承担了知识的导入,又承担了知识的练习。

又如教学"和与积的奇偶性"前,教师可以设计这样的揭秘任务:"街头的转盘抽奖——指针转到几,就从这一格起按逆时针方向数几,为何总是中不了大奖?(在转盘上,每个奇数区域中放着价值很高的物品,如手表、鞋等,每个偶数区域中却放着廉价的物品,如糖、画片、鞭炮等)"这激起了学生强烈的好奇,都想弄明白其中的秘密。经过学习,学生终于明白其中所隐含的数学知识:奇数+奇数=偶数,偶数+偶数=偶数。不管指针落在哪里,最后总是数到偶数区域。

提起赌博,几乎没有人会将它与数学课联系起来,但在澳大利亚维多利亚州,数学课竟然成了预防赌博的前沿阵地。据报道,澳大利亚维多利亚州责任赌博基金会(Victorian Responsible Gambling Foundation)正在推广一个新的项目,利用数学知识向10至12年级的学生解释赌博的风险。"概率是没有记忆的,但许多学生仍然相信,在抛硬币时,如果前两次都是正面,那么第三次也一定是正面。如果他们了解了概率的相关知识,那么他们就很可能会明白那种想法是错误的。他们也会明白,如果长期赌博,那么最后的赢家一定会是那些赌博机构而不是赌博者自己。"目前,该项目已在5所中学进行了试验,上过这门课的学生都再不相信"运气"这回事。

二是数学让生活中的"能"变为"巧"。

例如"怎样包装最节省纸"就是一个优化方法的实际问题,也是学生想掌握的一种生活技能。此时,我们可以把置于教材最后的应用题前置设计成任务,这样就把原来教材编排顺序"数学问题→数学探究→生活问题"调整为"生活问题→数学问题→数学探究→生活问题"。这样调整后就让学生感觉在学"有用"的知识（详见第五章案例6：《"表面积的变化"任务驱动式教学设计》）。

教育专家刘国正说："教室的四壁应是多孔的海绵，透过多种孔道使教学和学生的生活息息相通。"这样"倒叙"式的教学，不仅能让教师的教与学生的学心心相印，而且有效地打通了数学世界与现实世界的壁垒，让学生在知识与生活之间穿梭。

在任务驱动式教学中，学生在知识与生活之间穿梭的时候，经历了一个"OODA"的反应过程：第一个"O"指观察（Observe）——引发注意，观察任务的价值和类型；第二个"O"指定位（Orient）——将其定位到具体的知识学习；"D"是指决策（Decide）——思考完成任务的方式、途径和步骤；"A"是指行动（Act）——尝试解决。例如"怎样包装最节省纸"这一任务，学生经过观察知道它是一个有用的任务，然后定位到表面积这一数学知识，接着通过尝试、实验等探究方法和由少到多、由简单到复杂、由特殊到一般等探究步骤来确定什么情形下表面积最小，最后开展探究行动。

巧用数学知识不仅在生活中常见，在学习中也会遇到。教师也可将学习过程中数学的"巧用"设计成任务。例如前述教学"和与积的奇偶性"知识前，教师可以设计这样的揭秘任务："为什么老师有时候不计算就能判断和与积是否正确？"

三是数学可以美化我们的生活。

例如教学"比和比例"时，教师设计这样的探究任务："怎样的人体看上去美？"爱美心理，人皆有之。当学生面对人体数据看不出名堂的时候，对隐含在其中的知识就有了渴望。当学生知道黄金比例之后，教师可以布置这样一个设计任务："请你为蔡依林设计一双适合她的高跟鞋。（蔡依林身高158cm，下半身长95cm）"之后，教师还可以布置这样一个社会调查任务："黄金比例在生活中还有哪些应用？"从而让学生发现运用黄金比例知识可以让我们的生活变得更美。

设计好"能辩"的探究性任务，把课上成"辩论课"

在任务驱动式教学中，学生的学习大体会经历一个"捂·焐·悟·晤"的过程：从开始的"捂"所引发的悬念，到经过探究孵化知识的一番"焐"，到有了恍然大悟的感觉，到最后能把所悟到的东西表达出来，示于他人。

其中，有一种"晤"是学生根据自己所悟进行辩论。首先，我们可以将辩论题目引入新知，例如教学"三角形的内角和"时，有一位教师在课一开始就设计了辩论任务——

师：三角形家族今天发生了激烈的争论，锐角三角形、直角三角形和钝角三角形在争论谁的内角和大。

师：什么是三角形的内角和呢？

生：三角形有三个角，这三个角都在三角形的里面，所以是内角。这三个内角加起来就是三角形的内角和。

师：你认为三角形三兄弟中谁的内角和大？

生1：我觉得钝角三角形的内角和大，因为它有一个角特别大。

生2：不对，钝角三角形的钝角特别大，但是另外两个角比较小。

生3：我觉得一样大。

……

师：口说无凭。谁能想出一个办法，顺利比较出两个三角形内角和的大小？

……

——引自何慧玲《抓住起点促探究》（刊于《中小学数学》）

审辩式思维的思想起源就是"苏格拉底对话",苏式对话的方式是启迪和思辨,他认为智慧是被发掘出来的,而不是被给予的,辩论即是在启迪和发掘智慧。

俗话说,知识越辩越清,真理越辩越明。对一些有争议的问题,学生也普遍有想弄清楚的欲望,由此我们可以设计一些具有思辨性的挑战任务,驱动学生学习。

例如教学"反比例"之前,教师可以设计这样的思辨性任务:"正比例和反比例真的有正反关系吗?"这一问题驱使学生主动关注正比例知识和反比例知识之间的关系。有人认为它们"反"在结果——"正比例是商一定,而反比例是积一定",有人认为它们"反"在过程——"正比例的两个变量是同向变化,而反比例的两个变量是反向变化"。此时,有人提出新的质疑:"反比例不是真的比例。"理由是根据反比例的"积一定"列出的等式"$a \times b = c \times d$"不是比例式。一石激起千层浪,最后有人辩道:"$a \times b = c \times d$ 可以改写成比例式 $a:c=d:b$,从中可以看出两个变量是反向变化的,所以我认为反比例是比例,只是它是'反'比例。"

上述课例中这种挑战性的辩论任务是有结果的,能够辩出是与非来,还有一种辩论是没有结果的,或者说无所谓有没有结果,它只是有效驱动学生学习的引子。

例如教学"比例尺"之前,笔者设计了这样的思辨性任务:"比例尺是尺吗?"要弄清楚这个是否名副其实的问题,学生必须去弄清楚比例尺的含义甚至由来,经过辩论,学生最终形成这样的共识:比例尺是一个表示图上距离与实际距离的比,但形象地把它看成一把"尺"也未尝不可。

又如教学"真分数和假分数"之前,笔者设计了这样的思辨性任务:"假分数是假的分数吗?"一节课上完,学生针锋相对地进行辩论,正方的理由是：假分数实际上是带分数或整数，所以是假的分数。反方的理由是：假分数同样符合分数的意义，所以不是假的分数。其实，两个观点都有道理，这一思辨性问题没有标准答案，学生上述辩论都是基于对假分数的正确认识和深入理解。

在面对一个的思辨任务的时候，学生可能会因不同观点越辩越激烈，甚至会"争吵"起来，这样的"忘乎所以"正说明思辨性任务有着强劲的驱动力。学生的推论可能有对错，但辩论本身却没有输赢之分。在辩论的过程中，为了驳倒对方，学生会在较短的时间内迅速做出反应，对对方观点和对方所提出的问题进行分析、判断，并试图通过举例、演示、推理等多种方法去证明自己观点的正确。在这样的辩论过程中，学生的思维一直处在紧张、亢奋和高速运转的状态，思维潜力也会被充分地挖掘。并且，辩论能很好地锻炼学生的语言表达能力，对其他学科的学习以及生活中的自我展示都非常有益。

思辨性任务也可以在完成知识教学之后提出。例如教学"角的分类"，我们可以提供一些角让学生辨认，看学生能否指认直角、锐角、钝角、平角、周角等，然后讨论这几类角的大小关系。当学生能准确地指认这些角并按大小关系进行排序之后，教学就转向找角、画角、拼角、量角等数学活动，如此角的分类教学才算完成。不过，如果教学仅仅停留在角的分类与大小关系，那么这样的教学只是停留在数学知识的表层。

深层次的认知学习应当讨论联系性的问题，我们不妨跟踪追击，进一步设计这样的思辨性任务："为什么要对角进行分类？在分类中，直角为什么是最重要的？"我们研究角最重要的是关注它的度量属性，即角的大小。按大小对角进行分类是为了便于研究，在一定意义上也可以把角分成两类：一类是定值角，一类是区间角。直角是分类的参照或标准，平角、周角这些定值角与直角有明确的倍数关系，锐角、钝角这些区间角也是以直角为临界的。此外，直角与图形的特征和性质联系密切，或者说有直角的平面图形往往是几何学研究的重点，如长方形、直角三角形等。

另外，我们还可以在"回头看"中设计思辨性任务，让学生重新认识所学的知识或者让学生用所学的知识重新认识事物。

例如教学"射线的认识"，教材采用了灯光的情境图，这时情境图的功能是为了引出射线。当学生明白了射线的数学概念之后，我们可以让学生再回过来看这一情境图，让学生讨论："这些灯射出的光线真的是射线吗？"学生会在辩论中最终明白——"严格来说，这些灯射出的光线不是射线，只能是线段，哪怕阳光也是如此，因为它在实际生活中并不能无限延长。"由此也就明白了教材写的"这些灯射出的光线都可以看作射线"这句话中"可以看作"的真正含义。

当教师说了"在现实生活中并没有射线"之后，招来了一名学生的辩驳："我认为，生活中有射线，时间就是射线，因为我们不知道时间的尽头。"这位学生的观点又引发了其他同学的辩论，有学生说："我认为时间是直线，因为我们也找不到时间的开头。"还有学生表示反对："我认为时间是线段，因为从人的一生看，时间是有限的。"在这里，孰是孰非，已不重要。

设计好"能闯"的探究性任务，把课上成"综合课"

设计"能闯"的任务，能够驱动学生闯进新知的大门，让学生在自主学习的道路上尽可能地拓展，尽可能地推进知识的正迁移。

那么，这样能让学生走向知识远方的"闯荡"究竟能走多远？由"正比例"创造出"反比例"、由"整数的计数规则"来创造"小数的计数规则"等做法往往只是前学知识与后续知识的"串门"，它们依然没走出小学数学。有时候，我们还可以根据所教内容引导学生到中学数学中闯荡一番。

例如笔者在教学"用假设策略解决问题"一课时（详见第五章案例2：《"任重",让学生的学习更加"道远"》），在课尾出示了一道中学才学的二元一次方程组——

$$\begin{cases} 6x+y=720 \\ y=2x \end{cases}$$

经过一节课"步步高"的教师引导，学生都觉得有信心完成这一挑战，有的学生作了如下情境假设——

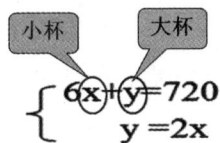

这样一来，此题被赋予情境后就又变回了这节课的例题——"把720毫升果汁倒入6个小杯和1个大杯，正好都倒满。已知大杯的容量是小杯的2倍，小杯和大杯的容量各是多少毫升？"然后学生用刚刚学会的替换法轻松地解答了此题。还有的学生直接根据题意把 y 用 $2x$ 替换，转化成了已经学过的简易方程 $6x+2x=720$ 解答了此题。那么，是什么让学生闯进了中学知识？就是敢于发挥所学的力量，它高于具体的解题方法。

有人认为："学生学数学最好的办法是超前学习，千万不要跟在老师的屁股后面跑，要抢先学。"有一本专著《高观点下的初等数学》，书名蕴含了深刻的寓意：如果你想学好初等数学，就要超前学习，等到你学了高等数学，站在高处，你就能彻底地、一目了然地理解初等数学。当学生懵懵懂懂地闯进知识新天地，似懂非懂的不明白抑或不懂装懂的不确定都会构成学习期待，对现时的学习带来强烈的驱动力。

如果说至此"能闯"的任务还只是在本学科的领域中打转转，学生观赏到的依然是数学的风景，思考的依然是数学知识，那么，还有一种能够驱动学生"该出手时就出手"的方法,让他们所到之处不再只是数学的领地,而能领略到其他学科的风景。

有专家指出,只有打破了知识的边界,核心素养才能更好地落地。打破知识的边界,既要打破数学知识与数学知识之间的边界,例如前学知识与后学知识之间的边界,又如数与形之间的边界,还要打破数学学科知识与其他学科知识之间的边界。

实际上,许多生活现象都综合着各个学科的知识。例如"为什么生活中的瓶瓶罐罐大多呈圆形"涉及的就不只是数学知识,它还涉及材料与工程学(节省材料并使其结实)、美学(好看)、人体工程学(让人方便使用)、空间学(装最多的东西及节省存放空间)、力学(圆柱侧面受力最均匀,力的构造最稳定),而圆形是综合最多优点的一种形状。甚至,我们还可以让学生看到圆中的哲学。西方有这样的说法:"上帝是按照数学原则创造这个世界的。"而世界是圆的。要让学生从数学学科出发闯到"世界真奇妙""世界真美妙"的境地,教师要高瞻远瞩,不以数学教学为唯一的教学任务。

综上所述,我们可以发现,不同的教学内容应该有不同的任务设计,但不管何种任务设计,它们都应该能够激起学生"任我行"的豪情壮志,强有力地驱动学生学习。

任务在分解、选择和设定时应该注意什么

有部电影里的台词说得好:"穷,不是看你口袋里面的东西有多少,而是看你心里的东西有多少。"借用到任务驱动式教学中任务的设计,至少可以给我们以下启示:

一是任务之"富",并不是分解而成的条目越多越好,而在于学生心向往之的内容有多少,在于能否找到一个牵一发而动全身的"牛鼻子",使之成为一个包容度高并且有挑战的任务,达到以少胜多的效果。它如同一扇门,打开这扇门,学生能走入丰富的知识世界,并且越往里走,学生越想往里走。

二是任务之"富",并不是分解而成的条目越细越好,而在于能否找到一个最大限度激活学生思维的开放性问题,让学生练就最强大脑。

也就是说,任务不在于多,也不在于细,而在于精炼、精准、精巧,能够激起学生内心一阵又一阵的波澜,能够激起学生内心一次又一次地思考。

由此可见,任务的分解、选择和设定也是任务设计中费思量的内容。那么,任务在分解、选择和设定时,应该注意些什么呢?

任务分解和选择，应注意问题的真假

在小学教材中，有许多操作活动。许多操作活动可以设计成操作性任务，但操作性任务与操作活动的区别在于：操作性任务往往是带着问题进行操作，也就是有目标地操作，而操作活动有时候是先操作然后发现问题，也就是在操作之前学生不一定知道为什么要这样操作，于是在这样后知后觉的操作活动中，学生没有意识到其中所隐含的新知识，成了单纯的玩。

例如教学苏教版"认识图形"一课，有一位教师根据低年级学生的好动心理，设计了搭积木的操作活动。搭积木学生在幼儿园经常玩，所以玩得热火朝天，但热闹归热闹，学生想的是如何搭出更复杂、更新颖、更漂亮的造型来，而不是数学思考。等到事后教师再问学生对这些图形有什么认识的时候，学生往往回答不上来，因为刚才只顾玩了，没关注这些问题。由此可见，没有数学思考的"搭积木"并不是真正的数学活动，"如何搭积木"也就不是真正的数学问题，这节课也就成了纯粹的游戏课，而不是数学游戏课。

被誉为第一部伟大的经济学著作的《国富论》的作者亚当·斯密认为："劳动并不等于收获，单纯的劳动反而会成为贫穷的原因。"也就是说，上述课例中纯粹的搭积木更多只能算是肢体劳动，而不是智力劳动，锻炼的是手脚，而不是大脑，"单纯的劳动"只能让学生知识贫穷。

要让搭积木成为任务驱动式教学的任务，我们就要思考这一任务中什么才是要让学生真正关注的问题，由此我们不难发现，图形的数学特征，也就是在显见的外在形状中发现隐含的数学特性是我们应该让学生关注的，如为什么球容易滚动？这是因为球是曲面。所以，要让搭积木这一操作活动成为探究任务，我们应该把它分解成两个步骤：先让学生看一看积木面的形状、摸一摸积木面的感觉，然后再让学生拼搭，也就是在拼搭之前有

一个数学观察和数学思考的分析过程。

任务分解和选择，应注意问题的松紧

在任务驱动式教学中，任务的分解和设定是跟着教学进程逐步出示，还是在整个教学之初就明示，这固然需要根据不同的教学内容而定，但总体而言，后者更能让学生从课一开始就清楚任务的内容并清楚任务的进程，也有利于学生自我规划探究的程序，而不再是教师来设定教学的流程。另外，课一开始就呈现完整的任务，可以让学生紧紧地围绕中心任务来组织整节课的学习活动。因为从人的心理感受看，紧凑的结构要比松散的更容易让人集中精力。

例如教学"用字母表示数"一课，许多教师从生活中的"CCTV""KFC"等实例引入，但它们只是中央电视台、肯德基的英文缩写，表示的是缩写功能，而数学课"用字母表示数"中的字母表示的是概括功能，它们是两回事，所以这样的过渡性任务设计与数学本质相距甚远。接着，随着教学的深入，教师逐步出示了这样的三大任务——"为什么要用字母表示数""什么时候要用字母表示数""怎样用字母表示数"。其实，我们可以一开始就把这三个不同片段中的研究问题串在一起，在课首就让学生明确，因为这三个问题是紧紧连在一起的问题串。

在课一开始，教师可以直接出示课题，询问学生："看着这个课题——用字母表示数，你觉得我们需要研究哪些相关的问题？"学生根据经验自然会得到以下探究任务："为什么要用字母表示数""什么时候要用字母表示数""怎样用字母表示数"。它们是这节课的三个重要问题，也就成了这节课的三个重要任务。此中，"为什么要用字母表示数"是核心问题，它自然能带出下面两个问题。对此，教师可以如此"装腔作势"来紧扣核心问题："是啊，'数'就用'数'表示好了，干吗要用'字母'表示呢？也就是用字母表示数有什么好处呢？""用字母表示后，不知道的数还是不知道啊，不确定的数也还是不确定啊，那么为什么还要用字母表示数呢？"……以此促使学生深度思考。

任务分解和选择，应注意问题的大小

知识块常常由许多个知识点组成，在任务驱动式教学中，我们是否也要把知识块分解成一个个小任务呢？其实未必。因为任务过细过多，一是可能会降低任务的挑战性，二是可能会让学生望而生畏，这里的"畏"，学生不是畏惧其难，而是畏惧其多，所以我们应该设计一个有一定知识含量和思维含量的大任务，学生自会在分析中分解出一个个知识任务。

就拿学生的预习来说，预习本身就是任务（详见第四章《小学数学预习性任务的设计》）。但是，如果教师只是简单地布置预习，学生可能不想预习或不知道怎么预习；如果教师布置了一条又一条的预习提纲，学生虽然知道了该怎么预习，但可能会望而却步，最终也不想预习。所以对小学生特别是低中年级的小学生，我们应该让预习任务具有凝练性和挑战性，驱动学生主动预习。由此，我们首先应该把预习内容进行分解，分解成一个个知识点，设计成一个个问题，然后进行分析，然后整合成一个大问题，并把它设计成一个可反映预习情况、可操作的、可替代预习提纲的探究任务。此时，从表面看，学生看到的只有一个问题任务，心理上就不会排斥，从而更容易接受。其实，要完成这个任务，必须要全面预习，然而学生一旦进入预习的通道和情境，就会被任务的挑战性所吸引，欲罢不能。

例如"认识小数"一课（如图1），如果让学生预习，我们首先可以把教材内容进行分解，大体包括教学纯小数（例1）、教学带小数（例2）以及一位小数的意义和各部分名称等知识点。

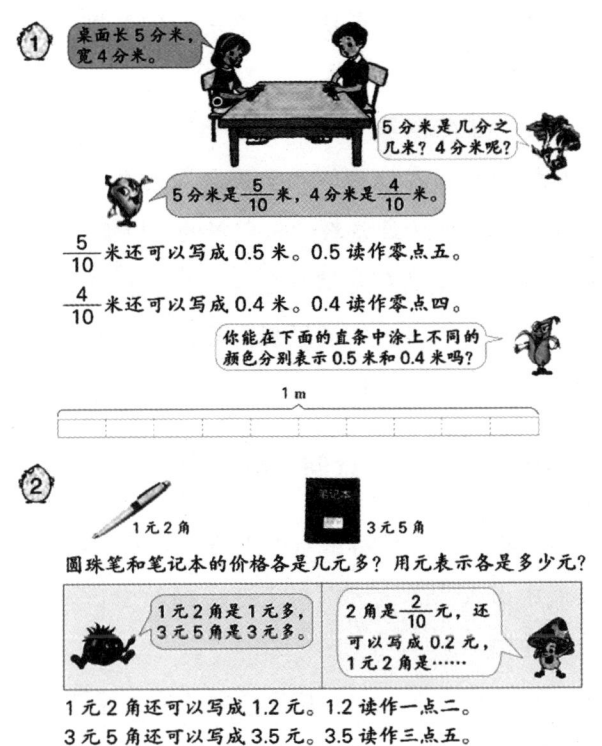

图 1

然后,我们进行分析,思考采用怎样的方式把各个知识点融合在一起来驱动学生预习。经过比较,学生首先看到的例1采用的情境是长度中的一位小数,于是我们不妨延续这一情境,设计这样一个可操作的探究任务:"你能在米尺上找到0.3米、1.3米吗?"这就把例1和例2全部串联起来。也就是说,学生必须完成整个教材内容的预习,并能理解小数的意义,才能很好地完成这一个大任务。

这一大任务对学生的挑战在于:一是米尺上除了分米的刻度线还有厘米的刻度线的干扰,学生要能够正确找到"0.3米"的位置必须知道它的意义;二是"1.3米"已经超过一把米尺的长度,学生必须在理解其意义的基础上才能想到把两把米尺连接起来;三是"0.3米"和"1.3

米"构成了鲜明的对此，学生要明白它们之间的区别和联系，同样必须理解它们各自的意义。

当然，我们也不能强求所有的学生都能完成以上任务目标，也不能强求所有的学生通过预习都能理解和掌握小数的意义，但不管学生达到怎样的预习水平，都能作为课堂教学时宝贵的"资源"，也就是说课堂教学时可以直接用检测学生的预习情况导入，首先让学生各抒己见，谈各自的预习收获，在相互交流中实现思想的碰撞和互补，从而纠正或加深对知识的理解，最终真正掌握知识。

任务分解和选择，应注意问题的曲直

在教学数学知识时，大致有两条引入路径：一是从生活应用中引入，二是从数学发展中引入。学生大多对生活中的数学比较熟悉，如此引入大多比较直接而便捷。

例如上述"认识小数"一课，从生活中的价格标签引入来设计任务："这样的数你认识吗？它表示什么意思？"学生大多能够调动生活经验来回答，然而这样的教学近乎以告知来代替揭示小数的意义，学生无法知晓小数概念的形成过程，也难以体会蕴含其中的数学思想方法。

由此可见，有时"最近的路未必是最佳的路"，如果我们把知识拉长到它的历史源头，设计一个让学生探寻小数概念形成过程的任务，或许能够达到"曲径通幽"、让学生明明白白学数学的教学效果。

于是，对"认识小数"一课，教师可从数产生和发展的历史维度帮助学生纵向分析：人类是先认识整数再认识小数的。认识整数时，总体上按从小到大（零除外）顺序——先通过点数认识较小整数，再通过逐次引进更大的计数单位认识越来越大的整数；认识小数时，则按从大到小的顺序——随着对世界刻画精度要求的提高，用指定的计量单位刻画目标物体的数量时，用整数表示后还剩一点零头（不满一个计量单位），为了表示零头，需要引进比"1"更小的计数单位，于是就产生了比整数更精细的新数——小数。由此可见，小数的引入是为了满足人类对世界的认识不断精细化的需要。

这样的任务，引导学生将点数整数的思维模式迁移到小数中，从而从反方向引出小数的意义和小数的计数规则。

上述任务可以发挥两大功能：一是追寻数学发展的历史踪迹，不仅可以让学生领略到数学知识形成与发展的丰富图景，而且可以让学生触摸到人类数学活动的原始经验。如此回到知识源头的教学，尽管思路比较长，教学流程相应也比较长，花费的教学时间也比较长，但可以让学生学得明明白白。二是研究数学学科的内在结构，不仅可以让学生发现数学知识之间的本质性关联，而且可以让学生体会贯通架构知识的溯源式思考过程。原初活动经验被重复使用便成了思想，思想是打开知识的钥匙，这是一种奇妙的科学探索，学生喜欢这样的有挑战性的探索任务。

任务分解和选择，应注意问题的主次

有些教学内容，可以分解成许多问题，而这些问题都可以设计成相应的任务，此时我们就要进行分析比较，看哪个问题最有内涵、最有思想、最有价值，可以作为主问题，再看由这个主问题设计成的任务是否最容易激发学生的兴趣和斗志，使学生有更多更大的作为，驱动学生自主学习。

例如"圆的认识"一课，可以分解成的问题大体有两大类：一是概念性知识"圆是怎样的"，其中包括，"什么是圆"和"圆有哪些特征"；二是技能性知识"怎样画圆"，其中包括"怎样用圆形物体画圆"和"怎样用圆规画圆"。这些问题，都可以设计成探究任务。至于把谁用作主问题，我们可以进行一番分析比较：如果选择"圆有哪些特征"这一问题作为主问题，我们可以设计成可以"做"的探究任务——"用圆形纸片

折一折，看一看圆有哪些特征？"但这一主问题的缺陷是它不能有效包含或带出"怎样画圆"这一问题。如果选择"怎样用圆规画圆"作为主问题，它同样不能有效包含或带出"圆有哪些特征"这一问题。

经过分析，上述分解出来的问题似乎都不"圆满"，都有顾此失彼之嫌，难以用作主问题。那么，接下来我们可以思考的是，能否把这些问题适当改造，使之兼而有之呢？答案是肯定的。

一是可以以活动——画圆为中心，改造任务。我们可以把"怎样用圆规画圆"这一问题改造成"怎样画圆"，然后设计成7次画圆的操作任务。第1次画圆，利用圆形物体画圆；第2次画圆，用圆规画一个圆；第3次画圆，在别的地方再画一个圆；第4次画圆，画一个和刚才不一样大的圆；第5次画圆，画一个半径3厘米的圆；第6次画圆，画一个直径6厘米的圆；第7次画圆，在操场上画一个圆。如此，整节课学生的感觉只是在专心做一件事，那就是画圆，从而专心致志地把这件事做好，以求画上圆满的句号。在这七步的过程中，学生对"怎样画圆"和"圆的特征"也有了最直观的体验。

二是可以以工具——圆规为中心，改造任务。我们可以把"怎样用圆规画圆"这一问题改造成"用圆规为什么可以画出圆来"。学生要解决这一问题，首先要会用圆规画圆以及在任意位置画出任意大小的圆来，然后在探究圆规画圆原理的时候，发现圆规的一个脚绕着一点，旋转中两脚之间的距离不变（如果教师在圆规两脚之间连上一条线，能更容易引起学生注意），此时自然而然地引出了圆心和半径以及半径的特征，直径以及直径的特征也就顺势推演得出。学生还能从画圆的动态过程中发现什么是圆。

经过分析，我们发现"怎样画圆"和"用圆规为什么可以画出圆来"这两个问题都比"怎样用圆规画圆"开放，可以作为主问题，设计成任务驱动式教学中的任务。

任务分解和选择，应注意问题的深浅

有些教学内容，教师站在不同的角度和高度看教材，就会看到不同的知识风景，教师站在怎样的角度和高度处理教材，就会创造出怎样的知识风景。也就是说，教师的教学视野有多宽，教师的教学视力有多远，就会分解和设计出多高水平程度的任务。

例如教学苏教版"用假设的策略解决问题"一课，如果教师着眼于方法的获得，那么就会设计让学生探究"可以怎样假设"这一任务，如果教师着眼于策略的体验，那么就会设计让学生探究"为什么要假设"这一任务，如果教师着眼于数学思想的深层次感悟，那么就会设计让学生探究"为什么可以这样假设"这一任务。

其间，如果教师能够高屋建瓴，就不会仅仅局限于方法层面的任务设计，而会把任务设计和分解提升到策略层面，当学生掌握了这一策略，也就能够走得更远。

任务分解和选择，应注意问题的冷暖

作为知识的数学是理性的，给学生的感觉是冰冷的。但设计成任务的数学，可以不是冰冷的，而是充满了温情甚至能够带给学生火热的思考的，这也可以成为促使学生乐于接受任务的一个重要的理由。学生的年龄越小，越是在乎课堂的情感因子。

例如"认识图形"这一课，我们不仅可以采用学生喜欢玩的搭积木来设计任务活动，还可以采用学生喜欢的比喻来包装任务的引入环节："交新朋友时，你们想知道些什么呢？"交朋友，是学生熟悉和喜欢做的事情，学生的回答也就在情理之中——"我想知道我的新朋友叫什么名字。""我想知道我的新朋友长什么样子。""我想知道我的新朋友住在什么地方。"……而这些，正好可以用于新知"认识图形"教学。教师赋予

了图形情感色彩——"那你们想不想和老师衣服上的这些图形交朋友啊?"也就把数学术语"图形的名称""图形的形状""图形的位置"比喻成了"新朋友的名字""新朋友的样子""新朋友的住址"等。这样的任务不再那么冰冷,而充满了暖意,也使得这节课的学习变得趣味盎然(详见第五章案例 8:《数学是要有感情的》)。

斯卡特金说过:"未经过人的积极感情强化和加温的知识,将使人变得冷漠。由于它不能拨动人的心弦,很快就会被遗忘。"数学中的数字、图形、符号、习题等本来就来自于人们的日常生活,本来就应伴随着人的感情,只不过现在把它们反映成白纸黑字,其感情色彩好像就黯淡了。

我们要让数学成为"生活"数学,让数学充满生命的活力,那就必须要让设计的任务充满感情。当然,教师也要做到满怀感情地进行教学,发挥情感魅力来感染学生,让学生感到学习数学是很有趣的。

探究性任务如何考虑设置时机

任务驱动式教学的效果，不仅取决于任务设计的内容，而且取决于任务设置的时机。有时任务设计的内容决定任务设置的时机，有时任务设置的时机决定任务设计的内容。

一般情况下，设置在课前或课首的任务大多是知识学习的预习或预热，设置在课中或课尾的任务大多是知识学习的得点或高潮，设置在课后的任务大多是知识学习的回望或展望。

任务设计的内容不同，任务设置的时机就可能不同

在设计任务时，我们应该根据不同的教材内容和学生实际情况设置不同时机的任务。一般来说，任务的设置大致有以下几个时段：

一、设置在课前

设置在课前的任务一般是需要学生花费较长时间或者需要学生走出教室的任务。它可以是调查任务，例如在教学"百分数的认识"之前，让学生去收集含有百分数的生活素材，这一任务需要学生用一定时间并且走出教室才能完成；它也可以是预习任务，保证学生有充裕的时间充分预习。

课前设置的任务，有时候与知识的关系很明确，例如上述"让学生

去收集含有百分数的生活素材"这一调查任务；有时候与知识的关系也可以比较模糊，例如教学"轴对称图形"之前，教师布置学生"学剪红双喜"的剪纸任务，知识就隐含其中。

二、设置在课首

设置在课首的任务一般是能够快速让学生集中注意力进而产生主意的任务。它更多地以任务情境和任务活动的形式呈现。例如"用数对确定位置"课首，教师设计了这样的活动任务：学生走进教室时，老师给每人发了一张座位票，上面写着数对，让学生对票入座。这一新的位置表示方法一下子吸引了学生的注意，纷纷问是何意，老师笑而不答，学生只能自我探索，结果乱作一团，不知该坐哪里。怎么办？学生商量出了主意，先坐在原来的座位上，等老师解释，于是接下来的知识学习就成了学生的需要。

设置在课首的任务，大多设计足以产生悬念的任务内容，其功能相当于一台"发动机"，作为知识的引子驱动学生学习。除了从知识的外围设计任务活动，我们还可以从知识的内部设计任务情境，例如"用计算器探索规律"一课，教材编排了一组"由易到难"的算式——

$$1 \times 1 = 1$$
$$11 \times 11 = 121$$
$$111 \times 111 = 12321$$
$$1111 \times 1111 = \underline{\qquad}$$
$$11111 \times 11111 = \underline{\qquad}$$
$$\cdots\cdots$$

如果我们要设计具有强劲驱动力的任务内容，对上述教材编排可以反其道而行之，"由难到易"地先出示"$11111111 \times 11111111 = \underline{\qquad}$"。

面对这一挑战性任务,学生第一反应是用计算器计算,谁知此题超出计算器的显示范围,无法获得正确的结果。怎么办?学生经过讨论有了主意,遵循从易到难的观察顺序,计算这种结构的算式,然后试着寻找规律来解决这一难题。由此可见,把"由易到难"改换成"由难到易",是任务驱动式教学常用的策略(详见本章《任务驱动式教学中如何更好地"订制"教材》之"改编或重组教材,让任务更具挑战性")。

三、设置在课中

设置在课中的任务一般需要前期知识教学完毕之后才能进行。例如原苏教版"三角形的认识"一课,"探究三角形的三边关系"是教学重点,但它首先得完成"了解生活中的三角形""做三角形""画三角形"等教学环节。如果从任务驱动的角度设计,"做三角形""画三角形"等前期环节的教学就不能只是停留于通过做和画的活动来认识三角形或巩固三角形的特征。教师可以趁机对"点子图上画三角形"这一操作活动进行发挥,引导学生明白"不在一直线上的三个点可以确定三角形"这一更深层次的道理。此时,学生由"不是任意的三个点都可以围成三角形"很容易联系到三角形的边的问题——"是不是任意的三条线段都可以围成三角形?"于是这一问题就可以作为接下来的任务驱动学生进行探究性学习。

任务既可以设置在新授重点知识即将开幕之际,也可以设置在新授重点知识刚刚落幕之际。对重点知识内容,教师都想进行多次强调,但简单的重复只会让学生产生厌倦。此时,我们不妨换一种方式达到"重复"的目的,其中,有一种方式就是重新给学生布置任务。

例如"两位数乘两位数"一课,教师讲完算理和算法之后,如果还想强调一下,我们就可以换一种方式"重复"——给学生介绍"画线乘法":

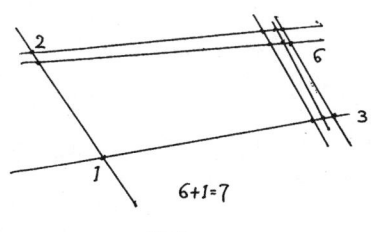

图1

比如"21×13＝?",数字"21"用横线表示,上边是两道,下边一道;数字"13"用竖线表示,左边是1,右边是3(如图1)。这个图画完后就开始数这些线的交点了,图形右下角的三根线相交一根线,交出三个交点,为3;图形左上角的两根线交一根线,两个交点,为2;图形右上为6个交点,为6;图形左下为1。把右上和左下交点数相加,6加1为7。最后由左向右数数字,得数为273。

然后教师趁机布置这样的探究任务:"这种方法与竖式计算之间有联系吗?"学生首先对两位数乘两位数还能通过画出来计算感到惊奇,经过与刚学过的竖式计算比较,发现其实它们原理相同,这一探究过程等于再一次地复习了刚学的知识。进而,有学生提出:"为什么书上不用这种画线做乘法呢?"又引发学生新一轮探究,他们最终发现遇到数字较大的乘法题时,画线没有竖式计算来得方便。

通过上述课例,我们还可以明白两点:一是我们可以根据任务的需要改造教学的要求,使之更有利于任务内容的设计和任务时机的设置,以保证任务的效果;二是依据任务驱动式学习活动中老师所起作用程度的不同,任务驱动可以分为定向的任务驱动学习和自由的任务驱动学习两种类型,上述"画线乘法"的任务探究属于前者,而"三角形三边关系"的任务探究就属于后者,任务的引入和任务内容的设计更多的是学生自己的主意。

四、设置在课尾

设置在课尾的任务一般是为知识的巩固、拓展和运用设计的练习任务(详见第四章《小学数学表现性任务的设计》)。

设置在课尾的任务可以是有意思的练习。例如"用数对确定位置"课尾,学生运用所学知识,根据座位票所示数对找新座位,谁知有3位学生找不到座位,原来他们的座位票上的数对分别是 $(5, x)$、$(y, 5)$ 和 (z, z),教室中剩下的座位有第三排第5个、第五排第4个和第五排第 5 个。于是,"帮他们找座位"又成了一个"能帮"的任务,在练习的最后再掀高潮。学生助人为乐,纷纷出主意。

设置在课尾的任务可以是有意义的练习。例如教材"有括号的三步混合运算"中有这样一道练习题(如图 2):

图 2

为了使这道数学题目更具实际意义,我们不妨进行生活化设计,把它改变成"请判断,谁家比较挤"的任务(如图 3):

图 3

有些学生不假思索地认为兵兵家比较挤,马上遭到其他学生的反对——要看人均居住面积,于是教师再出示居住人数,学生经过计算发现居住面积小不一定就挤。

设置在课尾的任务还可以是涉及知识联系的联想任务。例如学习"商不变规律"后,学生提出:"有没有和不变规律、差不变规律、积不变规律?"此时,常规的全课总结就不妨以这个探究任务代替,学生经过探究发现:"和不变"规律,即一个加数加 a,另一个加数减 a,和不变;"差不变"规律,被减数和减数同时加 a 或减 a……

结构化的知识具有稳固性和迁移性,因为思维而具有了生长性,知识之链与思维之链相辅相成。如果一节课是以全课总结(传统的全课总结往往是全课终结）为结束，这样的话，我们的课堂就是封闭式的、用句号结束的课堂，而如此的联想任务则让课堂变成了省略号式的开放态势，学生的思维永远在路上。

五、设置在课后

设置在课后的任务一般是课内活动的延续或课内知识的延伸（详见第四章《小学数学表现性任务的设计》）。

设置在课后的任务可以是课内活动的补充。例如"三角形的面积计算"一课，当学生知道用两个完全一样的三角形拼成平行四边形推导出三角形面积计算公式之后，教师在课后可以布置这样的探究任务："只用一个三角形，能推导出三角形面积计算公式吗？"补充这种推导方法之后，接下来教学"梯形的面积计算"时，教师就可以布置学生任意选择探究材料（既可以用两个完全一样的梯形，也可以只用一个梯形）进行推导的开放性任务。

设置在课后的任务也可以是课内活动的深化。例如苏教版教材五年级上册"用字母表示数"一课（如图4），学生初次接触这一领域的知识，新鲜感倍增，对数学的抽象性和概括性有了新的认识。

摆1个三角形用3根小棒，增加1个三角形，多用2根小棒……可以怎样表示共用小棒的根数？先填写下表，再说说你的想法。

增加的三角形个数	1	2	3
共用小棒的根数	3+2	3+2×2	3+2×（ ）

增加的三角形个数和共用小棒的根数有什么关系？

图4

为巩固和深化学生的认知成果，我们可以在教材例题的基础上进行适当改编，设计"一共有多少根小棒"的数学实验任务，让学生有一种意犹未尽的感觉。具体设计如下：

1. 操作感受

(1) 摆一摆：用小棒摆三角形。

摆 1 个三角形用（　）根小棒；摆 2 个三角形用（　）根小棒；摆 3 个三角形用（　）根小棒。你能接着摆下去吗？在摆三角形的过程中，你有什么发现？

(2) 想一想：小棒的根数和三角形的个数有什么关系？如果用 a 表示三角形的个数，那么小棒的根数用式子表示是（　）。

2. 提出猜想

(1) 看一看：仿照上面三角形的摆法，如下图用小棒摆正方形。

(2) 猜一猜：小棒的根数与正方形的个数有什么关系？

3. 操作验证

摆 1 个正方形用（　）根小棒；摆 2 个正方形用（　）根小棒；摆 3 个正方形用（　）根小棒。照这样的摆法，摆 a 个正方形用（　）根小棒。

4. 回顾反思

回顾以上实验活动，你是怎样发现图形个数与小棒根数之间的关系的?

5. 拓展延伸

如果用同样的方法摆 a 个正五边形,一共要用多少根小棒呢?你还能设计出不同的图形,并用式子表示摆 a 个一共要用多少根小棒吗?

实际教学到此并没有结束,在学生充分实验的基础上,我们根据实验中摆不同个数的三角形或正方形需要的小棒根数,和学生一起探讨了关于"等差数列"的话题,学生凭借自己的操作经验,顺利找到了求等差数列末项的方法。

在教材之外开展这样的数学实验,既有助于学生巩固所学,又能兼顾到学生的差异,满足不同学生的学习需求,真正践行"人人都能获得良好的数学教育,不同的人在数学上得到不同的发展"这一新课程理念。

设置在课后的任务也可以是课内知识的应用。例如"三角形的认识"一课,当学生知道三边关系后,教师可以接着布置这样的调查任务:"在课首展示的'生活中的三角形'中,空调支架、自行车支架、桌椅修理等为什么要做成三角形形状?"作为一个课题让学生课后开展研究性学习,指导学生从三角形的确定性来理解三角形的稳定性,这一任务可以让学生进一步明白知识在生活中的应用原理。

这种课后的应用性任务,不仅可以从课内例题呼之而出,而且可以从课内习题化出。例如苏教版教材六年级上册"长方体和正方体"一课有这样一道练习题:"把长 26 厘米、宽 18 厘米的长方形纸,从四个角各剪去一个边长为 4 厘米的正方形,再折成一个无盖的长方体纸盒。这个纸盒的容积是多少立方厘米?"由此,我们可以使之更具应用性,设计"怎样折容积最大"这一探究任务,实验过程如下:

1. 提出猜想

将一张正方形纸的四个角各剪去一个大小相同的正方形,再沿虚线折一折,就能折出一个无盖的长方体纸盒。怎样剪,才能使折出的无盖长方体纸盒容积最大?把你的想法写下来,再和同学交流。

2. 操作计算

(1) 取出1号正方形卡纸(边长为6厘米),将它的四个角分别剪去边长为1厘米、2厘米的小正方形,依次折一折,并计算折出的纸盒的容积。

(2) 四人小组合作,先思考一共有几种剪法,再分工,每人选择一种剪法进行实验,并把实验数据汇总给组长,组长填写实验记录单。

剪去小正方形的边长/cm	1	2				
长方体纸盒的长/cm						
长方体纸盒的宽/cm						
长方体纸盒的高/cm						
长方体纸盒的容积/cm³						

小结:1号正方形卡纸的边长是(　　)厘米,当剪去的小正方形边长是(　　)厘米时,折出的无盖长方体纸盒容积最大。

(3) 取出2号正方形卡纸(边长为12厘米)和3号正方形卡纸(边长为18厘米),完成相应的实验记录。

3. 归纳总结

(1) 观察、比较三个实验记录单得出的结论,你有什么发现?与你的猜想一致吗?

(2) 如果正方形的边长是24厘米,要使折出的无盖长方体纸盒容积最大,应该剪去边长为几厘米的正方形?将各种情况列出来算一算,看看自己的推断是否正确。

(3) 如果正方形的边长是 15 厘米或 20 厘米，又该怎样剪呢？

学生经过分析、检验、修正猜想，最终得出"当剪去的小正方形边长是大正方形边长的 $\frac{1}{6}$ 时，折出的无盖长方体纸盒的容积最大"这个结论。

设置在课后的任务还可以是课内教材的发展。例如教学"含有小括号的三步混合运算"之后，教师在课后布置"算 24"的思考任务："在 8、7、5、4 四个数中间添上合适的运算符号和括号，使计算结果等于 24。"学生列出了"8＋7＋5＋4＝24""（8－7＋5）×4＝24""8×（7＋5）÷4＝24"等算式，复习了学过的知识，还有学生列出了"（8－（7－5））×4＝24""8×（（7＋5）÷4）＝24"，甚至有学生已经写出了"［8－（7－5）］×4＝24""8×［（7＋5）÷4］＝24"等算式。这一任务自然地连接到了下一节课"含有中括号的三步混合运算"的学习，对"是不是这样加括号"这一问题的确定会促使学生进行预习。这一任务内容的设计，可谓一举两得，把课后复习与课前预习融为一体，使学生的学习活动在时间上、知识上呈现连续状态，体现了"上课不再只等上课，教室不再只在教室"的大学习观。

任务设置的时机不同，任务设计的策略就可能不同

在设计探究性任务时，教师还应该根据学生接受任务的时机来设计相应的任务，以保证任务的挑战性。换句话说，也就是不同时机，可能会采用不同的任务方式，发挥不同的任务功能。

一、任务设置的时机不同，任务采用的方式可能不同

在任务驱动式教学中，有时任务设置的时机有多种选择，既可以在课首也可以在课前，此时，我们应该见机行事，根据具体情况对任务进

行调整。

例如"年月日"一课,如果在课首设置任务,我们可以让学生制作一张明年的年历作为任务,因为学生在课堂上没有新年年历可查,此时学生只能发挥自己的力量、依靠同伴的帮助或参考教材的提示来完成任务。在制作新年年历中,会涉及"一年有几个月""每月有多少天"等知识,此过程中,学生对"二月有多少天"会有疑惑,而这正是知识教学的重点和难点。如果在课前设置任务,我们就应该让学生设计一张距离现在比较远的年份如2050年的年历作为任务,让学生找不到现成的年历抄写,这样才能确保任务的挑战性。当然,在制作2050年的年历时,教师首先要告诉学生2050年1月1日是星期几。

二、任务设置的时机不同,任务发挥的功能可能不同

1. 设置在课前的任务,其中问题的未知状态可能会很好地驱动学生进行预习,此时任务发挥的是引导功能。

例如教学"认识垂直",教师可以在课前设计这样一个探究任务:"小红家的自来水管怎样连接可以节省材料?"这是一个实际问题(如图5),此时学习就有了现实需要,有的学生会根据生活经验来尝试解决,有的学生则会通过预习教材来寻找答案。

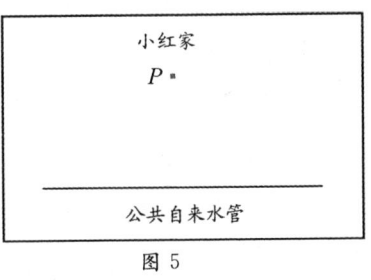

图 5

等到正式上课时,教师可以让学生在各种连线中(如图6)发现最短线段的特征,从而引出"点到直线的距离""垂线""垂直"等知识。

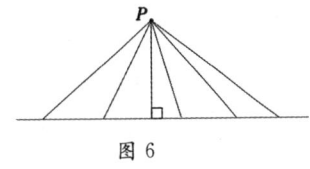

图 6

2. 如果课前直接布置学生预习,那么学生预习后,课上又该如何设计任务呢?一般情况下,我们可以在课首设计能够反映学生预习水平的任务,此时任务发挥的是检测功能。

例如学生预习"认识垂直"之后,笔者在课首设计了这样的判断任务:"你能找到垂线吗?"(如图7—11)

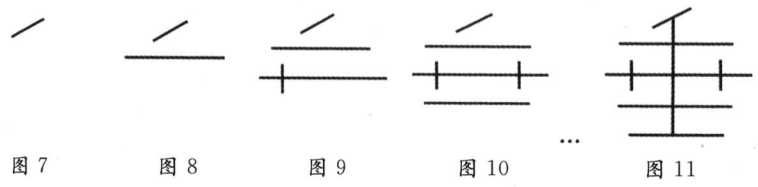

图7　　图8　　图9　　图10　　图11

笔者首先出示图7,根据学生的预习反馈得到"垂线是指两条直线的位置关系"这一知识点,然后出示图8,根据学生的预习反馈得到"垂线是指两条直线相交成直角,也就是两条直线要相互垂直"这一知识点,最后依次出示图9到图11,让学生判断"有哪几组垂线"。这一任务设计,妙在在"垂"字书写中完成了学生预习情况的检测和新知的巩固与发展练习。

我们甚至可以把到中学才能明白的知识拿来作为拓展性任务,其时间可以是基础知识学习之前后。

例如"多边形内角和"一课,我们可以在课后提出这样的联想性任务:"由多边形的内角和,你能想到什么?"从此引向中学学习的"多边形的外角和"知识。

那么,我们能否把"多边形的外角和"前置作为"多边形的内角和"的引子呢?答案是可以的。课始,教师可以故作神秘地告诉学生:"我们都知道三角形内角和是180°,可是陈省身教授却说:'三角形内角和等于180°是不对的。'你们想不想了解究竟是怎么回事?"学生纷纷感到惊讶,于是这一探究性任务驱动学生先进行"多边形内角和"的研究,之后对陈教授说"是不对的"的疑问成了一个时时让学生牵挂的悬念任务,引导他们继续研究。最后，教师可以再出示这样的阅读资料——

陈省身说"三角形内角和为 180°"不对，不是说这个事实不对，而是说这种看问题的方法不对，应当说"三角形外角和是 360°"！把眼光盯住内角，只能看到：三角形内角和是 180°；四边形内角和是 360°；五边形内角和是 540°……n 边形内角和是 $(n-2) \times 180°$。这就找到了一个计算内角和的公式，公式里出现了边数 n。如果看外角呢？三角形的外角和是 360°；四边形的外角和是 360°；五边形的外角和是 360°……任意 n 边形的外角和都是 360°。这就把多种情形用一个十分简单的结论概括起来了。用一个与 n 无关的常数代替了与 n 有关的公式，找到了更一般的规律。

3. 还有一些任务内容设置在不同时机，学生会有不同的认识。

例如"为什么货币中没有 3 元"这个现实问题作为探究任务，学生非常感兴趣。如果将这一任务内容设置在小学低年级，会涉及一位数加减计算：将 1—10 里面的数分为"重要数"和"非重要数"，1、2、5、10 就是"重要数"，因为使用这几个数，能以最少的加减运算得到另外一些数：$1+2=3$，$2+2=4$，$1+5=6$，$2+5=7$，$10-2=8$，$10-1=9$。其余的数，如 3，就属于"非重要数"。

这里还涉及简单的排列组合，于是这一任务也可以设置在高年级"用列举的策略解决问题"的教学中。如果将这一任务内容设置在小学高年级，学生还会发现货币最高面额和其他各种面额之间都是整倍数的关系：10 可以被 1、2、5 三个数整除，而其他数则不能。

如果将这一任务内容设置在中学，又可以从概率角度来说明问题：在 1 至 9 的各种数字排列组合中，3 的出现概率最多只有 18%，而 1、2、5 出现的总概率则为 90%。如果使用"3"面值的币种，在流通中呈现的概率约为 16.7%，证明以"3"为面值的货币在实际流通中找零替代的作用并不显著。

总之，在任务驱动式教学中，任务设置的时机也颇为讲究，用准了，就能产生画龙点睛和锦上添花的教学效果，用错了，就可能会降低任务驱动教学的功力和功效。

任务驱动式教学中如何更好地"订制"教材

  建构主义理论指导下的抛锚式教学认为教学要创设真实的、具有挑战性的任务。建构主义理论指导下的任务驱动式教学也应该具有"真实"和"挑战"两大特质。相应地,任务驱动式教学的配套教材也应具有"真实"和"挑战"两大特质,教材应是一个开放的系统。

  系统论告诉我们:一个系统只有开放,不断地和外界进行物质、能量、信息的交换,才能从无序到有序,从低级到高级。所以,任务驱动式教学中的教材功能应能够保证和促进学生通过任务活动不断地和外界进行物质、能量、信息的交换。也就是说,教材只是学生完成任务的剧本,我们应该拥有这样的教材观:

  一是教材并非教学之"第一"。这种观点可以回答"为什么可以改进教材"的问题。主导教学的第一位因素不是教材,而应该是先进的教学观——以学生为本。当教师拥有了先进的教学观念,才具备了教"活书"和"教活"书的条件。"好的服装=好的布料+好的式样+好的工艺",同理,"好的教学效果=好的教材内容+好的呈现形式+好的教学方法",在任务驱动式教学中,我们可以在教材现有内容的基础上,根据任务要求和学生实际,适当改造教材。

二是教材并非教学之"唯一"。这种观点可以回答"怎样改进教材"的问题。教材虽然是重要的教学资源，但不是唯一的教学资源。在任务驱动式教学中，可用之"材"除了"教材"以外，还有"境材"——周围的环境资源，以及"人材"——学生自身的人才资源。"教材"（狭义的）、"境材"、"人材"三位一体构建了立体式的大教材观（即广义的"教材"）。

三是教材并非教学之"归一"。这种观点可以回答"改进教材是为了什么"的问题。在任务驱动式教学中，改进"教材"是为了能更好地融合学生熟悉、鲜活的"境材"内容，更有利于发挥学生的"人材"优势。学生从"境材"出发，结合自己的"人材"特点，通过"教材"对教学内容的有序组织，学习知识，形成技能。用"教材"教学的最终目标并非是回归"教材"，而应该是回归"人才"（进一步增智培能）和回归生活（进一步解决实际问题）。这样才有可能引导学生学活知识、学好知识。就此而言，"教材"并非教学的出发点，更非教学的终点，而仅仅是教学的媒介。

当我们形成了这样的"大教材"观后，在任务驱动式教学中，当原有教材内容设计或原有教材编排设计对学生学习驱动力不强或无助于任务设计的时候，我们就可以大胆地对教材进行改编或重组。也就是说，我们可以围绕建构主义理论指导下的任务驱动式教学所具有的"真实"和"挑战"两大特质来"订制"教材。

改编或重组教材，让任务更具真实性

当代世界课程的研究，对"课程"的概念重新做出了界定，即从"教学内容的计划"改为"学习经验的经历"。所谓"学习经验的经历"是指存在于每一个学习者个人生活之中学习经验的总体。莱芙（J. Lave）和温格（E. Wenger）把这种意义上的"课程"称为"学的课程"（curriculum for learning)。

"学习经验的经历"应该包括两方面：一是学生的生活经验，二是学生的学习经验。这样的经验是真实的，教师应该看重这样的真实，为学生设计真实的学习场域。当教材与学生的这种真实学习发生偏离或偏差时，我们应该毫不犹豫地通过改编，使教材更为真实有效。

一、使教材编排的情境更符合生活实际状况

对问题解决的研究历来是教学研究的热点问题，其中的很多结论对教学发展产生了深刻的影响。但长期以来人们只重视对人为设计的一般问题解决的研究，忽视对真实情境问题解决的研究。

情境认知理论认为，基于现实世界的真实情境是学习者学习的基本条件，任何脱离特定情境或场合的知识都是毫无意义的。罗格夫认为："情境既是问题的物理结构与概念结构，也是活动的意向与问题嵌入其中的社会环境。"解决真实情境问题的学习能使学习者像从业者或专家一样进行有意义、有目的的活动，并能把获得的知识和经验有效迁移应用到解决社会生活问题中去。

例如苏教版教材"用角度和方向确定位置"一课，如果把教材情境（如图1）作为任务，学生普遍感到不真实——没有确定位置的实际需要。于是，学生也就没有学习需要，如此照本宣科的教学很容易导致学生的被动学习。

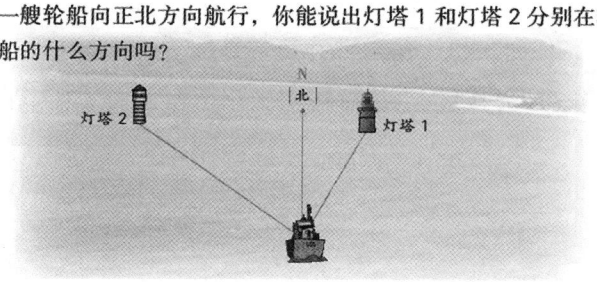

图1

那么，如何依据教材情境设计真实任务呢？我们就要思考生活中什么情况下最需要用方向和距离来确定位置，于是不难发现在茫茫大海中进行船只救援的时候，探测人员会以这种测方向和距离的方式来帮助救援人员确定船只的具体位置。如此设计，在教学内容上的显著变化是观测点由船只转换到了灯塔，而在教学方式上的显著变化是以处理事故作为任务驱动学生学习的力量更强。教学可以这样开场——

师：茫茫的大海上有一艘船因为机器故障没法继续航行，需要紧急救援。如果你是救援人员，现在你最需要了解什么？

生：我想确定这艘船的位置，这样才好去营救。

师：工作人员通过雷达扫描，发现这艘船在距离灯塔不远的位置，并根据它们的位置关系画出如下简易的平面图（如图 2），你能用数学的方法确定这艘船的准确位置吗？

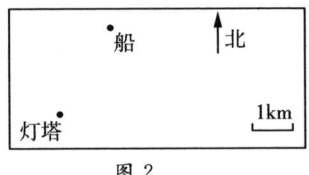

图 2

于是，学生以此作为任务讨论怎样确定船的位置更好。有学生用以前学过的数对确定船的位置（如图 3），但学生讨论后发现存在"虽然数对也能确定船的位置，但不能一眼看出船离灯塔有多远"这样的问题；有学生用距离来确定船的位置——先向东走 1.5 千米，再向北走 2.5 千米（如图 4），但学生讨论后发现存在"虽然这样能够找到船的位置，但走的距离太长"的问题……最后逐步优化出用方向和距离来确定位置的方法。

第二章 小学数学探究性任务的设计 / 109

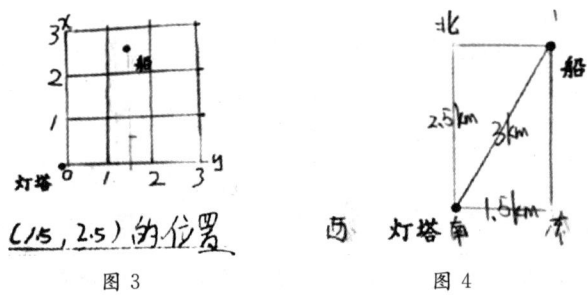

图 3　　　　　　　　图 4

由此可见，包含有问题解决的任务情境，问题解决了，任务也就完成了。作为任务的真实情境问题解决依赖于特定的情境，情境影响个体的认知和行动。

真实情境问题解决过程是一个复杂的动态过程（如图 5），有些问题的任务环境及其相关因素是随时间而改变的，不同的时间需要采用不同的问题解决策略，方法就是这样不断地得到优化，最终达成教学目标。

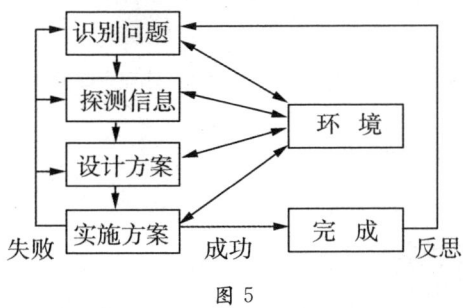

图 5

在改编或重组教材时，我们还可以参考和比较各种版本的教材，从中择优"录用"或合理"嫁接"，使之更具真实性。

例如"圆锥的体积"一课，各个版本的教材对本课的引入各不相同，苏教版教材是这样的——

下面的圆柱和圆锥底面积相等，高也相等。

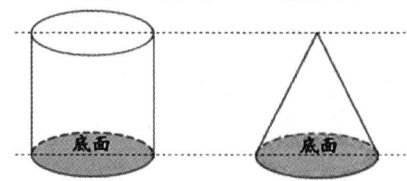

你能估计出这个圆锥的体积是圆柱的几分之几吗？

人教版教材是这样的——

圆锥的体积

我们已经会计算圆柱的体积，如何计算圆锥的体积呢？

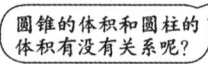

圆柱的底面是圆，圆锥的底面也是圆……

圆锥的体积和圆柱的体积有没有关系呢？

下面通过试验，探究一下圆锥和圆柱体积之间的关系。

北师大版教材是这样的——

圆锥的体积

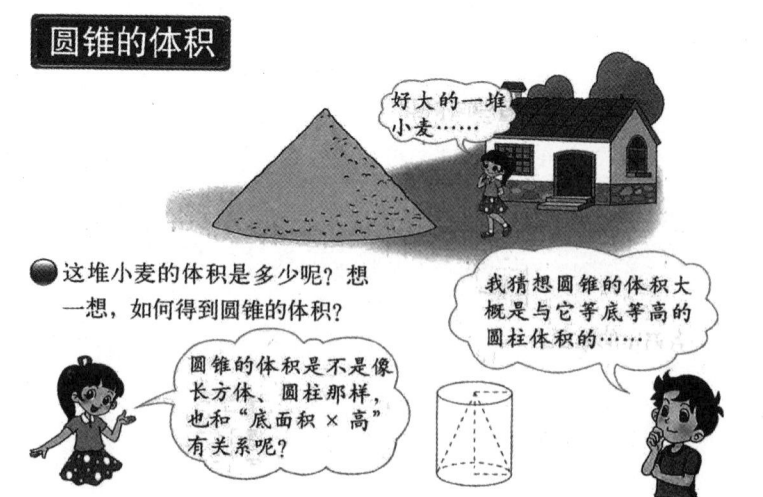

好大的一堆小麦……

● 这堆小麦的体积是多少呢？想一想，如何得到圆锥的体积？

圆锥的体积是不是像长方体、圆柱那样，也和"底面积×高"有关系呢？

我猜想圆锥的体积大概是与它等底等高的圆柱体积的……

浙教版教材是这样的——

1. 比较下面各圆锥与圆柱的底与高。

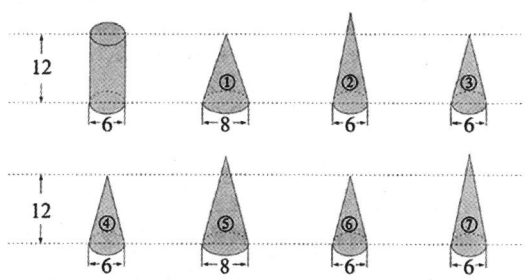

如果把③,④,⑥分成一类；把①,②,⑤,⑦分成一类，这种分类选择的标准是什么？

2. 观察下面这些等底、等高的图形，估计图②里的圆锥体积与图③的体积分别是图①这个圆柱体积的几分之几，在 □ 里填数。

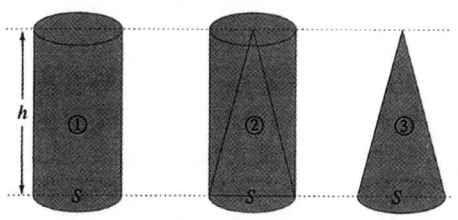

不难发现，上述北师大版教材引入方式比较适合任务驱动式教学，告诉学生求圆锥的体积是基于现实生活中的某些需要。

有了探究的需要，接下来怎么让学生想到"研究圆锥与等底等高的圆柱之间的关系"这一思路呢？此时，我们又不妨"嫁接"浙教版教材的引入设计：在分类活动中获得圆柱与圆锥等底等高的联想，得出等底等高后，把一个圆柱的上底面逐渐缩小，最后变成了一个点，从而得到等底等高的多个图形——圆柱、圆台与圆锥。这样的过程中学生就有可能去估计、猜测圆锥体积与圆柱体积之间的关系：以"圆柱体积"作为单位"1",来考虑其他几何体的体积大约是这个单位"1"的几分之几。这样的过程让学生在猜测、估计时有了依托,有利于形成直觉经验。

二、使教材编排的程式更适合学生自主学习

建构主义认为,"数学知识不可能以实体的形式存在于个体之外"。数学需要理解,数学教学需要帮助学生理解。

这里的"理解"是指新知识与个体认知结构中已有知识经验建立起实质性联系。所谓"实质性联系"是主观的、内在的、体验性的联系,而非客观的、外在的、他人所说的联系。也就是说,真正的理解只能是由学习者自身基于自己的经验背景而建构起来。在任务驱动式教学中,任务的设计也应该考虑学生个体认知结构中的已有知识经验,从而与新知识建立起实质性联系。

例如苏教版教材"长方形和正方形的面积计算"一课,教材编排了三道例题(如图6):例4是通过"摆"长方形初步感受长方形面积可能与其长、宽有关;例5是通过用面积单位"测量"长方形的面积,体会长方形的长、宽与其面积有着内在关系;例6是利用从已知的长和宽"想"长方形的面积,感悟长方形的面积可以通过它的长与宽算出来。

这样的三道例题在一步步引导学生学习,但给学生的感觉都是教师的"规定动作",而非自己的"自选动作"。那么,有没有一种任务可以统摄这三个教学活动,并使之成为学生的自主学习活动?

此时,我们不妨回顾一下学生的实际水平,想一想他们已经知道了什么?他们已经知道"计算长度本质上是用相应长度单位测量的结果",他们还已经知道"面积单位是用来测量面积的",所以我们就可以实施开放教学,布置学生"你会用面积单位计算长方形的面积吗"这一任务。在面积越来越大的长方形的测量活动中,学生不得不思考"偷懒"方法和寻求一劳永逸的方法,逐步得到通过测量长与宽的长度来"想"长方

④ 小组合作，用几个1平方厘米的正方形摆出3个不同的长方形，并填写下表。

	长/cm	宽/cm	正方形/个	面积/cm²
第1个长方形				
第2个长方形				
第3个长方形				

⑤ 用1平方厘米的正方形量下面两个长方形的面积。

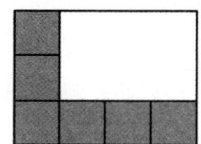

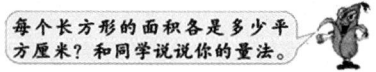

每个长方形的面积各是多少平方厘米？和同学说说你的量法。

⑥ 下面长方形的面积是多少平方厘米？

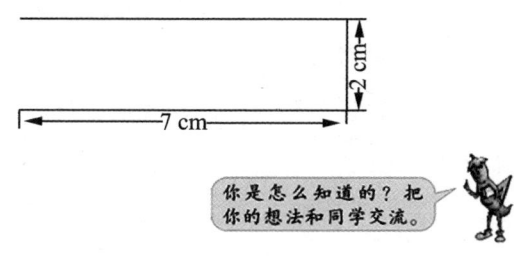

你是怎么知道的？把你的想法和同学交流。

图 6

形的面积，最终发现长方形面积具有普适性的计算方法。

与教材的原来编排相比，这一考虑学生已有实际水平的任务设计，直接连接到例5和例6，并使学生的探究活动成为一种主动的学习行为——为完成挑战性任务而奋斗。其中，教师只是为学生提供挑战力越来越强、离知识目标越来越近的探究材料——越来越大的长方形,并帮助学生构建相关解决问题的策略库,如问题分析策略、信息探测策略、方案设计策略、方案实施策略、元认知监控策略等。

当然,如果要让任务不仅具有挑战性而且具有冲突性,我们也可以设计这样的任务——"你会用直尺量出长方形的面积吗?"此时,学生就会形成强烈的认知冲突:直尺只能量出长度,怎么能量出面积!最终在完成任务后明白,这种"量出面积"其实是"算出面积"。

改编或重组教材,让任务更具挑战性

在传统教学中,我们总认为学生学习新知必须由易到难,如此让教学常常缺乏挑战性,学生的学习缺乏激情。许多情况下,没有学习的激情也就没有学习的热情。

《道德经》说,"多易必多难"——如果一直在挑容易的事做,最后一定会被一大堆难事所围困。赞可夫在《教学与发展》一书中指出:"教学不应当以儿童发展的昨天,而应当以儿童发展的明天作为方向。"他提出了以高难度进行教学的原则,含义之一是指向克服障碍,之二指向学生的努力,"以高难度进行教学,能引起学生在掌握教材时产生一些特殊的心理活动过程。"可以说,赞可夫的高难度教学原则也是任务驱动式教学的一个理论依据。

由此想到,有一位家长把孩子送去学钢琴,孩子刚学不久,钢琴老师就让他练一首有难度的曲子。孩子练了很长时间还是"疙疙瘩瘩"。家长见此认为老师很不负责。老师也不作解释,而是给孩子换了一首比较简单的曲子,结果孩子弹奏得很流畅。这位钢琴老师正是采用了赞可夫的"高难度教学法"。

李玉贵老师在日本听过一节三年级的数学课:竖式计算 71×8、56×8。日本老师一开始完全让学生自己去算,结果一个班只有六到八个人

算对。这是佐藤学一直强调的：课堂应该有三成的时间去挑战学习，即不教简单的内容，给学生一定空间去伸展跳跃。

黑格尔说过，除非学生自己发现真理，你没有任何传授真理的办法。学习不是爬行的过程，而是跳跃的过程。途中的风景要让学生自己去领略，途中的沟沟壑壑也要允许学生自己尝试跳过去，万不得已的时候再出手相助。

任务驱动式教学，要求任务应该具有挑战性，有时候就可以采用"高难度教学法"。此时的"由难到易"有两种理解和两种作用：

一、由"难"开场，发挥"以一带十"功能

这种以"由难到易"的开场，更多是为了知识的导入，以激起学生挑战的兴趣，之后再走一条"由易到难"之路。此时往往改变的是一节课教材的编排。

1. "由难到易"的教材调整，可以截取在知识链上位于后段、相对较复杂的一点作为知识的引子

例如苏教版教材五年级上册"钉子板上的多边形"一课，教材有两条递进的知识线，一是"形内钉子数"的依次递增，二是"边上钉子数"的依次递增。在任务驱动式教学中，有一位教师采用了"让多边形更复杂"以及"使边上钉子数较多"作为知识的引子（如图7），然而学生发现数方格也很方便，这一任务设计也就没达到"难住学生"的作用。

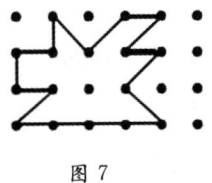

图7

有一位教师则换了一种角度，让多边形"形内钉子数"较多，并且用常用面积公式计算或用数格法都有困难的题目作为知识的引子（如图8）。在这样的背景下，由易到难进行探究就成了需要，

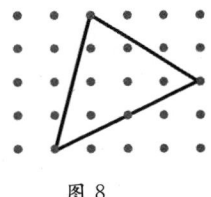

图8

最后再回过头来解决这一难题时，学生能够深切体会到皮克公式的"有用"。由此可见，什么是"难"，有时候不在于量变——数量之非常多，而在于质变——结构之非常规。

"难"，除了让学生在学习的一开始感到"难为"之外，还有一种"难"是在教学进程中故意"为难"学生，例如笔者在教学"钉子板上的多边形"这一课时，就故意处处设置知识的陷阱，让学生一不小心就"上当"，从而促使学生在步步惊心中步步小心地研究（详见第五章案例9：《在小心求证中验明知识真身》）。

2. "由难到易"的教材调整，可以把练习阶段的知识应用（应用题）提到前面作为知识的引子

例如前文中所举的"表面积的变化"一课，以任务驱动式教学的角度来设计，我们就可以把最难的原本编排在教材最后的属于知识应用的"10盒火柴的包装问题"前置到课首，使之成为一个探究性任务。

当然，我们可以把火柴盒改成磁带盒，一是磁带盒生活中更常见，二是磁带盒形状上更规整，便于学生操作和观察，三是磁带盒数据上更有特点，在研究"用4个磁带盒拼成大长方体，怎样拼表面积最小"活动中，学生在只重合一种面的情况中比较得出表面积最小的是"重合6个大面"的拼法，接着在重合两种面的情况中比较得出表面积最小的是"重合4个大面和4个中面"的拼法，最后要比较"重合6个大面"和"重合4个大面和4个中面"哪种拼法表面积最小时，因为磁带盒的4个中面正好相当于1个大面，4个大面和4个中面就相当于5个大面，所以学生不计算就可以直接得出"重合6个大面减少的面积最大，表面积最小"这一结论。

二、由"难"开刀，发挥"以一当十"功能

这种"由难到易"的任务驱动式教学，将精力更多放在知识的攻关，以掀起学生挑战的超常发挥。教学走一条"由难到易"的迁移之路。此

时往往改变的是一个单元教材的编排。

例如苏教版教材三年级上册"两、三位数除以一位数"单元，编排了这样一组循序渐进的例题：

例1：把60支铅笔平均分给3个班，每班分得多少支？要求口算。

例2：把120支铅笔平均分给3个班，每班分得多少支？要求口算。

例3：把46个羽毛球平均分给2个班，每班分得多少个？要求笔算。

例4：(1) 每根跳绳3元，36元可以买多少根跳绳？(2) 65元可以买多少根跳绳，还剩几元？要求笔算。

例5：把52个羽毛球平均分给2个班，每班分得多少个？要求笔算。

……

在教学例3的时候，学生都很不愿意用竖式计算，因为此题没有挑战性，学生感觉不难，用口算方法很容易得到结果：$40 \div 2 = 20$，$6 \div 2 = 3$，$20 + 3 = 23$。这一口算思路在学生脑海中简化为：

于是，此题用竖式计算就成了无源之水，学生反而感到困惑和奇怪："老师为何非要让我们用竖式计算？"

如果采用任务驱动式教学，要让任务具有挑战性，我们不妨重组教材，改变教材编排顺序，教学例1和例2之后，直接跳跃到例5这一高难度教学内容让学生进行知识的"跳远"。如此一来，列竖式的时候还可以避免先教学例3时学生可能列出的如此竖式：

$$\begin{array}{r}23\\2{\overline{\smash{)}}\,46}\\\underline{46}\\0\end{array}$$

也就是说，先教例5可以让学生一开始就站得高、看得远，不必在不明就里的情况下，很不情愿地根据教学进程和教师的要求不断修改自己的行为。

不过，例5依然难不倒许多聪明的学生，他们会这样口算：$50÷2=25$，$2÷2=1$，$25+1=26$。对此，我们不妨再增加例5的难度，修改数据变成："把51个羽毛球平均分给3个班，每班分得多少个？"这样分拆成整十数和一位数分别除的口算方法就遇到了困难，此时这一题才真正对学生构成了高难度的挑战，等学生掌握了此题的笔算方法，就会体会到用竖式计算的价值所在，再回过来计算较简单的$52÷2$再到更简单的$46÷2$，学生就不会排斥用竖式计算。

由此可见，这种"倒叙"的教学方法让原本的"顺叙"的教学方法更具挑战性，还可以避免一些因教材局限而造成的认知局限。

这种"由难到易"的任务驱动，一开始就确定一个明确的、"高大上"的目标，然后驱动学生朝着目标攀登高峰。在前进的路途中，学生可能在不断遭遇"触礁"中不断调整方向和方法，这传统课堂做不到的。

改编成重组教材，让任务更具实用性

在传统教学中，许多教材将一个个知识一线铺开，一个知识就编排成一节课。这样的教材格局有一个弊端，即很容易造成学生思维的定式，降低学生的思维力度。

例如教材把"正比例的意义"和"反比例的意义"两个并列性知识

编排成了前后两节课，学生在学前一节课内容的时候看不到后一节课内容，思维局限在"正比例的意义"，而教材练习又只编排正比例的练习，更加剧学生认识的局限——无须判断，只需依葫芦画瓢。对此，如果不重组教材，那么我们至少应该在"正比例的意义"这一节课中加入反比例的例子作为反例，来加强学生判断，避免思维定式，当然，更高明的做法是把两节课合成一节课来让学生对比着学、综合着学。

知识单列这种教材编排方式，有时候还会造成学生思维的局限，降低学生的思维广度。

例如教材先编排"加法交换律"和"加法结合律"，然后编排"乘法交换律"和"乘法结合律"，这样在教学"加法交换律"和"加法结合律"的时候，学生的思维就可能被人为束缚，跳不出加法运算。如果我们重组教材，把"加法交换律"和"乘法交换律"合成一节课，把"加法结合律"和"乘法结合律"合成一节课，那么学生就可能由此联想到"减法和除法中是否也有交换律""减法和除法中是否也有结合律"这些生成性问题。

由此可见，我们可以通过改编或重组教材，使教学效益尽可能地最大化和最优化，使学生能够获得更多的收获和获得更大的发展。在任务驱动式教学中，有时候也需要通过教材改编或重组，来支持任务的实用性。

一、让知识获得更多的实例支持

受 40 分钟教学的限制，有些知识板块在教材编排上被划分为两个或三个独立课时，这样就有可能导致学生对知识缺乏整体结构的认识，对知识的实际情形和实用情形认识不全面，也可能反过来会导致知识的割裂和方法的阻断。

例如苏教版教材六年级上册"长方体和正方体"单元教学中，"长方体和正方体完全表面积"和"长方体和正方体不完全表面积"这两个课时的学习都是建立在对两种立体图形形成认识并研究了它们的展开图的基础上进行的，两课内容联系紧密，都可以联想到生活中的实际情形以及应用情形。两节课的教材在编排上探究方法、环节设计也基本一致，由此我们完全可以把两课合并成一节课进行教学，让学生完成在生活中可能遇到的各种长方体或正方体完全或不完全的表面积问题的计算任务。在完成这一整体性任务中，学生既看到了长方体或正方体在生活中各种实用情形和适用场合，又找到了科学的、简便的表面积计算方法。

二、让实用物品获得更多的知识支持

在任务驱动式教学中，当任务的实用性靠一个知识的支撑还不能很好阐释的时候，我们就可以改变原有教材单独成章的编排方式，使相关联的知识不再孤立，而能够联合起来，共同支持学生很好地去完成任务。这样的联合办"学"，能够使课堂呈现开放面貌，让学生能够放开学习。

例如苏教版教材四年级下册"三角形的认识"，因为学生在低年级已经初步认识过三角形，这一后继教材主要是让学生认识三角形的边角特征和三角形的高，如果按照教材原有的编排"行事"，学生的学习很大程度上会成为一种"形式"——为学习而学习。对此，我们可以设计这样的实用性任务："有一张椅子腿松动了，现在有一根木条，该怎样加固这张椅子呢？"然后在学生的两种尝试方法——"构成三角形加固"和"构成四边形加固"中揭示正确的方法。学生势必要问"为什么要这样加固"，由此引出对三角形特征的教学——"当一个三角形三条边的长度确定后，这个三角形的形状和大小就不会改变。"

然而，当教完"三角形的认识"这一节课，学生对三角形的稳定性还是模模糊糊，因为缺乏对比，也就无从鉴定，也就导致学生对这一任务的完成方法不太信服。对此，我们不妨把之后的"平行四边形的认识"与本课进行教材重组：把"三角形特征"的教学和"平行四边形特征"的教学合成一课，把"三角形的高"的教学与"平行四边形的高"的教学合成一课。

如此组合，在教学"三角形有3个角、3条边和3个顶点"和"平行四边形对边平行且相等"等特征之后，教师可以安排学生做这样的实验：用3根长度确定的小棒围三角形和用4根长度确定的小棒围平行四边形。学生发现围成的三角形只有一种情况，形状能确定，而围成的平行四边形却有很多种情况，形状不确定（如图9）。对比让学生真正明白了三角形的稳定性（确定性）与平行四边形的不稳定性（不确定性）的含义。

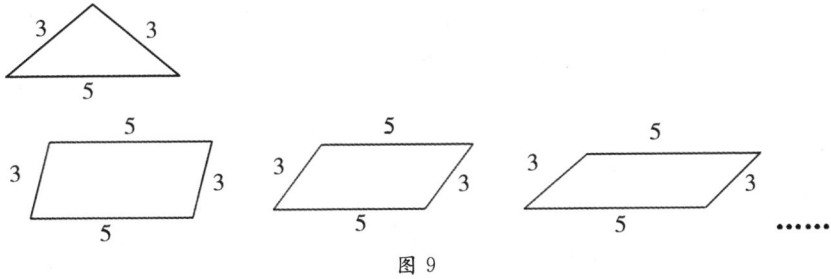

图 9

教完三角形的确定性和平行四边形的不确定性之后，学生也就能够全面和深入地理解加固椅子的方法，也就能够明白生活中"空调架子大都是三角形的""伸缩门要做成平行四边形的"等现象隐藏的数学知识了。

通过知识的实用性把知识重新"串"在一起进行整体性教学，可以很好地避免"粗暴的给予数学知识碎片"这种教学局面，最终有利于学生结构化的学习，学生在求全心理的驱动下，会产生游览完知识全景的学习内驱力。

第三章
小学数学预习性任务的设计

如何巧用学生心理推动课前预习

基础教育课程改革倡导体验性学习。课堂体验需要真实的教学情境。体验以主体经验为基础,是"对经验带有感情色彩的回味、反刍、体味"(童庆炳《现代心理学》)。离开了真实的情境和主体的经验联系便不再有真实的体验。

预习,必不可少

预习也应该成为真实的情境和主体经验。然而,许多教师对学生的预习常常持怀疑态度,其实这是对学生的一种不信任。笔者对教师的以下疑惑,作相应解释。

一是教师对"预习,是否多此一举"的疑问

首先,我们来看看:"小学生要预习吗?"

从长远看,信息化社会中知识日新月异、层出不穷,所有知识都由教师教给学生或者都由学生探究得到,这不现实,也没必要。终身教育更需要一个人具备良好的自学能力。预习,就是在培养学生的自学能力。从近处看,小学生即将进入的中学,会因课程多、内容多而使教学时间相对小学更趋紧张,需要学生通过预习和自学来自我"降压"。从当前看,小学语文学科一直提倡学生预习,学生甚至已养成预习的习惯。数学学科不预习，学生反而有"不习惯"的感觉。

其次，我们来看看："小学生能预习吗？"

调查表明，一个新知识点，如果全部放给高年级学生自学，学生大约可以掌握其中的70%；实践证明，小学生经循序渐进的训练后，能学会预习，对较难的教材教师可适当设计一些自学提纲，帮助学生预习，对较易的教材教师可放手让学生预习；事实说明，学生是能动的人，即使不作要求，学生也完全有可能预先翻阅教材。

最后，我们来看看："小学生爱预习吗？"

预习后，对简单的问题，学生能从容而顺利解决，增加了表现的机会；对复杂的问题，学生有前面节省下来的充裕时间来重点攻关，增加了成功的机会。因此，恰当的预习，学生不仅不会视作负担，还会成为学生"追求"的对象。

二是解释教师对"预习，是否有后遗症"的疑问

首先，我们来看看："预习会影响课堂正常教学秩序吗？"

如果只有一些学生有预习行为，那么他们的超前回答有时的确会"搞砸"课堂。其"糟糕"的原因在于其他学生没有预习教材，学生的学习起点和学习状态不同。教师难以兼顾和调控学生这种"有所知"与"未知"并存的局面，可能导致预设的教学方案减效甚至失效。解决的方法有两种：一种是禁止全体学生预习，教材就是"教材"；另一种是倡导全体学生预习，教材变成"学材"。这里，笔者倾向后者，师生"步调一致"，教学秩序还会乱吗？

其次，我们来看看："预习会影响学生的探究和创新吗？"

限于小学生的认知水平，他们预习后未必就已经对知识清清楚楚、明明白白。预习过程或许是"囫囵吞枣"的不细致，或许是"蜻蜓点水"的不深入，所以他们更想在课堂中"反刍"，在教师和同学的帮助下"细嚼"和"消化"那些预习时"吃不了兜着走"的知识。此时，学生的探究和创新将更具深层性，他们不再"徘徊"于知识的直白处和局限于教材的袒露处，而会"缠绵"于知识的曲折处和创造于教材的潜隐处。例如学生预习后课堂学习"平行四边形的面积"，学生的探究点可在"为什么要沿着高剪"，创新点可在"还有其他剪拼方法吗"。

最后，我们来看看："预习会影响学困生的学习进程吗？"

学困生对要求预习的教学方式会感到困难。对此，我们可以把传统的"补在课后"改为"补在课前"，帮助学困生复习旧知并预习新知，缩短他们与其他学生之间的差距，便于他们适应预习后的课堂教学。

当我们的疑问得到明确的回答之后，思路也得以清晰。不过，把预习作为任务交给学生的时候，我们必须要考虑如何让学生心甘情愿地接受，并在之后的课堂教学中品尝到预习的好处，这才是关键。

预习设计，要懂得四两拨千斤

会学习，不仅指在有老师教的场合会学，而且指在无人教授的场合会学，也就是自学。自学常在教学之前，表现为预习，预习给教学提供了新路径、提出了新挑战，体现了教学时空的开放。

一旦学生能够习惯预习，那就能够更好地实现"习"的本义"飞翔"——给学生的求知插上翅膀。然而，当预习未成习惯时，学生会视为负担，所以，预习的启动需要安装"驱动程序"，而学生的心理需求是最好的"编程依据"。

一、巧用学生的趋乐心理推动预习

我们可以挖掘一些富有趣味的知识，或者给一些原本枯燥的知识披上趣味的外衣，吸引学生的注意，使其走近知识，然后顺势推动学生尝试预习，走进知识。

例如教学"圆柱的认识"之前，教师把圆柱知识改头换面成漫画形式(如图1)。如此充满趣味的知识外貌让学生一见钟情,感到可爱,教师顺势引导学生思考"给圆柱做衣服,为什么量一个身高和腰围就够了呢",从而推动学生预习。

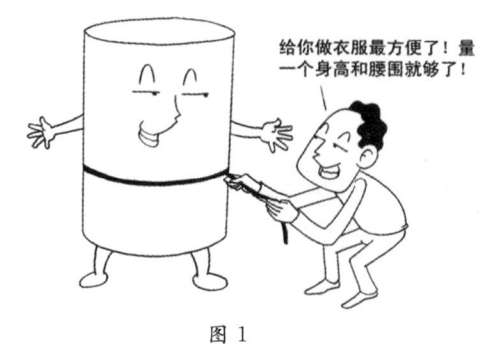

图 1

二、巧用学生的喜新心理推动预习

不仅陌生事物或知识出场时,特别引人注目,熟悉的事物或知识,只要换一种面貌登场,其"陌生的熟悉"之感同样能够让学生觉得新鲜,主动去比较和琢磨其中发生的变化。

例如教学"钉子板上的多边形"之前,教师出示多边形问学生:"熟悉吗?"在学生的"熟悉"声中给多边形换上"新装"——放在钉子板上:"还熟悉吗?"在学生琢磨不透用意中,教师顺势推动学生预习。

三、巧用学生的求证心理推动预习

当学生获知"以为的并不是以为的",而有新的理解时,自然会产生一看究竟的求证心理,及时丰富或更新自己的原有认识。

例如教学"比的认识"之前,教师出示"$\frac{2}{3}$"让学生读一读,学生根据原有认识,把它看成一个分数,从下往上读成"三分之二",之后教师告诉学生:"在另一种情况下,它还可以从上往下读。"在学生"啊""哦"声中,教师顺势推动学生预习。

四、巧用学生的好奇心理推动预习

我们已经知道,"思维自惊奇和疑问开始"。要让课堂充满好奇,我们首先可以在课前给学生以惊奇,激励学生为了能够达到"对惊奇的不断摆脱"而驱动学习行为,主动预习知识、寻找谜底。

例如教学"轴对称图形"之前，笔者出示一道哈佛大学的招生题目（如图 2），并故弄玄虚地说："别怕，小学生也会做！"学生感到惊奇，笔者顺势推动学生预习。

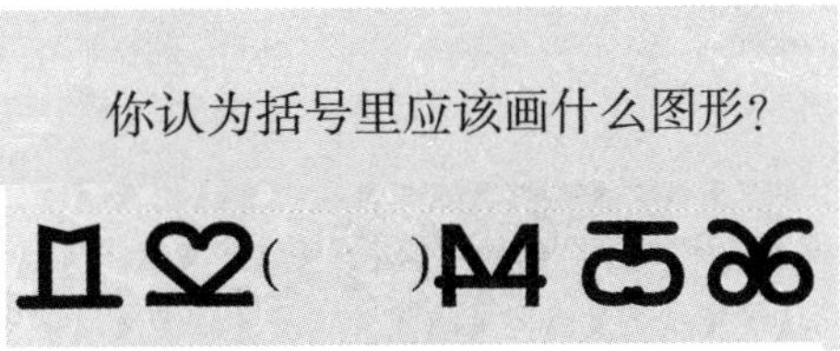

图 2

五、巧用学生的怀疑心理推动预习

当事情的结果与生活经验、思想认识或知识直觉有较大出入甚至完全相反的时候，学生会产生极大的困惑，甚至怀疑事情的结果是否正确，迫切需要找到可信的知识依据来解惑。

例如教学"圆的周长"之前，我们也可以使用这样的题目："绕地球赤道一周架设若干个 3 米高的电线杆并架上电线，那么所用的电线比直接铺在地球表面一圈用的电线长多少米？（假设地球赤道是个完美的圆）"凭经验和直觉，学生普遍认为结果会大得无法想象。当教师告诉学生"只多 18.84 米"时，学生持怀疑态度，教师顺势推动学生预习。

六、巧用学生的好动心理推动预习

对一些活动型教材，教师要充分发挥学生指尖上的智慧。教师通过展示其有趣、多彩的玩法，吸引学生去照着玩、接着玩，此时，教材在学生眼里成了指导玩法的说明书。

例如教学"有趣的七巧板"之前，教师展示用七巧板拼出的乌鸦和狐狸的故事（如图 3）——乌鸦找到一块奶酪，刚想吃，狐狸来了，看到奶酪口水直流，他站起身："乌鸦小姐，听说你的嗓音可美妙了，能为我唱首歌吗？"乌鸦听了可得意了，立刻哇哇大唱起来，奶酪从嘴里掉了下来，狐狸叼着奶酪逃走了。

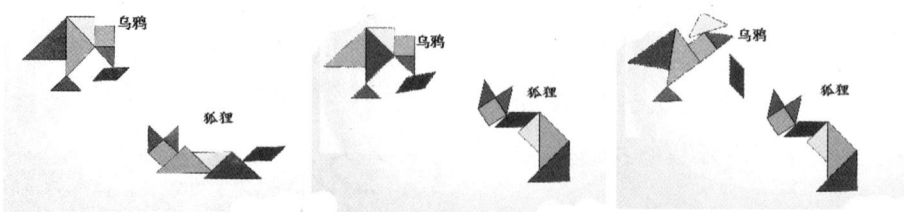

图3

学生听得如痴如醉,教师趁机"推销":"你也想用七巧板拼出有趣的图形吗?"在学生蠢蠢欲试中,顺势推动学生预习。

七、巧用学生的游戏心理推动预习

快乐、刺激、互动的游戏是小学生喜闻乐见的活动形式。如果充满悬念并充满竞争的游戏中包含着所教数学知识,就能很好地促使学生主动去寻找其中的知识奥秘。

例如教学"2、5、3的倍数"之前,我们也可以采用玩"抢三十"这样的游戏,每人每次至少报一个数,最多报4个数。在教师的频频获胜中,学生很想知道其中的奥秘,此时,教师顺势推动学生预习。之后,教师再接再厉:"如果游戏规则不变,将'抢三十'变成'抢三十一'、'抢三十二'……'抢四十'……取胜秘诀是什么?你还能编出其他的抢一个数的游戏规则吗?"引导学生接着玩。

八、巧用学生的竞争心理推动预习

每个学生都有一比高下的比拼心理,都想追求更高的水平和更好的结果,赢取老师和同学的青睐。

例如教学"圆的认识"之前,教师让学生提前一个月就买圆规,首先比一比谁能用圆规画出规定大小的圆,然后比一比谁能画出像下图这样复杂甚至更复杂的美丽图案(如图4)。其过程中,学生首先要会画圆,需要掌握圆的一些基本知识,教师顺势推动学生预习。

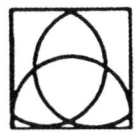   

图 4

九、巧用学生的实用心理推动预习

数学有大众数学与精英数学。在小学数学中,数学更多地可以用于生活,可以让学生更好地生活,可以让生活变得更加幸福和美好。知识的实用,能让学生直接感受到知识的有用。

例如教学"轴对称图形"之前,教师展示生活中最常见、最实用的红双喜,当学生生发想要学会这种剪纸技术时,教师顺势推动学生预习。

十、巧用学生的爱美心理推动预习

人都有爱美心理,不仅想成为美的欣赏者,而且还想成为美的创造者。教师如果能揭示知识的"美丽",就能使知识焕发魅力,引来学生的点赞。

图 5

例如教学"比的认识"之前,教师出示《蒙娜丽莎》肖像画(如图 5),在学生的欣赏中,出示画中蒙娜丽莎的头和身长、鼻和脸的长、嘴和脸的宽等数据:"画家达·芬奇为何能画得这么美,这是因为他很好地运用了数学知识。那会是什么数学知识呢?"由此推动学生预习。

另外,我们还可以告诉学生这样的新闻:有人发现了第二幅"蒙娜丽莎肖像画",证明这一幅画也是达·芬奇所画的不是考古学家,而是数学家。那数学家是如何证明的呢?靠的是他们发现这两幅画构图时所用的比例竟然高度一致。这样的新闻介绍,能够给学生预习的热情加温。

十一、巧用学生的偷懒心理推动预习

每个人都有寻找快捷简便方法的本能，省时、省心又省力。知识的进化同样如此，人们在不断寻求解决问题的简便方法，例如乘法是加法的简便运算。当学生获知有简便方法的时候，自然会心向往之。

例如教学"利用运算律简便计算"之前，教师出示"125×88"等题目，告诉学生："有一种方法只用口算就能算出结果。"这样的"好事"，学生自然不愿放过，教师顺势推动学生预习。

又如在推动学生预习"梯形的面积"时，教师这样做"广告"："如果你把长方形、平行四边形、三角形的面积计算公式都忘了，别怕！你只需要记住梯形面积计算公式！这是为什么呢？"由此推动学生预习。

十二、巧用学生的上进心理推动预习

学生都有追求进步的美好愿望，如果明白预习可以让自己在学习中捷足先登，那么他们对预习就不会反感。开始的时候，教师可以树立个别学生为榜样，使其他同学明白预习可以让自己表现更好，在从众心理和攀比心理的作用下，会有越来越多的学生加入到预习队伍。

对学困生，正如前文所言，教师可以采用"未教先补"的方式，一是在课前先帮助他们复习学习新知所需要的旧知，让他们与其他学生能够站在同一起跑线上；二是在课前帮助他们预习新知，这样"笨鸟先飞"，让他们在课上比以前表现得更好，甚至比同学表现得更好，从而让他们也喜欢上预习。

十三、巧用学生的友善心理推动预习

每一个人都有同情弱者的心理，同学更有"同"学友谊。对一些学习有困难的同学，鼓励有能力的学生伸出援手。对此，教师一方面让学习优异的学生"拉一拉"学习落后的学生，帮助他们复习已经学习的知识，从而夯实基础，使他们不再落后；另一方面让学习优异的学生"推一推"学习落后的学生，帮助他们预习将要学习的知识，从而垫高基础，

使他们不容易再落后。其中,优异学生若想指导后进学生预习,势必自己首先预习,这样的帮学,无疑是一种双赢活动。

帮学活动也可以采用"网络跟帖"的方式,或在教室里开辟一个类似的学习园地,贴上学生的预习心得或困惑,让同学共享,或请同学帮忙解答。

十四、巧用学生的向师心理推动预习

在每个学生心里,都想成为一个像教师那样的人或成为一名教师,所以,学生都喜欢当"小老师"(详见第四章《小学数学表现性任务的设计》之"如何指导学生完成'小老师'的扮演任务")。

我们可以选择合适的教材让学生预习,指定学生或让学生选定同学当"小老师"上课。期间,"小老师"可以组建"同学后援团"一起备课。上课时,教师当助教甚至当"学生",在一些必要处像学生那样向老师请教。例如上"倒数的认识"时,教师向"小老师"提问:"倒数是倒过来的数吗?""倒数是对一个数而言吗?""乘积是1的两个数互为倒数,根据 $1\div1=1$ 能说'1的倒数是1'吗?"……在"小老师"感到为难之时或遇到难为之处,教师再登台相助。

学生的向师心理还体现在可以像老师一样听课。现在网络上都有名特优教师上课的视频,教师也可以为学生提供这样的视频,让学生上课前先"听课",这样的"听课"就如同预习。

十五、巧用学生的类比心理推动预习

知识是发展的,特别是同类知识之间更有着紧密的联系,它们在教材编排和教学方式上有着高度一致性。教师可以利用这种知识的生长性让学生联想后续知识,引导学生预习。教材内容的同质很容易实现预习方法的同化。

例如乘法口诀的教学有着一连串的课时,教材结构和研究方法类似,教师就可顺水推舟:"你觉得接下去会学习几的乘法口诀?先试着编一编,再看一看教材。"几节这样的课后,学生可以试当"小老师",尽管尚在二年级。

又如,教学"2、5的倍数"之后,教师让学生猜想接下去教材会研究几的倍数,一方面引导学生预习3的倍数,另一方面让学生产生问题:"为什么教材不研究4、6、7、8、9、10等数的倍数?"

十六、巧用学生的恋旧心理推动预习

学生对学习过的知识和经历过的情境,特别是有成功体验的知识往事和学习过程,大都记忆深刻。旧事重提,学生会有一种故地重游的亲切,旧题重做,也会让学生倍加关注其有何"异常"。

例如教学"一个整体的几分之一"之前,教师重现已学过的"一个物体的几分之一"教材情境图(如图6):"有人从这幅图中看出不止一个$\frac{1}{2}$,这是怎么回事呢?"顺势推动学生预习。

图 6

十七、巧用学生的逆反心理推动预习

许多教师认为不是所有的教材都适合预习,担心预习了就难以创"新"教学。但反过来思考,忽而可以预习忽而不准预习,何以培养学生的预习习惯?因为习惯的养成,需要至少3周的行为持续并经历至少3个月的行为巩固,而一旦形成了习惯,行为就难以改变。所以,断断续续的预习要求不利于养成预习习惯,而当学生形成预习习惯之后,教师突然提出本课不预习,反而会促使学生偷着预习。学生手中都有教材,教师怎能控制。

所以,我们可以偶尔这样利用学生的逆反心理:故意不准学生预习,反而比要求学生预习效果更好。

十八、巧用学生的完形心理推动预习

德文中的"完形"意指一个整体，需要考虑到包括整个事物或人及其脉络，以及两者之间的关系。在学习中，学生都有追求知识体系完整和知识结构完美的心理倾向，这也可成为预习的动力。

例如教学"小数除法"之前，教师先让学生把知识解构成"小数÷整数""整数÷小数""小数÷小数"等类型。学生学完第一种类型，之后自然会牵挂后一种类型，从而主动预习。由此想到，我们可以采用让学生画知识树的形式继往开来，达到边学习边复习边预习的目的。

十九、巧用学生的冒险心理推动预习

人都喜欢寻求刺激，喜欢别出心裁、别具一格，不喜欢按部就班、按章办事。在循序渐进的学习中，有时跳跃式的教学反而会让学生充满激情。当学生发现有不同于往常之路可走的时候，都乐意去走一走、看一看。

例如上例"小数除法"的预习，教师也可以如此动员："这几节课，我们能否倒过来先学'小数÷小数'呢？"这样的创意，符合学生跃动的心，很想知道这种方案是否可行，从而主动预习。

二十、巧用学生的考试心理推动预习

在学习新知的课前，对一些将要学习的探究性教材内容，教师可以设计成试题在课前先行考试，这样的考试可以是开卷考试，学生在不会解答的时候也就自然会翻书查看，此时也就推动了预习。

例如在教学"小数的性质"课前，教师可以出这样的试题："0.3和0.30是否相等？请你加以说明。"许多学生直觉认为0.3和0.30相等，此时，有的学生利用购物或测量的生活情境来解释，有的学生通过画图从小数意义上来解释，有的学生把0.3和0.30放入前一节课刚学的数位顺序表中来解释。实在不清楚或没办法的学生，也会通过翻阅教材来回答这个问题。这种"未教先考"的方式既可促使学生"钻进"教材自学，

又可促使学生"钻出"教材创新，课堂上仅需交流与总结。

对待预习，除了预习方式，我们还应该有以下几点共识：

一是预习的要求不在多，而在精，能够抓住学生的心理。

二是预习的时间未必只在新课前夕，必要时可以提前到前几天甚至前几周，例如"圆的认识"一课。

三是预习不只针对中高年级，也可以从低年级开始培养，例如"乘法口诀"单元。

四是预习的范围未必全覆盖，特别对一些知识点多、较为复杂的教材，可以让学生预习力所能及的一部分。预习一般一次一课，但也可以一次多课，例如"小数除法"单元。

五是同一课预习的方式也可以多种多样，例如"比的认识""轴对称图形""2、5、3的倍数""小数除法"等。

如何进行课前预热，让学生有备而学

这里所说的"课前预热"，是指为课堂教学的顺利实施而事先进行的情感铺垫和知识孕伏活动。如果把课内学习和课前预习看作正式教学的一部分，那么我们可以把课前预热看作非正式教学，它可以让学生在之后的学习或预习活动中，不会因知识的"突然"出现而感到不适。课前预热与课前预习相比，至少有以下不同：

一是课前预热与课前预习相比，内容紧密度低。课前预习一般直接指向新课知识的自学，而课前预热更多地在学习情感、学习环境上为新课做好准备。教师对预热活动中所孕伏的数学知识也不作过多说明，学生很多时候要等到新课教学时才会顿然想起、恍然悟到预热活动的用意。

二是课前预热与课前预习相比，时间紧张度低。课前预热活动既区别于课上的学习，也区别于课前的预习，它以不占用学生过多课余时间和不增加学生学业负担为宗旨，不刻意让学生有一种学习正在进行的直接感受，知识渗透在学生的闲情逸致中。

课前预热活动可以作为课前预习活动的前奏，也可以独立成章。下面列举几种数学课前预热活动的设计方法：

一、玩一玩

学生最喜欢玩游戏，特别是低年级的学生。例如"九加几"课前的预热，我们可以让学生做"玩手指"的游戏，帮助学生突破用一个手指代表 1 的思维习惯，而能用拇指代表 5。游戏方法：第一步，左手握拳，先张开拇指并想象其代表 5，然后再依次张开食指、中指、无名指和小指的同时数 6、7、8、9；第二步，张开左手的手指就代表 9，思考再加几等于 10；第三步，双手握拳，先同时伸出拇指就是 10，再依次张开左、右手的食指、中指、无名指和小指的同时往下数 11，12，13……这样的课前预热活动，不能急在一时，而应该让学生玩上一阵，训练学生形成"在头脑中想几，再接着往下数"的数数方法，当学生练好了这样的功夫，以后课上学习"凑十"法就会更加轻松。对学困生来说，可以避免"手指不够脚趾凑"的麻烦。

中高年级学习之前同样可以让学生玩一玩。例如中年级学习"平移和旋转"之前一个月，教师让学生玩"俄罗斯方块"游戏。又如高年级在学习"用字母表示数"之前一个月，教师让学生玩"凑 21 点"的扑克牌游戏。这个过程之中，聪明的学生会猜到课上要用，虽对何时用、怎么用不清楚，但从此有了牵挂。

二、唱一唱

唱歌也是学生喜欢的活动，例如"年月日"课前可以让学生唱一唱或听一听流行歌曲《三百六十五个祝福》，正式教学时，教师可以截取歌词"一年有三百六十五个日出，我送你三百六十五个祝福，时钟每天转了一千四百四十圈……"提出几个知识问题："一年一定是 365 天？""时钟每天是不是转了 1440 圈？"从而导入新课。

跟歌曲一样节奏感强的是歌谣，例如教学"凑十法"之前，教师让学生唱一唱这样的歌谣："一九一九好朋友，二八二八手拉手，三七三七真亲密，四六四六一起走，五五合成一双手。"学生课间边唱边跳，此时它的含意并不重要，唱上一段时间后，正式上课时，学生就会发现"原来如此"。

三、播一播

小学生普遍喜欢看动画片,例如上"加法交换律"课前,教师让学生看一看动画片《朝三暮四》:早上三个、晚上四个变为早上四个、晚上三个,猴子眉开眼笑,以为吃的东西增多了。正式上课时,教师以此为引子导入知识。

除了动画片可以挂钩数学知识,娱乐节目也可以找到数学知识成分。例如上"平均数"之前,让学生看一看唱歌等比赛中的评分规则和计分方法。

四、读一读

苏霍姆林斯基说:"如果学生一步也不越出教科书的框框,那就无从说起他对知识的兴趣。"我们可以让学生平时多阅读一些数学读物,如张景中院士的《数学家的眼光》《帮你学数学》、李毓佩教授的《爱克斯探长》《荒岛历险》《奇妙的数王国》等,教师可以利用机会把这些数学读物作为奖品奖给学生。

其中,学生特别喜欢阅读故事,除了专门为数学而写的故事之外,在其他故事中也可以找到数学的影子,例如上"体积的意义"课前,教师让学生读一读《乌鸦喝水》的语文故事;又如上"搭配的规律"课前,教师让学生读一读《田忌赛马》的历史故事。等到正式上课时,学生会想到这些故事,从而变成帮助学生理解或巩固数学知识的外部资源。

除了"故事",有些"事故"也包含数学知识,也可以让学生读一读,认识到知识的重要性。例如上"小数的认识"课前,不妨让学生读一读这样的真实故事:1967年8月23日,苏联"联盟一号"宇宙飞船因一个小数点在返航途中坠毁。读了这样的材料,学生虽然对小数的意义还不懂,但已经对小数点的重要性产生了敬畏,正式教学时,就不会小看小数点的作用。

五、笑一笑

如果让知识具有娱乐功能,那么学生学习时就不会感到枯燥。例如上"旋转"课前,教师让学生看神韵工绝、让人叹为观止的颠倒画。有的正着看是一种欢乐的表情,倒看却变成了愤怒的神态;有的正看是男性,倒看却是女性……

六、算一算

一些知识其实学生在学习生活中经常会有意无意地接触到,对这样的知识,教师可以有意让学生在正式学习之前的一段时间内多接触。例如上"平均数"之前一两个月,教师有意识地让学生帮老师算一算每次测试全班或小组的平均成绩,或者自己一段时间内的作业平均成绩。

对一些需要花时间体会的知识铺垫,我们可以放到课前让学生慢慢体会。例如上"乘法的初步认识"课前,教师利用几天时间让学生算一算"100个2相加的和",学生对结构的重复和计算的繁多有了深切体会,等到正式教学时乘法的引出自然就成了众望所归。

又如教材"小数加法和减法"单元最后有这么一道习题:

用计算器计算前三题,再直接写出最后一题的得数。
0.9+0.99=
0.9+0.99+0.999=
0.9+0.99+0.999+0.9999=
0.9+0.99+0.999+…+0.9…9=
　　　　　　　　　　10个9

教师上完小数加法之后的第一天让学生笔算"0.9+0.99=",第二天让学生笔算"0.9+0.99+0.999=",第三天让学生笔算"0.9+0.99+0.999+0.9999=",第四天……越往下做学生越不乐意,因为发现算式越来越难。在不乐意中,学生感到纳闷:"老师怎么每天只出这么一道差不多的题目啊?"慢慢地发现它们之间的联系,从而琢磨其中是否有着一定的规律,然后尝试并验证,等到后几天,学生已经能够运用规律轻松地解答习题。等教学进度到达教材上这道题目的时候,学生看到完整的原题,恍然大悟,此题已不成问题,因为它已经在平时不知不觉中逐步解决了。

七、画一画

小学生都喜欢画画。对一些图形知识的教学，教师可以让学生在课前按照一定的要求画一画，使之有所体会甚至有所发现，或在正式上课时能够有所准备。

例如上"轴对称图形"之前的几天，教师每天让学生画一些对称图画。画了几次之后，有学生发现了诀窍，把纸对折后画一半，然后描出另一半。

又如上"观察物体"之前，数学教师可以像美术教师那样让学生对一个正方体或几个正方体拼成的物体进行素描。

再如上"平行和相交"之前，教师让学生把两个小棒任意抛在课桌上，然后画一画每次形成的形状。

八、比一比

对一些能够训练学生观察力的比较性知识，或对一些能够训练学生反应力的比赛性活动，我们也可以利用课前的时间让学生比一比。

例如上"比例"之前，教师先拿出自己长 3 厘米、宽 2 厘米的原始靓照，然后拿出一组标上尺寸的变大或变小了的照片，让学生找一找哪些照片没有变形，同时找一找这些照片变大或变小之后为什么却没有变形。最后也可以让学生在电脑上通过图片的不同伸缩方式来思考怎样的伸缩可以不变形。

对于小学生来说，注意力训练是必不可少的。我国年轻的数学家杨乐、张广厚小时候都曾采用快速做习题的办法，训练自己的注意力。我们还可以用找一找的训练方法来提升学生的注意力，例如在 25 个小方格的

21	12	7	1	20
6	15	17	3	18
19	4	8	25	13
24	2	22	10	5
9	14	11	23	16

图 1

表中，将1—25的数字打乱顺序，填写在里面（如图1），让学生以最快的速度边读边指，从1数到25。每天训练一遍，学生的注意力水平会逐步提高。

在数学教学中，比较还常常是引导学生发现知识本质的重要手段，对此我们可以组织学生进行其他领域的比较活动，为数学课中的比较牵好线搭好桥。

例如上"小数的认识"之前，教师让学生比一比科学课中水变成冰、水变成水蒸气的变化过程，引导学生体会在这个过程中，水的形态发生了改变，但水的本质没有变。当正式上"小数的认识"，学生在认识小数与分数关系的时候就会想到这种类比，帮助学生更好地理解小数的本质。

九、拆一拆

儿童都具有好奇心和探究欲，喜欢拆装东西。在数学教学中，我们常常需要把立体图形展开，研究它的特征和表面积等问题。对立体图形的展开活动，我们可以在课前利用一段时间，让学生去拆一拆家中的长方体纸盒、圆柱体纸盒等物品。在拆的过程中，学生自会发现，不同的拆法会得到不同的展开图，也可能会发现其中的一些奥秘。当然，教师还可以让学生把拆开的物体重新装配起来。学生在动手拆装的活动中，会发现越来越多"指尖上的智慧"。

十、拼一拼

在图形的教学中，拼图形是常用的探究方法。然而，学生拼接手艺的高低影响着探究活动的质量。对此，在平时的空闲时间，教师可以让学生经常拼拼积木，或者拼拼七巧板，甚至拼拼文具盒里常备的两块相同的三角尺。学生拼得久了、熟练了自然会生巧，等到课上再要拼图形时就不会无从下手、束手无策而需要教师提示和帮助。

例如上"三角形面积计算"时，学生面对两个完全一样的三角形操作材料，就很容易联想到自己曾经用两块完全一样的三角尺拼成长（正）

方形和平行四边形的活动经验，从而找到探究的突破口。

十一、备一备

有些课的教学需要一些现实素材或现实数据，而这些真实的素材或数据需要事先进行收集，那么这种任务就可以让学生课前去完成。

例如上"认识人民币"之前，让学生在家收集不同币值的人民币。

又如上实践活动"了解周围的家庭"课前，要求学生以小组为单位去访问10个家庭，了解10个家庭最近一次水费、电费、电话费以及燃气费的缴纳情况，把调查得到的数据填入统计表。

有些课的教学需要一些学具材料，教师也可以让学生在课前做一做，为课中操作活动做好物质准备。

例如"长方形面积计算"课中需要若干个1平方厘米的小正方形做学具，这就可以让学生课前准备，每做一个小正方形就感知了一次1平方厘米的面积单位。

十二、用一用

有些技能性强的知识，并非一日之功，当也未必要等到教学操作方法之后，教师才让学生使用。

例如教学"角的度量""圆的认识"，学期初教师就可以让学生早早地准备好量角器、圆规。从购买这些器具的第一天起，学生就充满了好奇，无须教师提示方法或提醒预习，就会自己琢磨它们的用途、尝试它们的用法。经过一两个月的"实习"，学生基本上都能无师自通。

又如上"用计算器计算"之前，教师可以让学生在生活中或学习中用计算器计算，等到正式上课的时候，许多学生已经会用计算器计算了，课堂则变成使用经验的交流会。

十三、逛一逛

许多数学知识有着极其广泛的应用，只是学生可能限于机会没有注意或实践过。对这样的知识，教师可以提前让学生去接触、去了解，等到正式教学时，就不会感到陌生。

例如上"小数加减法"课前，让学生到商场、超市购物，收集好购物小票；上"升和毫升"课前，让学生到商场逛一逛，找一找使用"升"和"毫升"做单位的商品，并记录下它的容量；上"百分数的应用"课前，让学生到商场逛一逛、记一记各种各样的打折优惠活动。

又如第一次上"确定位置"之前，让学生去电影院买电影票看看电影；第二次上"确定位置"之前，让学生带着地图到公园逛一逛，认识一下方向，认识一下图示。

再如上"公顷和平方千米"课前，让学生去逛一逛课中举例中要涉及的公园或场地，对面积能够有一个先期印象和感觉。

如何根据预习情况，选择教师教学作为

预习之后，学生课上做什么？教学是否"涛声依旧"？这是许多教师颇为关心的问题——预习后的课该如何上？

预习后的数学教学，"教材"变成了"学材"，成为学生演习的"图纸"；"课堂"变成了"学堂"，成为学生演习的"阵地"；"学习"变成了"学问"，成为学生演习的"武器"。教师需要做的是，想方设法让孩子们带着思考全情投入，真情演绎完一节数学课。其中，需要教师见机行事，需要教师的生成性教学智慧。大致而言，教师可以做以下几件事情：

学生"没问题"，教师就作"点播"

【案例1】学生预习"分数的基本性质"一课后的教学片段：

师（板书"$\frac{1}{2}$"）：看到$\frac{1}{2}$，你们想到了什么？

生1：$\frac{1}{2}$表示把单位"1"平均分成2份，有这样的1份。

生2：$\frac{1}{2}=1\div 2=0.5$。

生3：$\frac{1}{2}$就是"一半"的意思。

生4：$\frac{1}{2} = \frac{2}{4} = \frac{3}{6}$……

师：你是怎么知道它们相等的呢？

生4：它们都表示"一半"呀。画图可以说明。（该生画图解释，又有学生受启发采用其他图例补充）

师：对。还有其他观点吗？

生5：它们都等于0.5。

生6：它们符合分数的基本性质。

师：哦，那你会用分数的基本性质来讲解吗？

该生发言，其他学生补充。

【案例2】学生预习"认数6—9"一课后的教学片段：

在"认数1—5"的教学中，我设计了许多有趣的数学活动，可是学生没精打采。原来学生在入学前就已认识数、会写数了。几天之后，就要上"认数6—9"了，我决定让学生自己当老师。

上课了。"今天，我们来认识6、7、8、9这几个数，哪位'老师'先来说一说？"第六小组的小青走上讲台，问道："小朋友，你们今年几岁？""6岁。""5岁半。"这可能是小家伙"备课"时没有想到的，但她很快说道："妈妈说我们到6岁才能来上学，这个6就是我们学的6。5岁的小朋友过一年就能上学了。"

"我知道为什么5岁过了就是6岁！"第六小组小娟上来，拨动计数器，"看，一颗珠是1，两颗珠是2……到5了，再加一颗就是6！"

"谁能在我们的教室里数出6个人或者6件东西？""谁能用6说一句话？"……以前上课时我提的问题全被他们用上了。

第七小组带来了许多写着7的物品，还给大家讲了一个星期有7

天，一个小组有 7 个人。尺子、日历、闹钟、遥控器、计算器、温度计、儿歌磁带……都是他们的教具和学具。最有趣的是第八小组的小东，他带来了入学前写的 6、7、8、9，一开始歪歪扭扭，后来好看多了。我立刻叫他说说写好这些数的小窍门，表扬他经过不断练习把数写得越来越漂亮，并及时对学生进行书写指导。

从以上教学片段可见，有些教材比较简单，学生预习后完全能自行掌握，对此，教师就可以利用学生的向师心理，引导学生当"小老师"或直接让学生当"小老师"，教师则退居二线，担当助教或学生。

学生"说得乱"，教师就作"点焊"

【案例 3】学生预习"圆的认识"后，教师找准串联知识的线，以让学生看得清，畅所欲言。

课堂教学伊始，教师用学生熟悉的生活实例，让学生用预习到的数学知识解释生活现象，检查学生的预习情况，查漏补缺，疏通整理。

接着，多媒体电脑对比播放"圆形车轮滚动"和"非圆形车轮滚动"。

学生有感而发，说出他们的见解，教师适时引导学生将发言转换成数学语言并在适当位置板书。一节课结束，教师根据学生的回答勾连出了完整的板书，一目了然。学生既把预习的知识"格式化"，又把学习的知识"生活化"，学得有理、有据、有序、有趣。

从以上教学片段可见，有些教材内容虽然比较"简单"，与学生生活联系比较紧密，但知识点比较多，学生虽然有能力自学会大部分新知识，但在汇报的时候可能有点"乱"。

教学这种教材的课堂上,教师可提供一个比较好的素材或情境,让学生尽情"挥洒"自己的所见所闻所思,在此过程中教师相机将学生参差不齐(先后顺序杂乱、深度广度不同、正解误解并存)的汇报"焊接"在一起,整理成"章",沟通成"网",从而把学生预习时比较零散和孤立的、按水平方式排列的知识点"焊接"成条理的、有逻辑的、按层次有序排列的知识链。

学生"有想法"的,教师就作"点将"

【案例4】学生预习"平移和旋转"一课后的教学片段:

刚一上课,教师板书课题"平移和旋转",就有一位学生"逞能":"老师,我会表演平移和旋转!"

教师见机行事,让这位学生上台表演。这位学生用右手臂伸直从左往右移动来表示平移,结果台下有一位学生对此质疑:"我觉得这不是平移,是旋转。"教师趁机引导学生进行再研究。

在帮助学生弄清楚平移和旋转含义后,教师再次点将:"我们该怎样用手势正确表示平移?""你还会用手势做其他方向的平移运动吗?""谁会根据小纸条上写的要求(如转方向盘、拍皮球等)做肢体动作,让同学们判断你在做什么事情?"……

整节课,学生感觉很快乐,如同上了一节数学游戏课。

从以上教学片段可见,有一些数学知识具有很强的活动性,可以"玩",可以通过人的肢体语言形象生动地表达出来。对这种性质的数学知识,预习后,学生很容易发现它的"好玩",此时教师就可以满足学生的这种想法,采用点将的方式,在课上让学生用手势或身体把知识的含义表演出来,凭借学生的"体验"来探测学生对知识的掌握程度,然后设计一系列的游戏活动,让学生把知识"玩好"。

【案例5】学生预习"直线、射线、角"一课后的教学片段：

课中，有一位学生在举例的时候说道："射出的子弹是射线。"结果引起了学生的争论——

生1认为射出的子弹（前进的轨迹）是射线。

生2反驳生1："子弹最终会掉落下来，所以它不是射线。"

生3反驳生2："照你这样说，那灯光最终也会暗下来的，总有一个尽头。"

听了生3的发言，其他学生觉得他说得有道理，但这岂不是与例题矛盾了吗？于是，学生不由自主地把目光转向了教师。

教师首先表扬了大家善于发现问题，然后告诉大家，不论是灯光还是子弹经过的路线，严格意义上都不是数学中所说的射线。

此时又有一位学生提出："医院里拍片的x光射线，如果不是射线，那干吗叫'射线'呀？"

教师解释："x光射线是物理中的一种电磁波，虽然叫射线，但并不就是数学中所说的射线。"

"哦！"学生恍然大悟。

从以上教学片段可见，有些数学知识，学生在预习后容易产生错误理解，而有些数学知识本就有多义，这些都可以给教师借题发挥的教学机会和教学空间，可以利用学生存在的对知识"多义"或"歧义"的理解来进行点拨活动，设计辩题，组织正反双方进行辩论，在辩论中辩出知识的真假或论出知识的长短。

学生"搞不懂"，教师就作"点拨"

【案例6】学生预习"最小公倍数"一课后的教学片段：

师：同学们，昨天大家预习了"最小公倍数"一课，你现在想求哪两个数的最小公倍数呢?

生1：16和18。

生2：12和30。

……

师：我们就选12和30这两个数，请同学们用预习后的方法求出12和30的最小公倍数。

教师巡视，学生汇报。

方法一：12的倍数有12、24、36、48、60、72……

30的倍数有30、60、90、120、150……

12和30的最小公倍数是60。

方法二：
$$\begin{array}{r|ll} 2 & 12 & 30 \\ \hline 3 & 6 & 15 \\ \hline & 2 & 5 \end{array}$$
12和30的最小公倍数是 $2\times3\times2\times5=60$。

师：你们还有什么不明白的地方吗？

生：我不明白，为什么把2、3、2、5乘起来的积就是它们的最小公倍数？

师：谁会解释？

学生陷入沉思，教师出示思考题组织学生讨论、交流。

……

【案例7】学生预习"能被3整除的数"后，难以理解为什么"一个数各个数位上数字的和能被3整除，这个数就能被3整除"。

课堂教学时，教师迎合学生的质疑问难，设计一系列的实验材料"点拨"学生从横向（正反两方面）和纵向（深浅两层次）作进一步探索研究，增加知识的可信度和清晰度。

1. 出示一些个位是 3、6、9 的数,例如 13、76、219……学生发现它们不一定能被 3 整除,从而克服"只看个位"的思维定式。

2. 出示下表:

下面每组中的数能被 3 整除吗?

第一组	第二组	第三组
3	6	9
30、12、21	60、15、51、24、42、33	……
300、120、102、210、201、111	600、150、105、510、501、240、204、420……	……
3000、1200、1020、1002、2100、2010、2001、1110、1101、1011	6000、1500、1050、1005、5100、5010、5001、2400、2040、2004……	……
……	……	……

学生在类推验证中强化了对特征的理解。

3. 出示式子:

四位数 abcd = a×1000 + b×100 + c×10 + d = (a×999+a) + (b×99+b) + (c×9+c) + d = (a×999+b×99+c×9) + (a+b+c+d)

= 3(a×333+b×33+c×3)　　+　(a+b+c+d)
　　能被 3 整除!　　　　　　能被 3 整除?

学生在算理验证中深化了对特征的理解。

从以上教学片段可见,学生凭借旧知的学习和新知的预习,对一些浅显的知识能自学并理解,对一些深奥的知识能临摹但不解。因此,教师应让学生在汇报中充分"暴露"他们的"已知"与"未知",对学生已收入囊中的知识教师仅需"淡妆"与梳理,对学生尚"疑无路"的知识教师就需"浓抹"与点拨。

学生"看不到",教师就作"点补"

【案例8】学生预习"圆柱的认识"一课后的教学片段:

师:圆柱的侧面展开后是一个什么图形呢?

生:通过预习,我知道圆柱的侧面展开图是长方形。(学生示范,边剪边说剪的方法)

师:你们还有其他想法吗?(学生摇头)

师:圆柱的侧面展开图只是长方形吗?

学生面面相觑,随即有的讨论,有的操作。

生1:我发现,如果斜着剪,圆柱侧面展开图是平行四边形。

生2:我随便剪,圆柱侧面展开图是不规则图形。

师:对啊。我们应不局限于书上说的剪法,还可从其他角度思考问题。不过,老师还有一个问题,圆柱侧面的这些展开图形能不能归纳成长方形?

学生又说的说,做的做。

生1:平行四边形可以转化成长方形。

生2:不规则图形也可以转化成长方形。

……

【案例9】学生预习"除法的一些简便算法"后,对"应用除法的规律,'可以使一些计算简便'的含义"有理解盲点。

课堂教学时,教师根据学生的思维盲点,添加一些探究材料"点补"给学生去领悟。

1. 出示例1:计算 $360÷8÷5$

生1:$1360÷8÷5=45÷5=9$。

生2：360÷8÷5＝360÷（8×5）＝360÷40＝9。

师：你认为哪种计算比较简便？

2. 出示补充题：计算280÷（5×7）

生1：280÷（5×7）＝280÷35＝8。

生2：280÷（5×7）＝280÷5÷7＝56÷7＝8。

生3：280÷（5×7）＝280÷（7×5）＝280÷7÷5＝40÷5＝8。

师：你认为哪种计算比较简便？

3. 出示例2：计算280÷35

生：280÷35＝280÷（7×5）＝280÷7÷5＝40÷5＝8。

引导学生明白：应用除法的规律，可以使一些计算简便。从而使学生树立简算的自觉性。

4. 出示补充题：计算 $\begin{cases} ①390÷10÷3 \\ ②390÷6÷5 \end{cases}$ $\begin{cases} ③270÷27 \\ ④270÷18 \end{cases}$

学生发现：第①题和第③题没有简算的价值。

引导学生明白：应用除法的规律，可以使一些计算简便，但不是所有的计算都可以简算。从而使学生避免简算的盲目性。

从以上教学片段可见，学生毕竟"视力"有限，难以"钻"进教材，看不到其中所蕴含的"易忽略地带"，也难以"跳"出教材，看不到其中可发展的"生长地带"。教师就可于此"点补"，启发引导学生透过书本看到它的"根须"与"枝叶"，让学生有"又一村"的新发现、新思路，从而加深认识、扩大视野，更深入、更全面地理解知识。

总之，预习后的数学课堂教学过程，将更呈非线性、不定性、"随意"性和开放性。教学设计只能粗线条，不再是"精雕细刻""一帆风顺",详细方案将更多地遵循学生的意愿、意想、意会、意志而在教学过程中动态生成。

教师的组织将更具挑战性,必须练就教师更强的"理"(梳理学生的已知)、"抓"(抓取学生的未知)、"挖"(挖掘学生的潜能)、"扩"(扩充学生的储备)等本领,来调控整个课堂教学,积极引导学生在"随心"中学会诉说、倾听、质疑、辩论、钻研、抒情,使课堂教学不因学生的"所欲"而混乱和失重。

正如罗杰斯所说"自由度愈高的学习,身心投入的程度愈高",预习后的数学课堂,将会在学生"情投意合"中变得更加热情洋溢、丰富多彩,呈现出一番"映日荷花别样红"的喜人景象。

预习后的课堂该怎样导入

学生预习教材后的课堂教学模式理应不同于平常的课堂教学模式，因为学生已经看过教材编排的内容，虽然未必胸有成竹，但至少已经心中有数。如果教师上课时还是像平常那样照本宣科和故弄玄虚，学生就会缺乏上课的兴趣，这也就是许多教师不愿意让学生预习的原因。

考虑到许多学生已经走近知识甚至已经走进知识，教师就必须创新教学方式，寻找一条有别于教材编排思路但依然能够殊途同归的新路，或者寻找新的知识风景，让学生仍然有"旧事重提"的兴趣。这一条新路应该建筑在学生的心路上，教师应该抓住学生在预习后想展示自己的收获、想求解自己的困惑、想运用自己的才能、想交流自己的思想、想增加自己的见识等心理来设计教学过程。

其中，设计一个学生预习后的教学新情境，让学生依然有感情地倾心、有热情地倾听和有激情地倾诉，从而在知识殿堂走得更远，是教师首先需要面对的问题。下面列举学生预习后课堂教学的几种导入方式，供教师参考。

一、变形式

对一些有关计算的教学内容，学生预习后，上课开始，教师不妨设计一道与例题同质异形的计算题,让学生尝试解答,这样做目的是防止学生简单地模仿例题。如果照搬教材例题导入,学生可能会记得例题的解答过程,进行知识的"复制"与"粘贴"。学生这样的会做并非真正的会做,所以难以以此检测和判断学生对新知的理解水平。

对教师出示的改编题,如果学生能够解答并能够说出每一步操作的依据和理由,说明学生通过预习已经理解了知识。而对于通过自己的预习尚有一些不解的学生,这位学生的汇报与解释就等同于教师的新授。在这个过程中,教师应该鼓励那些尚一知半解的学生向讲解的学生提问,对一些重点或难点进行"慢放"。此时,如果讲解的学生也说不清楚,教师可以及时"支教",排除知识障碍后,教师再把课堂还给学生。

这样,教师的作用就相当于主持人,组织学生开展预习后的汇报活动,又如同学生的学习顾问,帮助学生解决预习后的疑难问题。这一师生与生生互动和互助的过程,对另外一些已经理解的学生来说,则相当于预习之后的一次知识复习与整理,有利于学生加深印象、加深理解,并能够从中领略到其他同学的思考方法和学习方法。

如果学生预习后都不会解答,那说明教学的内容有很高的难度,对此,教师就应该义不容辞地亲自传授知识。此时虽然是教师主讲,但因为学生经历了自我尝试的失败,所以会听得更认真、更有针对性。

【案例1】学生预习"小数乘整数"一课后的教学导入:

教师这样变形例题(如图1),把夏天西瓜的单价改为"0.9元",把数量改为"买4千克",让学生尝试解答并说明

(1)夏天买3千克西瓜要多少元?

图1

算理。

经过预习，学生都能够列出竖式解答，得到正确答案。此时，教师追问学生："积中的小数点你是怎么确定的？"

许多学生受小数加减法的负迁移，也就是教材中所示的第一种思考方法（如图2）的影响，错误地认为小数乘整数中乘积的小数点也应与算式中小数数位对齐，这是学生预习时常见的对知识的浅表认识。

此时，教师抓住这一知识的难点组织学生深入研究，引导学生根据教材中所示的第二种思考方法（如图3），借助生活情境慢慢领悟出："先把0.9元转化成9角，对应把0.9扩大10倍得到整数9，然后'9角×4'得到36角，对应'9×4'得到36，最后把36角写成3.6元，对应把乘积36除以10，也就是原来乘积中的小数点向左移动一位后得到正确结果3.6。"这一算理反映到竖式上也就是先把0.9×4看作9×4，然后再根据积的变化规律确定小数点，虽然此时还没有教学积的变化规律，但学生可以通过单位换算来间接理解。

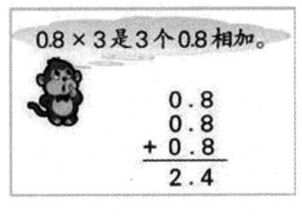

图2

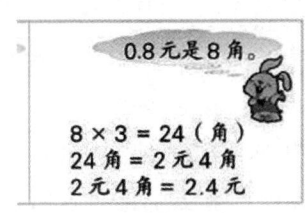

图3

计算的技术性比较强，所以学生预习时会更多地关注计算方法，而疏于或弱于对算理的理解。上述教学案例中，学生的预习就属于对算法的机械模仿，看不到知识的深处，并且受到知识的负迁移影响，再加上小数乘整数这一教材难以显著反映小数乘法内在的算理，学生预习后认识不到位在所难免。

此时就需要教师揭开知识的面纱、抓住知识的根本，及时向自以为正确的学生"发难"，确定预习后重新研究知识的焦点，改变学生原有不成熟和不正确的认识。

二、激疑式

对一些可能产生疑惑的似是而非的教学内容，学生预习后，上课开始，教师不妨从学生汇报困惑开始导入教学，让学生带着问题在教师的解惑中重新深入学习。随着知识的逐步分解，学生也就逐步解开疑惑，并在教材知识空白的填补过程中，逐步填补自己在预习时的认知空白。

【案例2】学生预习"比例尺"一课后的教学导入：

师：同学们，我们的祖国历史悠久，地域辽阔，大约有960万平方千米。今天老师把我们的祖国搬进了课堂（出示一张中国地图），瞧，这就是我们伟大祖国的地图，你知道我们的大中国是如何画在这张没有黑板大的地图上的吗？

生：把它缩小。

师：利用地图，我可以很快地告诉大家两地之间的实际距离，你想知道哪两地之间的实际距离呢？请出题考考老师。

生1：我想知道无锡到南京的实际距离。（教师口答）

生2：我想知道无锡到北京的实际距离。（教师口答）

生3：我想知道南京到上海的实际距离。（教师口答）

师：你们在考老师的时候，我看出同学们有这样一个疑问，老师凭借这把只有40厘米长的直尺是怎样量出两地之间成百上千千米距离的？你们想学会这种本领吗？

生：想！

师：其实老师仅靠手中的直尺是量不出两地之间的实际距离的，还需要用这幅地图上的比例尺来计算。通过课前预习，你了解了什么呢?

生1:什么叫比例尺。

生2:怎样求比例尺。

师(在"比例尺"的"尺"字上画圈,在"比例"词下画线):对"比例尺",你们有什么想法吗?

生1:预习后,我感觉比例尺好像不是尺哦。

生2:比例尺怎么是比例?

师:相信经过这节课的深入学习,最后一定能够解决大家的疑惑。

……

上述教学案例中,教师通过让学生知道地图是怎样绘制的,为新知作铺垫,然后通过学生出题考老师这一活动,让学生渐生疑问,这是利用情境进行激疑。之后,教师利用"比例尺"这一特殊的知识名称,让学生在咬文嚼字中提出自己迫切想知道的疑惑,但教材没有明示,于是为学生释疑解惑的课堂教学又变成了学生预习后重新学习的"新课"。

三、点睛式

对一些生活中比较常见、知识比较简单的教学内容,学生预习后,上课开始,教师不妨寻找能够牵一发而动全身的"支点",从一点出发,让学生根据生活中的粗浅认识和预习中的初步收获,逐渐总结出点点滴滴的知识和体会,以此展开教学过程,直至建构出知识的全貌。对学生在预习中出现的问题,教师在梳理学生预习汇报的过程中相机解决。

其中,围绕中心点展开的教学设计,要能够反馈学生的预习情况,又能够反映教材的编排内容,既能让学生感到异于教材编写的外貌,但又归于教材编写的主旨。

【案例3】学生预习"认识小数"一课后的教学导入：

教师在黑板上板书"0.4"，询问学生："你知道这是什么数吗？"

生：这是小数。

师：你知道它怎么读吗？

生：读作零点四。

师：正确。你觉得小数在形式上与我们以前学过的整数与分数有什么不同？

生：它有小数点、整数部分和小数部分。

教师借机让学生上来板书"0.4"，并让学生说说书写的注意点。

教师接着在"0.4"后面添上单位"米"，拿出米尺，提问："你知道0.4米是多长？"

学生在米尺上指出0.4米表示的长度，教师追问："你是怎么找到的？请说说你的想法。"

生：经过预习，我知道了0.4米就是$\frac{4}{10}$米，$\frac{4}{10}$米就是4分米，所以0.4米就是4分米。

教师表示肯定后，顺势出示教材例1的情境，组织学生把5分米和4分米改写成用"米"作单位的数。

教师接着在"0.4"后面添上单位"元"，提问："你知道0.4元表示多少吗？"

学生回答正确并解释思路后，教师顺势过渡到教材例2，组织学生把1元2角和3元5角改写成用"元"作单位的数。

预习后的课堂教学不能简单地重复教材的编排内容，否则很容易让学生感觉单调和枯燥。我们应该像上述教学案例那样，找到一个引发知识的思考点，以此延伸出一条教学的主线，在对学生预习情况的检测中巧妙地衔接教材内容。因为教学的切入点有别于教材,给了学生一种"陌生的熟悉"。

四、动感式

对一些操作性比较强、知识与技术挂靠比较紧密的教学内容,学生预习后,上课开始,教师不妨直接从学生课前的尝试操作活动开始导入,让学生结合操作活动说感觉、谈感想、诉感悟,从而逐渐牵带出操作活动中所涉及的一些相关知识。

【案例4】学生预习"圆的认识"一课后的教学导入:

师:经过预习,你会用圆规画圆了吗?

学生纷纷举手,教师让学生用圆规在纸上画圆。然后呈现学生的作品,让学生说说画圆的过程与方法,顺势由圆规的定点引出圆心概念,由圆规两脚间的距离引出半径概念。接着由画圆时要注意保持圆规两脚间的距离相等这一注意事项引出圆的半径都相等。之后教师通过比较学生画的不同大小的圆和组织学生画不同大小的圆的活动,让学生对"半径决定圆的大小"有更深的认识。

师:如果现在有一张圆形纸片,你能找到这个圆的圆心和半径吗?

学生纷纷操作,通过对折的方法找到了圆的圆心和半径。

师:在这张对折后的圆形纸片上,通过预习,你还能找到关于圆的哪些知识?

生:我还能找到圆的直径。

师:嗯。什么叫直径?

生:通过圆心并且两端都在圆上的线段叫作直径,通常用字母d表示。

师:直径有什么特征?

生:在同一个圆里,有无数条直径,所有的直径都相等。

师：你们是怎么知道的？

生1：我是预习时从书上看到的。

生2：我是从半径的特征想到的。

师：为什么可以通过半径的特征来推想呢？

生2：因为在同一个圆里，直径是由两条半径组成的，直径的长度是半径的2倍。

师：回答得非常好！通过圆形纸片的对折，我们还能发现直径所在的直线是圆的……

生：对称轴。

……

上述教学案例中，画圆和折圆是串联整个课堂教学的两大活动，其中蕴藏着丰富的知识，是能够很好外化知识的途径。其中，教师发挥不同操作活动的"特长"，从不同方向和不同方面反映知识，首先通过画圆活动引出圆心和半径知识，然后通过折圆活动巩固圆心和半径知识，继而引出直径知识，学生在活动中不知不觉地完成了知识的"反刍"。

五、比照式

对一些形似质异的同类后续教学内容，学生预习后，上课时，教师不妨提供它的"同胞"知识进行比较，在知识的辨别中辨别学生预习后对知识的理解程度。抓住知识的比较来设计整个教学过程，有利于学生更好地了解知识的真相，也有利于学生对知识的整体建构。

【案例5】 学生预习"折线统计图"一课后的教学导入：

教师先让学生比较教材例题中的统计表与折线统计图（如图4），引导学生发现折线统计图同样能够反映统计表中的各种信息，但统计图比统计表更形象更直观。

某地5月21日白天室外气温情况统计表

时　间	7:00	9:00	11:00	13:00	15:00	17:00	5月22日 19:00
温度（℃）	12	16	21	24	20	15	9

表中的气温情况还可以用折线统计图来表示。

某地5月21日白天室外气温情况统计图

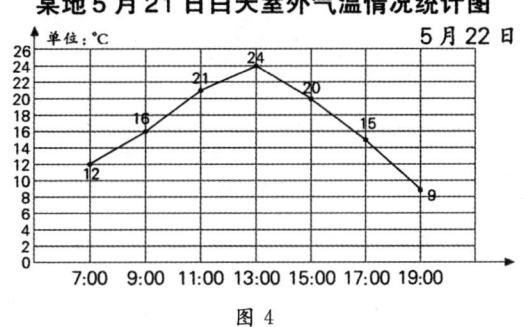

图 4

之后，教师出示学生以前学过的教材中的主题类似的条形统计图（如图5），

小明把一个月的天气情况画成了下面的条形图。

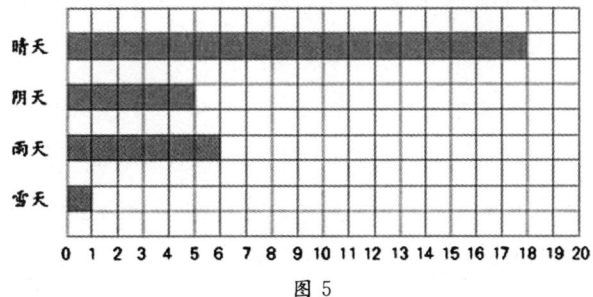

图 5

让学生进一步比照，首先感受它们形式上的异同，然后引导学生思考：为什么它们选用不同的统计图？此时学生不难从比较中发现具有连续性的信息制作成折线统计图比较好，从而突出了折线统计图"不仅能够反映出数量的多少，还能反映出数量增减变化的情

况"的特点,这是学生在预习时受教材提供材料的限制而难以感悟的。

鉴别出真知。在知识教学中,采用比较手法,能够帮助学生深入地理解知识和牢固地掌握知识。预习后的学生,对教材所编排的内容和方式,大多已经尽收眼底,所以教师在教学过程中添加一些比较材料,不仅可以丰富教学内容,让教学更加厚实,而且可以引发学生的深切关注和深刻思考,让教学更加扎实。

六、扩充式

对一些方法多样化、探究性比较强的教学内容,学生预习后,上课时,教师不妨在完成教材所提供的探究方法之余,补充其他探究方法,开阔学生的知识视野,让学生对知识有一个更全面的认识。这种知识扩充,在预习后的课堂更容易实现,因为预习后,学生已知已会的,教师可以少讲甚至不讲,只需在学生不知道的地方和不明白的地方下功夫,所以,预习后,对教材例题所花的时间普遍会比不预习的课堂少。

【案例6】学生预习"三角形的面积计算"一课后的教学导入:

教师让学生根据预习的教材内容汇报三角形的面积计算公式的推导过程后,接着让学生回顾以前学过的平行四边形的面积计算公式的推导方法,以此启发学生:"刚才我们是用两个完全一样的三角形通过拼合成平行四边形的方法来推导三角形的面积计算公式的,那么我们能否像推导平行四边形面积计算公式那样,把一个三角形通过剪拼的方法来推导三角形的面积计算公式?"

学生经过探究和讨论,展示剪拼过程(如图6),发现:三角形的面积=三角形的底×三角形高的一半。推出:三角形的面积=底×高÷2。

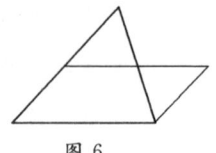

图6

教师借机介绍教材练习中的"你知道吗"知识（如图7），向学生介绍另一种剪拼方法。

2000多年前，我国的数学名著《九章算术》中记载着有关土地面积计算的内容，具体介绍了各种图形的面积计算方法。如三角形面积的计算方法是"半广以乘正从"（"广"指三角形的底，"从"指三角形的高）。著名数学家刘徽在注文中用"以盈补虚"的方法加以证明，并配有生动形象的图（如右图）。

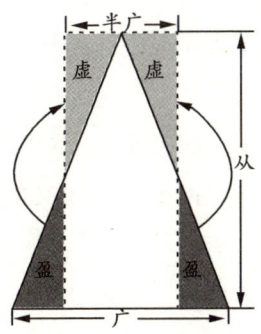

图7

然后，教师再让学生回顾曾在三角形内角和中采用的折叠法，以此启发学生："除了剪拼法，我们能否采用这种折叠法来推导三角形的面积计算公式？"

学生经过探究和讨论，展示折叠过程（如图8），发现：三角形的面积＝三角形底的一半×三角形高的一半×2。推出：三角形的面积＝底×高÷2。

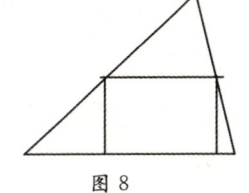

图8

上述教学案例中，教师有效利用学生预习后节省下来的时间，对知识进行了方法的扩充，这并不是在做消磨时间的无用功，而是在勾连学生之前不同的活动经验，让学生换一种视角研究知识，培养思维的广阔性和灵活性，同时培养学生的创新意识，使学生体会到探究的乐趣。另外，每一次方法的扩充，等于巩固一次所学知识，一举两得。

七、打靶式

学生预习遇到的难处常常是知识的难点处，它有时是知识的重点，有时是知识的疑点,对此,教师都能了然于胸。所以,在课上,教师不妨把这些难点作为"靶心",让学生预习之后来"打靶",以此测量学生的认识与知识之间有多大偏差,从而以学定教。

例如学生预习"比的认识"后,课上教师提出几个核心问题让学生打靶:

(1)第一次打靶:"这里所指的'比'是比多比少吗?"以此检测学生是否看懂"两个数相除又叫作两个数的比"的意思。这里,问题指向比的意义。

(2)根据例1中的"2杯果汁与3杯牛奶",第二次打靶:"在2∶3中,':'是冒号吗?"以此检测学生是否看懂这个数学符号。这里,问题指向比的组成。

(3)根据例2中的"15分钟走了900米",第三次打靶:"900÷15为何可以用900∶15来表示?"以此检测学生是否看懂比不仅表示同类量之间的倍比关系,而且表示不同类量之间的倍比关系。这里,问题指向比的类别。

(4)第四次打靶:"$3∶5=\frac{3}{5}$,你怎么读?"如果把"$\frac{3}{5}$"读成五分之三,说明把它理解成了比值,如果把"$\frac{3}{5}$"读成三比五,说明学生看懂了"比还可以写成分数形式"。这里,问题指向比的写法。

八、创作式

许多数学知识只能通过作业(解答数学习题)进行检测,而有些数学知识却可以通过作品(解决生活问题)进行观测。对后一种类型的知识,学生预习后,教师可以在课上组织学生进行操作或创作活动,在学生"露一手"中看出学生对知识得心应手的程度。

例如,如前所述,学生预习"年月日"后,课上教师让学生制作一张下一年的年历。在制作过程中,教师只需要看学生画了几大格就可以看出学生是否了解"一年有12个月"这一知识,看学生一大格里分成几小格就可以看出学生是否发现了"每个月分别有多少天"的规律,在"二月份有多少天"的确定上可以看出学生是否掌握了闰年平年的判断方法。在年历的布局设计上,有的学生按照半年度分成两排,有的学生按照季度分成四排。一节课结束,一张张年历基本制作完成,课后继续美化,最后贴在教室中展示。

九、走秀式

有一些数学知识,可以通过人的肢体语言形象生动地表达出来。对这种性质的数学知识,当学生预习后,教师可以在课上让学生用手势或身体把知识的含义表演出来,凭借学生的"体验"来探测学生对知识的掌握程度。

例如,如前所述,学生预习"平移和旋转"后,课上,教师让学生用手势或用身体演示平移和旋转运动。在学生"身体秀"展示中,台上一位学生右手臂伸直从左往右移动来表示平移,台下一位学生质疑:"我觉得这不是平移,是旋转。"教师趁机引导学生进行再研究。在确定平移和旋转含义后,学生再思考该怎样用手势正确表示平移,接着教师启发学生用手势做其他方向的平移运动。

十、排查式

对一些篇幅不长、层次不多、难度不高、变化不大、形式不繁、素材不缺的教材,学生预习后,认为自己已经看懂了概念、想通了问题、学会了方法、弄清了过程、做对了题目,对这种学生觉得不成问题的课,教师可以直接上成"练习课",在针对性练习过程中排查学生的预习是否真的没问题。

例如学生预习"方程的意义"后,课上学生纷纷表态没有问题,于是教师设计了这样几个层次的练习进行排查:

(1) 反例题。判断 $20+30=50$、$x+50>100$、$x+36=y-78$ 是不

是方程。

（2）开放题。下面的式子不小心给弄脏了，你能判断它一定是方程吗：$x+4-$●$=18$；●$+38=48$；$36-x$●4。

（3）联系题。一年级教材中的题目："$8+$（ ）$=10$"，它是方程吗？

（4）听写题。小明说："我心里想了一个数，把它乘4，加上3，再减去10，得5。你能猜出我想的数是几吗？"用以前的方法列式是（$5+10-3$）÷4，如果用方程呢？$4x+3-10=5$。你们觉得解决这样的题目是列出方程容易还是列算式容易？这就是方程的好处……

十一、沙龙式

有些实用性强的数学知识，人人皆知，学生平时也有耳濡目染，父母用过甚至自己也曾经"用"过。对这样的教学内容，教师课前不妨让学生读一读教材、找一找资料、用一用知识，然后在课中组织一个沙龙，让学生交流读后感或用后感。

例如学生预习"百分数的应用"后，教师再让学生到银行或在网上收集资料，或让学生帮父母或用自己的压岁钱储蓄一次。课上，教师开展沙龙活动，在学生交流中，不仅涉及本金、利率、利息这些名称的含义，还涉及利息的计算方法，有的学生还介绍了储蓄技巧。另外，学生还收集到了以前实行过的利息税知识，介绍了各种理财方式，这些都是教材上没有的内容。

十二、讨论式

有些数学知识表面相似，容易引起混淆。对这样的知识，学生预习之后常常难以明晰，教师就可以组织学生进行讨论甚至辩论，论清了知识也就理解了知识。抓住知识的异同做文章，也是检测预习情况的一种很有效的办法。

例如学生预习"平均数"后，有学生认为平均数就是以前学过的平均分。于是,课上教师主持了这样的讨论活动:"平均数就是平均分吗?"经过大家的讨论,学生弄清了平均分只是求平均数的一种方法,而平均数是一个数,表示的是一组数的整体水平。

又如预习"直线、射线、角"时,教师就可以布置这样的比较任务:"将要学习的角与之前学习的角,有哪些不一样?"当学生发现了"不一样"之处,也就知道了该怎样重新认识曾经认识的角。

再如预习"倍数和因数"时,教师就可以布置这样的思辨任务:"这里研究的倍数和因数是不是我们之前学过的倍数和因数?"这个问题也正是学生认识的难点。

十三、让贤式

在日常教学中,随着时间的推移,学生熟悉着教师的教学套路,也羡慕着教师的教学风采。根据学生的向师心理,教师可以选择合适的教材通过让学生当"小老师"的方式促动学生预习。

可以指定学生上课,也可以让学生报名;可以一个学生上课,也可以由几个学生合作上课,还可以分组轮流上课;可以上一段课,也可以上一节课。"小老师"的上课情况,可以反映学生的预习情况。

总之,教学本来没有一成不变的模式,特别是预习后的课堂,教学导入方式更加应该灵活多样。教学的导入如同一个旋转的门,给我们提供各种走进课堂的入口,至于选择从哪个入口走进课堂,教师需要研究哪个入口能够最大限度地让学生发挥潜能,让学生能够用预习之后的"旧船票"登上"新客船",再次获得新的感受和新的收成。

第四章
小学数学表现性任务的设计

如何练好"lian"功，用任务驱动学生练习

当学生学习新知识之后，教师要想知道学生学得怎样，就必须让学生把自己的所知所获表现出来，其中最常用的做法就是通过练习来检测学生的学习情况。

可以说，练习是小学数学教学的一个重要环节，练习的设计和运用直接关系到教学的效果。然而，练习的效果常常不尽如人意，究其原因，学生在经过紧张的新授环节，到练习阶段，大多感到精疲力尽，一般性的练习已经很难唤起学生的兴趣，如果是重复性、机械性的练习，更是会让学生厌倦甚至厌恶，因为"熟悉的地方没有风景"。这样的"熟悉"，具体表现在以下几个方面：一是练习的形式学生已经熟悉，二是练习的内容学生已经熟悉，三是练习的方法学生已经熟悉，四是练习的难度学生已经熟悉。

所以，如果用任务的形式来驱动学生练习，能否更好地让学生敢于表现并乐于表现，在练习阶段不再沉默甚至"沉没"呢？

用任务设计练习，我们就必须提高练习对学生的吸引力，让学生能够重振雄风，而解决的办法就是把一些单调、单纯、单薄、单独、单轨的练习变成善变化、有内涵、能挑战、可合作、多联系的任务。具体来说，任务驱动式教学中的练习设计应该练好以下"lian"功：

"恋"——开发任务的恋情功能

为了能使学生喜欢练习，我们应该努力把原本冷冰冰的数学题目变得"含情脉脉"。例如设计这样的数学练习题："睡眠可以使大脑更好地休息，少年儿童每天应保证9小时的睡眠。如果小红星期一早晨必须在6：30起床，她星期日晚上几点前睡觉比较合适？"这要比那种单纯的时间计算题温暖得多。

学生除了喜欢有情感的练习，还喜欢有趣味的练习，从而感觉到"数学真奇妙"。例如神秘数字黑洞"6174"，只要你任选4个不完全相同的数字（像1111就不行），让"最大排列"减"最小排列"（例如4321－1234），得到新的4位数后继续排列成最大数和最小数，并用最大数减最小数，得出新的4位数。不断重复这个动作，最多不会超过7次，最后一定会得到相同的结果：6174。如果把这个数字游戏在学习多位数减法后布置给学生玩一玩，学生在不断试验中练习了许多道多位数减法题目，却浑然不觉得累。

另外，与传统练习相比，在形式上，学生普遍喜欢能实践的练习，在内容上，学生普遍喜欢能实用的练习。所以，在任务驱动式教学中，我们应该思考如何把练习变成"恋"习。将一些平凡、平淡、平常的传统练习改头换面，使之变成一种学生喜闻乐见的、具有挑战性的活动任务，让知识活起来，让学生动起来，其中最常用的做法就是把解题变成解决问题。

例如在学生学习"正比例"之后的练习中，我们设计了"如何测量大树的高度"这样的实践性任务，结果换来了以往解题所没有的群情激奋——

师：聪明的同学们，你们愿不愿意开动脑筋，帮助工人们测出大树的高度呢？

生1：可以爬上树，放下一根和大树一样高的绳子，量量绳子有多长，大树就有多高。

生2：但你的方法要爬树啊。

生3：可以把几根竹竿绑成一根长竹竿，竖在大树旁，如果和大树一般高，只要量一量竹竿长度就行了。

师：如果没有这么多竹竿怎么办？

生4：在氢气球下扎一根很长的塑料绳，把氢气球放上天，当它与大树同样高度时，量出塑料绳的长度。

生5：氢气球容易被风吹歪，测不准。

生6：利用树的影子。在太阳照射时，当我们的影子与我们的身高相同，说明大树的影子也与大树的高度相同，马上测量大树的影子。

生7：要找到这个时间要等好长时间啊。

师：是啊，当我们的影子和身高不同时，又该怎样测量大树的高度呢？

生8：可以。我们学过正比例知识，影长与物体高度之间存在正比例关系，我们可以先测量大树的影子，通过比例关系来测算大树的高度。

师：具体应该怎样测量呢？

生9：在大树旁垂直竖一根1米长的竹竿，同时量得竹竿的影长和大树的影长，因为是同一时间测量的，所以大树的高度和大树影子的比例关系与竹竿的长度和竹竿影子的比例关系是相等的，所以，我们可以利用竹竿的长度和竹竿影子的比例，以及大树的影子长度来推算大树的高度。

生10：我认为还可以在同一时间通过测量大树的影子、人的影子和人的身高，通过比例关系来计算出大树的高度。

中科院儿童发展心理学专家王文忠说："任何孩子都可能是一出精彩的戏。"我们就应该为学生提供能够唱出精彩和创出精彩的一出"戏"，其中，把原本动笔的书面练习变成动人的活动任务就是一种很好的做法。

上述案例中，学生合作唱好了一台"戏"，为了完成任务，群策群力，在"你说，我说，大家说"中产生了群体智慧，逐步逼近新学的知识方法，深切体会到了所学知识的价值。生9和生10所想到的运用正比例知识解决问题的两种思路分别来自前面生3和生6的想法，这正是群体智慧的体现。

"连"——开发任务的连续功能

在任务驱动式教学中，要使设计成任务形式的练习具有强劲的驱动力，我们还应该尝试开发任务的连续性，使练习成为"连续剧"，由此让学生觉得意犹未尽，而这种意犹未尽又可能会成为新的学习驱动力，吸引学生再次进入自觉探究的状态。哪怕受制于目前的知识进度，学生也会对这种任务的"未完成状态"耿耿于怀，对未来的学习充满期待。因为心理学研究表明，当一个人发现一件事情做得不圆满的时候，会本能地产生一种想去完成的冲动，而这种冲动就可能转化为学习的驱动力。

例如在学生学习了"圆的认识"之后的练习中，我们设计了这样一个探宝活动："宝物在距离一个人左脚3米处。"这个探宝活动就是一个探宝任务，激起学生好奇、好玩、好胜等心理，强烈驱动着学生全身心投入对知识的探究，让学生在完成探宝任务的同时完成知识的"探宝"，并初步认识到了圆的集合性定义——"平面内到定点的距离等于定长的点的集合叫作圆"，很好地与初中数学衔接。

如果继续发挥探宝任务的连续功能，我们甚至能使之与高中数学衔接:"宝物一定在以左脚为圆心、半径为 3 米的圆上吗?"这一思辨性任务再次打开了学生的视野和思路,很多学生想到了"可能在地下""可能在树枝上"……六年级的学生虽然没学过球的知识,但是知道平面跟立体的区别。此处任务的"连续"功能,充分利用了学生的这种发展潜能和发展的可能,使得探究得以延续,使得思维得以延续,也使得知识得以延续。

知识可以在练习中得以延续,技能更可以在练习中得以延续,因为技能是需要更多时间锻炼的,并且时间可以让技能越来越娴熟、越来越高超。

例如"圆的认识"学完后,学生已经学会了画圆,并且在多次画圆练习后已较为熟练,在此基础上,笔者提出了更高的技能要求——徒手画圆。有的学生想出了用拳头底部作圆心然后旋转纸画圆的方法,有的学生想出了用一个手指作圆心然后旋转纸画圆的方法,对这样具有挑战性的趣味任务,学生乐此不疲。等学生完成任务后,笔者又增加了任务的难度:"你会左手画圆同时右手画方吗?"于是,学生又开始了一番新的尝试和竞赛。

练习的"连续"还可以连成"反转剧",其出人意料的情节往往能够引起学生的注意。

例如学生学习"整数四则混合运算"之后,明白了如下题中这样结构的同级运算可以同时运算——

$12 \times 3 + 15 \times 4$
$= 36 + 60$
$= 96$

经过一节课的学习,学生已经掌握和习惯了这样的简便,此时,教师突然出示题目"$12 \times 4 + 48 \times 9$",学生照旧行事——

$12 \times 4 + 48 \times 9$
$= 48 + 432$
$= 480$

之后，教师让学生看一看同级运算如果不同时运算会怎样？此时，学生发现此题不同时运算竟然能够更简便——

$12 \times 4 + 48 \times 9$
$= 48 + 48 \times 9$
$= 48 \times (1 + 9)$
$= 480$

至此，学生茅塞顿开，认识到遇到题目要具体问题具体分析，并非步骤少就一定是方法简便。可以说，这样练习的"连续"功能，不仅可以让学生认识更全面，而且可以让学生思维更灵活，也让学生克服了在一节课中被多次强化所造成的思维僵化。

"联"——开发任务的联合功能

在任务驱动式教学中，任务内容越丰富、任务结构越复杂，相对而言任务的挑战性就越强，在不超过学生能力范围的时候，也就越能激发学生知难而进的迎战勇气和探究劲头。所以，教师在把练习设计成任务的时候，面对原来简单的问题情境，有时可以随着情节内容的发展把它逐步演变成一个"情境联合体"，也就是有一条合乎常理的生活线索贯穿其中。这个"情境联合体"中包含着"知识联合体"，也就是学生需要综合运用知识与技能才能解决问题，完成任务。

例如在学生学习了"长方体和正方体的体积计算"之后的练习中，我们可以由一道单纯的体积计算问题演变出众多与实际情境相关的实际问题——

1. 香草苑小区为了使居民有更多的活动场所，小区物业管理部门决定在小区内挖一个长40米、宽30米、深2.5米的游泳池。请你帮忙算一下，挖这个游泳池需挖掉多少泥土？如果每次用能载20

立方米的汽车来运土,需运多少次?

2. 在挖出了泥土后,还需要在泳池的四壁贴上瓷砖,请你帮忙算一下,贴瓷砖的面积是多少平方米?

3. 根据实际需要,游泳池的底面要铺上防滑地砖,现有边长分别为30厘米、50厘米、60厘米的三种正方形地砖,你认为选择哪一种地砖为最佳,为什么?一共需要多少块这样的地砖?

4. 为了保证居民的安全,还要在游泳池的四周围上栏杆,请你帮忙算一下,栏杆的长是多少米?

5. 在建好游泳池后,要往游泳池内注水。如果要使池内水深达1.6米,按照每立方米水价3.6元,请你帮忙算一下,一次注入游泳池内的水需花多少钱?

6. 小区的游泳池建造完工,物业管理部门最后决定在游泳池上空的四周装上红、黄、蓝三种颜色的彩灯。三种彩灯一共是36盏,其中蓝灯占总灯数的$\frac{5}{12}$,黄灯占总灯数的$\frac{1}{4}$,那么红灯占总灯数的几分之几?哪一种颜色的灯装得最多?

如果放在平常,单独地看,上述那么多题目,学生一下就会感到烦恼,但现在把它们串联在一个情境中逐步出示,学生就会感觉并不是在做一道又一道的题目,而会感觉只是在解决一个问题——一个"帮忙建好游泳池"的实际问题,在心理上就会乐于接受。因为题目的多少与学生的心理感受关系很大,如果学生乐意做,那么题目多也不会感觉烦人和累人。同时,如此的任务"联合"功能在此可以很好地培养学生综合运用知识解决实际问题的能力。

除了用情境把众多习题联合在一起,我们还可以用知识之间的逻辑关系把众多习题联合在一起,使之具有一定的层次感,生长出原本所觉察不到的知识意蕴。

例如"倒数"教材的一道习题（如图1），练的是一个个知识点。练习时，我们可以把这些相对孤立的知识点连接起来。先做第（1）题，学生发现"真分数的倒数是假分数"，教师追问："反过来想能得到什么？"当学生想到"假分数的倒数是真分数"之后做第（2）题。教师继续追问："假分数的倒数一定是真分数吗？"再次激发学生的探究。至此，学生不仅对知识有一个整体认识，而且对"原命题为真，它的逆命题不一定为真"有一个初步认识，最后教师继续追问："怎样的假分数的倒数是真分数？"由此生长出另一个问题"怎样的真分数的倒数是整数"连接到第（3）题。其中，教师打通知识之间联系的追问成了连接知识的纽带。

先找出每组中各数的倒数，再看看能发现什么。

(1) $\dfrac{3}{4}$　$\dfrac{2}{5}$　$\dfrac{7}{9}$　　(2) $\dfrac{7}{2}$　$\dfrac{9}{5}$　$\dfrac{13}{6}$

(3) $\dfrac{1}{2}$　$\dfrac{1}{10}$　$\dfrac{1}{12}$　　(4) 3　9　15

图1

任务的联合功能，我们还可以理解为在完成任务的过程中能让学生"联合"众多知识和方法。

例如学生学习了"圆柱的体积计算"之后，我们可以设计这样的任务情境："这是爷爷吃剩下的大半瓶药丸，你有办法估计出这瓶药丸大约还有多少颗吗？"还有一位学生先用小勺舀了一勺，数一数有17颗，于是就一勺一勺地舀，刚好有5勺，由此估算出这瓶药丸大约有85颗，还有一位学生则把药丸均匀地分摊在长方形纸上，平均分成6份，其中一份大约有14颗，由此估算出这瓶药丸大约有84颗……

另外，我们还可以组织建立任务成员联合体，让学生联合同学甚至联合家人共同完成任务。

例如学习"比的应用"后，教师可以布置学生与家长配合，调制果饮或配兑消毒液。这样的亲子互动任务，打破了课堂教学的时空限制，让学生的体验更加真实具体，同时把家庭教育的元素融入其中，有助于学生在完成任务的过程中体验亲情。

"链"——开发任务的链接功能

在任务驱动式教学中，如果在完成任务的同时，还能领略到知识的其他风景或其他知识的风景、领悟到其他的思想启示，那对学生而言，既可以增长知识，又可以增长见识，何乐而不为呢？

一、知识的其他风景

我们可以通过所学的数学知识链接到与之有关的数学历史或数学人物。

例如学习质数知识之后，教师可以布置学生这样的阅读任务——

陶哲轩，当今世界最著名的数学家之一。他看上去还像个中学生，可早在10年前，他已获得国际数学最高奖——菲尔兹奖了。

陶哲轩的父亲生于上海，父母都毕业于香港大学，父亲是一名儿科医生，母亲曾是一位中学数学教师。1972年他的父母从中国香港移居澳大利亚。陶哲轩1975年出生于澳大利亚，2岁就开始学习数学，9岁修完大学数学课程。10岁、11岁、12岁连续三次参加国际数学奥林匹克竞赛，分获铜牌、银牌、金牌。他还未满13岁就已获得国际数学奥林匹克竞赛金牌，这项纪录至今没有人能够打破。20岁获得普林斯顿大学的博士学位，24岁被加州大学洛杉矶分校聘为正教授。31岁获得菲尔兹奖。

他是国际数学界公认的天才，智商230，位列当今世界智商最高的"十大天才"榜首。特别令人称道的是，陶哲轩品格高尚，与人为善。世界一流数学家都喜欢与陶哲轩合作，因为与他合作中没有利用，从不互相指责、争名夺利，而是互相激发才能，团队的每个人都开开心心。

陶哲轩被数学界公认为是近十个重要数学研究领域里的大师级高手，他著名的研究成果之一是与本·格林合作证明了"存在任意长度的质数等差数列"。这个发现被命名为"格林—陶定理"。

质数的概念你在课本上已经学过了，100 以内的质数有：2，3，5，7，11，13，17，19，23，29，31，37，41，43，47，53，59，61，67，71，73，79，83，89，97，共 25 个。

"等差"也容易理解，如果一个数列从第二项起，每一项与它前一项的差等于同一个常数，这个数列就叫作等差数列，如数列 3，5，7，9，11，13 就是等差数列，2，6，10，14，18，22 也是等差数列。

你不妨先来看一些简单的例子：三个质数 3，5，7 组成等差数列，它的长度是 3，等差为 2；五个质数 5，11，17，23，29 也组成等差数列，它的长度是 5，等差为 6。这两个数列都是质数等差数列。

好了，现在请你也举两个质数等差数列的例子，就在 100 以内的质数中找吧。当然，你觉得在 100 以内寻找、发现还"不过瘾"，那就在 500 甚至更大范围内找吧。

也许你能发现"等差越大，长度可能会越长"呢。因为数学家陶哲轩已经告诉我们：质数等差数列的长度可以任意长！

——引自简化《阅读中理解，探究中发现》（刊于《教育视界》）

上述阅读任务虽然长，但可以让小学生认识数学家陶哲轩，并能通过陶哲轩的结论"质数等差数列的长度可以任意长"去吸引少年数学爱好者们探究、发现。

与其说这种"阅读理解题"是题目，不如说它是一种阅读素材。阅读素材与简单的数学题素材有所不同，它至少包含一个完整的意义段，能把一个人、一件事、一幅作品介绍得清楚、完整。或者说阅读素材更多是一类连续性文本，而作为数学题的素材往往是非连续性文本（比如图表）或为表达题意所必要的文字叙述。试想，如果没有阅读素材中那一段"冗长"的叙述，学生可能就不会了解一位著名数学家的才华、情结，也就不会了解一位天才数学家的合作精神，我们可能就会错过某种机会——正确引导、适时培养学生情感、态度、价值观的机会。

就立意而言，这种"短文＋问题"组合的设计，旨在激起阅读和探究的兴趣，而不追求检测功能。与人文阅读相比，科普阅读意在促进读者精神发育，使其受到文化滋养的同时，更得到一定程度的思维训练和智力开发。这种"阅读理解题"所提出的问题则是后者的最好体现。

二、其他知识的风景

如果说上述的练习，其附加的功能是让学生在掌握知识的同时还领略到了知识的其他风景，那么还有一种练习的附加功能则是让学生领略到其他知识的风景。到别的领域"潇洒走一回"还有利于原有任务的完成，对这样的练习，学生更会有一种喜出望外的好感。另外，这样的知识"跨界"还可能会有利于实现学生学习的跨越，跳出数学学数学。

例如当学生学习了"数的平方"之后，教师可以设计这样的计算任务：$1^2=1$，$11^2=121$，$111^2=12321$，$1111^2=1234321$……此时学生会发现这些得数在结构上具有对称性，教师告诉学生这样的数是回文数。之后，在学生盎然的兴趣中，教师顺理成章地由数的对称现象链接到形的对称现象，最后甚至链接到语文中的对称现象——回文诗《春闺》：

垂帘画阁画帘垂，谁系怀思怀系谁？
影弄花枝花弄影，丝牵柳线柳牵丝。

脸波横泪横波脸，眉黛浓愁浓黛眉。

永夜寒灯寒夜永，期归梦还梦归期。

这样开阔性的任务链接，开阔了学生的知识视野，还可能会驱动学生课后去寻找更多回文诗的学习热情。

又如 2016 年 1 月 29 日，习近平总书记同党外人士共迎新春时说："我们提出坚持正确处理一致性和多样性关系的方针，就是着眼于形成最大公约数，画出最大的同心圆。"教师就可以让学生阅读这段讲话，思考"习总书记是如何用数学来表达他的观点的？"

三、知识的延伸和回归

除了上述这种"由'内'而'外'"伸展式的任务连接，有时候我们还可以采用"由'内'而'外'再'内'"回归式的任务连接。

例如当学生学习了"圆柱的体积"之后，教师可以布置"测算出一棵大树的体积"这样的实践任务。过程中，学生会遭遇困难：他们可以先用软尺测量出树干的周长，然后计算出树干横截面的半径，得到横截面的面积，接着测量出树干的高度，最后计算出树干的体积。至此，学生还不能顺利完成任务，因为还有那么多粗细不等的树枝体积的测算，甚是麻烦。此时，在学生叫苦和求援声中，教师可以趁机把实践任务连接到以下的阅读任务——

一棵树长到一定高度就开始分叉，长出几根枝丫来，每根枝丫又继续分叉成几条小枝丫，小枝丫上又长出小树枝，最后直到每根小树枝上都挂满了一片片叶子……树木的这种倒锥形生长方式对于我们每个人来说都不陌生，但恐怕很少有人注意到其中的"数学"：一棵树在任何一个高度，其所有树枝的截面积之和是不变的。这一现象是 15 世纪意大利画家达·芬奇首先观察到的。

在这里，学生唯有掌握了上述生物知识，才能更好地解决这个数学问题：当测算一棵树实际占有的体积时，我们只要在树的根部量出它的截面积，再乘以它的高度就可以了。当学生凭此最终完成任务之后，或许会有这样的感叹：大自然真奇妙，植物竟然也懂数学！或许还会有这样的感叹：这一现象不是数学家发现的，竟然是一位画家发现的！由此可见，这里的任务连接功能让练习有了更多的情感色彩，让学生有了更多的情感反应。

"炼"——开发任务的炼金功能

如果练习只是练习，并且这样的练习很多时候还是"重复昨天的故事"，那么学生只会越练越感到无趣和无聊。对此，我们除了要更新练习的形式，最大可能地使之成为一种有挑战的任务，能够让学生有新的激情之外，我们还要刷新练习的内容，最大限度地使之成为一种有内涵的任务，能够让学生有新的收获：一是再次淘到宝，发现新思路；二是再次炼到金，发现新规律。

例如在"分数的初步认识"课中，有一个"让学生折出一张长方形纸的 $\frac{1}{2}$"的环节，学生只有以下几种折法——

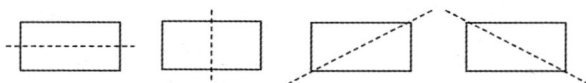

在练习阶段，我们不妨回过头来故地重游、借题发挥，让学生再次思考上题还有哪些折法。此时学生有足够的时间去探究，之中学生又发现了以下一些折法——

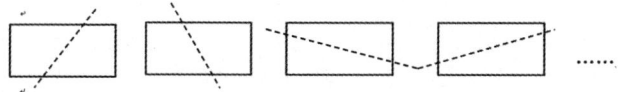

此时，我们可以把上述作品进行如下排序——

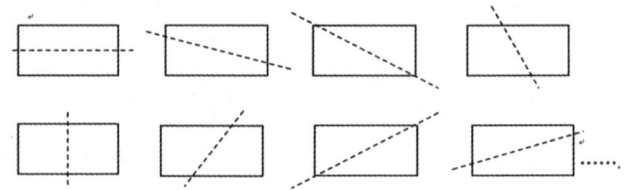

学生不难发现其中的奥妙：只需绕着长方形的中心点进行旋转来确定分割线，就能将长方形平分。所以折法远不止这几种。最后，我们还可以得寸进尺："是不是只有长方形可以这样？"引导学生发现平行四边形、圆等图形同样如此。

总之，练好以上"lian"功，才能让平面化的练习变得立体，也才能让学生在任务驱动式教学中不甘平庸，这是我们希望看到的练习效果。

如何做好"任务+"，使数学练习焕发新气象

教育已经进入了新时代，新媒体和新媒介给了学生学习提供了新技术和新途径。

在任务驱动式教学中，学习的驱动也离不开新媒体和新媒介的支持。到练习阶段，学生学习大多已经感到疲惫，学习的热情和学习的效果开始进入下降通道，如果此时练习的形式还是那么"普通"，那么学生练习的驱动力只会越来越弱。所以，在任务驱动式教学中，我们在注重练习的任务设计的同时，可以让练习依托于新媒体和新媒介，使练习有一个讨人喜欢的新面孔，吸引学生爱上练习。

任务遇上新媒体，换一种方式做练习

在学生日常生活中，电视和电脑家家都有。在家长的眼里，它们似乎都只是娱乐的工具，所以家长都会限制自己的孩子去使用，以免影响学习。其实，电视和电脑也可以成为学习的工具，只要我们引导好，就能让它们很好地为学习服务，并且还可能获得比常规学习更好的效果。

一、练习＝任务＋电视

学生都喜欢看电视或电影，我们与其围堵不如引导，对一些有丰富知识和有助于数学学习的影视剧，我们不妨让学生带着数学思考去观看，

去寻找和解决置身其中的数学问题。如此有知识的剧情，就成了可以让学生表现学识才能的一道情境练习题。

例如学习"用假设的策略解决问题"之后，我们可以让学生去观看热门的综艺节目《奔跑吧，兄弟》剧情中出现的一道"鸡兔同笼"数学题目。此时教师就可以布置一个助人为乐的任务，让学生去帮助剧中人解决这道难题。

又如我们可以让低年级的学生看看 2016 年 3 月 28 日罗马尼亚 VS 西班牙热身赛电视实况，引导学生发现罗马尼亚队球员球衣上的号码竟然是数学算式（如图 1），算式

图 1

的结果对应的是他们原来的号码，此时就可以让学生算一算印在球衣上的数学题。然后，教师可以揭开其中的原因：罗马尼亚的辍学率高达 18%，是整个欧盟最高的国家之一，考虑到很多孩子都喜欢踢足球，罗马尼亚足协突发奇想，希望用这样的方法来提高国内儿童对数学的兴趣。

另外，我们还可以让学生运用数学知识去发现影视剧中的拍摄错误。例如在电视中有这样的镜头：有人扔出一个手提保险箱，里面是码齐的钱币，台词是"一千万，点点吧"。由此，教师可以布置给学生任务："你觉得这样的剧情科学吗？"

学生大体会从以下角度考虑：一是可以从体积上判断，如果都是百元纸钞，每张百元人民币长约 15.5 厘米、宽约 7.7 厘米，100 张百元钞票（1 万元）厚约 1 厘米，而一般手提保险箱长约 50 厘米、宽约 30 厘米、高约 15 厘米，由此算出一只手提保险箱约可以放 150 万人民币；二

是可以从质量上判断,一千万百元人民币体积为 0.15 立方米,1 立方米纸重约 1000 千克,所以一千万百元人民币约 150 千克,也就是 0.15 吨,普通人是绝对无法扛着在路上走的。当学生算完,不禁感叹"看电视、拍电视也要懂数学"。

我们还可以把本没有数学成分的影视素材创编成数学练习题,让学生解答时别有一番意味。例如台湾有一位教师把电影《城南旧事》中的一首儿歌"虫虫虫虫,飞!虫子,虫子,一大堆!"编成了一个算术等式"虫虫虫虫×飞=虫子×虫子+一大堆",每个字代表一个数学,让学生解答。(答案为:9999×1=96×96+783)学生大开眼界,觉得很神奇。

我们还可以让学生把一些数学练习题用"微电影"的方式编成剧本,以此表现自己对相关知识的理解。

例如面对"☆+△=4,△+□=9,☆+□=11。求△=( ),□=( ),☆=( )"这一练习题,有学生就完成了如下数学"微电影"《玩具总动员》的编剧任务——

看到"☆+△=4,△+□=9,☆+□=11。求△=( ),□=( ),☆=( )"这道题时,☆、△和□都变成了玩具店里的图形玩具,他们都想知道自己分别代表几,可是,商量了半天也没有答案。

忽然,一只大袋子从天而降,把它们全都装了进去!袋子里顿时热闹非凡,一会儿,声音渐渐地变轻了……嘘!听,图形玩具们好像在重新排队!偷偷瞧一眼吧:"☆+△+△+□+☆+□=4+9+11"。哈哈,原来玩具们都聚集到了等号的一边啦!哎呀,排得乱糟糟的,排整齐些吧!玩具们真听话,看:☆+☆+□+□+△+△=24,好多了吧!

这时,玩具店的店长出场了:"玩具店的图形玩具一盒是 3 个:

☆＋□＋△，这里可以配成几盒呀！"

玩具们马上自动分成了两盒：每盒都是☆＋□＋△＝12。

一道金光闪过……啊，☆＋□＋△＝12变成了一把金钥匙！当金钥匙与☆＋△＝4相遇，□跳出来，笑着说："12－4＝8，原来我是8啊！"接着，☆和△也都明白自己究竟是几了。

视频网站土豆网有句精彩的广告词：每个人都是生活的导演。同样，不论是教师，还是学生，只要有生活的经历，有想象力，都可以成为数学"微电影"的导演。有这样一种现象，如果你问一个幼儿园孩子"5－2等于几"，他可能会回答你不知道。但如果你问"你有5个苹果，吃了2个，还有几个苹果"，那他想一想一定会很愉快地告诉你，"还有3个"。这个孩子在说出答案前，正在自己的脑海中"吃苹果"，这就是一部数学"微电影"。

二、练习＝任务＋电脑

学生都喜欢玩电脑，首先是电脑的便利吸引着学生去使用，其次是电脑的操作吸引着学生去尝试。教师就可以利用电脑技术来激励学生的学习热情和延伸学生的知识探究。例如我们可以让学生在电脑上打开几何画板来练习一些图形的操作题。

又如学习"比的认识"后，教师布置一个操作任务，让学生在电脑上试验"怎样把照片放大而不变形"，学生发现通过斜拉可以做到这一点，然后打开"设置图片格式"选项，看到图片"尺寸"中高度和宽度的变化以及"缩放"中高度和宽度的变化，找到了决定照片不变形的数学依据，学生在这一活动中巩固了所学知识。

学生喜欢玩电脑，多是为了上网。上无聊的网站或沉溺于网络，是每个教师和家长最担心的事情。不过，网络上也有许多学习和练习知识的资源，对此，教师要好好利用，引导学生好好学习、好好表现。

例如在学生学习了周长、面积和体积后,教师可以引导学生上网"玩"微软公司为教师和学生推出的教育版 Minecraft(《我的世界》)。教师通过游戏布置算数任务,让学生三人一组组队完成,这样通过游戏与数学教学混搭在一起练习计算物体的周长、面积和体积。学生在"玩"的过程中可以轻松地通过建造物体,并以游戏的方式模拟应用于实际生活中。这种游戏的方式能够将数学概念视觉化,达到寓教于乐的效果。

任务遇上新媒介,换一种形式做练习

孩子都喜欢听故事、画图画,可以说孩子是在故事和涂鸦中长大的。如果数学练习能够与好听的故事和好看的图画挂上钩,那么学生必定会感到耳目一新,不会觉得这样的练习是负担,而且,这样的练习还能打破知识的边界,实现知识的融合,让学生看到数学别样的风景。

一、练习=任务+文学

1. 语文知识与数学能力相结合

数学与文学似乎不相往来,不过一旦两者能够彼此来往,组合成"手拉手"别具一格的练习类型,就会受到学生的欢迎。

例如我们把对联"花甲一周,尚余半百岁月;古稀双度,犹欠三十春秋。"用作数学练习,计算对联中所说的年数:上联为 $60+50=110$;下联为 $70\times2-30=110$。这样的练习题,学生既增长了语文知识,又增加了数学能力,可谓一举两得。

又如古诗:"归来一只复一只,三四五六七八只。凤凰何少鸟何多,啄尽人间千万名。"用作数学练习:老师发现诗中共有"一百只鸟",它们在哪里呢?把诗中出现的数字写成一行,然后在这些数字之间加上适当的运算符号,使之等于 100。答案是:$1+1+3\times4+5\times6+7\times8=100$。这样的练习题,是否别有一番情趣?

2. 语文形式与数学思维相结合

我们可以用文学材料让学生做数学练习，也可以引导学生用文学的方式做数学的事情。故事是小学生最喜欢的文学形式，如果把数学知识变成数学故事，把做数学练习变成听数学故事，对故事中的题目，学生就会大大增加兴趣。

例如现在有一个名为"荔枝FM"的APP，其中有"玲子读数学故事（一点通）""有趣的数学故事"等一些时长只有几分钟的教学类节目，我们不妨让学生学习相关知识后打开听一听。除此，许多学生订阅的数学学习报刊和数学课外读物上有很多这样的数学故事，我们应该充分利用。

低年级学生听的大多是数学童话故事，对中高年级学生，我们也可以尝试让他们听一些数学哲理故事，让他们去寻找其中蕴含的数学意味。例如有这样一个哲理故事——

有一个人问老船长："如果前方海面上有一个巨大的暴风圈正在迎面袭来，请问您将如何处置？"老船长微微一笑，反问他："如果是你，你将怎样处置？"

那人想了一下，说："将船头掉转180度，返航！这样可以逃离暴风圈。"老船长摇了摇头："不行。这样做只会延长船与风暴接触的时间，反而危险！"

另一个人说："将船向左或右转90度，设法避开暴风圈的威胁。"老船长仍是摇摇头："也不行。如果这样做，将会使船身增加与暴风圈接触的面积，更加危险！"

众人不解，就问他究竟应该怎么办对。"只有一个办法，那就是不偏不倚地迎向暴风圈，冲过去！"老船长坚定地说，"既可以使船与暴风圈接触的面积为最小，同时，船的前进速度加上暴风袭来的速度，可以大大缩短船体与暴风圈接触的时间。"众人听后一起为之鼓掌喝彩。当我们遭遇困境时，最好的解决办法也许就是像老船长所说的那样：迎上前，冲过去！

故事中多处隐含着数学意韵："将船头掉转180度"可以与数学中的"追及问题"建立联系；"迎向暴风圈，冲过去"可以与数学中的"相遇问题"建立联系；故事中还涉及了数学的面积知识。这些数学问题，都可以借此故事进行复习。而这个故事除了教学意义，还有一定的教育意义——"迎上前，冲过去！"对树立学生正确的人生观有着一定的教育意义。

除了让学生听数学故事，我们还可以让学生把数学知识或数学题目编成故事。对这样的创编任务，学生也普遍感兴趣，都想展示自己的编故事才能。

例如教学"0"的概念及其特点之后，教师可以指导学生根据刚才课中教师对"0—9"这些数字所采用的形象化描绘编一编关于"0"的小故事——

有一天，森林里面来了一群特殊的"客人"。它们长相很特别，动物们都很奇怪，要求它们一一介绍自己。

第一个走出来的是个瘦子，它说："我是1，像支铅笔细又长。"

接着又走出一个说："我是2，像只小鸭水上漂。"

第三个说"我是3，像只耳朵听声音。"

"我是4，像面小旗随风飘。"

"我是5，像支衣钩挂衣帽。"

"我是6，像棵豆芽咧嘴笑。"

"我是7，像把镰刀割青草。"

"我是8,像支麻花拧一道。"

"我是9,像把勺子能盛饭。"

"我是0,像个鸡蛋做蛋糕。"

它们介绍完了,小鹿又问道:"你们中间谁最大?谁最小呢?"

9站出来,很骄傲地说:"我是9,我最大。"

0耷拉着脑袋说:"我最小。"

"对,最小的就是这个表示什么都没有的0。"9用轻蔑的口气说道。

9刚说完,动物们和其他的数字兄弟都笑了。0更加不好意思了。动物们看到0这么没用,都不愿意和0一起玩。它们和1—9在一起唱呀!跳呀!非常开心。

突然一只大象不小心掉进一个洞里,洞很深,又很黑,大象爬呀爬,累得满头大汗,可是,怎么也爬不上来,它只好在里面大声喊:"救命呀!救命呀!"动物们听到了,就纷纷跑到洞口,想把大象救出来。数字1到9也来帮忙了。他们组成最大的数987654321,显示了最大的力量,但费了九牛二虎之力,也没有把大象拉上来。

这个时候,只听见后面有一个微弱的声音说道:"我也来试试。"它们一看是0,就勉强同意它也来帮忙。它们重新组成数9876543210,力量一下子就增大10倍!大象很快就被拉上来了。动物们都很感谢数字兄弟,同时也为冷落了0感到愧疚,它们都来到0的身边,愿意和0做朋友。数字兄弟也开始重视0了,愿意和它一起玩耍。

从此以后,0再也不自卑了,它觉得自己还是很有用的。

二、练习＝任务＋艺术

1. 巧用幽默

除了文学，艺术更可用作设计数学练习的任务形式，以此激起学生练习的兴趣。

例如教学"0"的概念及其特点之后，除了可以布置学生编一编关于"0"的小故事，还可以布置学生编一编关于"0"的顺口溜。教师可以出示上半句："零蛋零蛋是笨蛋，与谁相加都滚蛋。"引导学生编出下半句："零蛋零蛋是炸弹，与谁相乘都完蛋。"

这样的顺口溜，既顺口，朗朗上口，又顺心，充满幽默。如果我们的数学练习能有让学生发出笑声的艺术效果，学生还会做得那么沉闷吗？

现成的含有数学因素的笑话更是练习的好材料。

例如教学"分数的基本性质"后，教师可以让学生读读题为《吉利》的笑话，让学生运用所学知识指出其中的问题——

大年三十，夫妻俩在家里吃年夜饭，吃到兴头上，妻子放宽了"禁酒令"，允许丈夫喝点小酒助兴。丈夫见机不可失，急忙举起酒杯，对妻子说道："斟满！"妻子瞥了丈夫一眼，说："只准倒三分之一杯。"丈夫讨好地说："过年图个吉利，要个双数，二分之一，可好？"妻子大喝一声："那就六分之二吧，分子分母都是双数！"

又如曾经在 QQ 中疯传的下面算式，我们笑过之后，如果拿给学生去破解其中的漏洞（问题的破绽在其中"100 分＝10 分×10"，而不是"10 分×10 分"，第二步推论错误），是否可以再次激发他们复习数学知识的热情和帮助他们更深刻地理解数学知识呢？

这就是通货膨胀

```
求：1 元＝1 分
解：1 元＝100 分
      ＝10 分×10 分
      ＝0.1 元×0.1 元
      ＝0.01 元
      ＝1 分
```

居然毫无破绽，看完直接崩溃

求高手解通货膨胀

2. 结合漫画

除了笑话，漫画也是能够让学生忍俊不禁的艺术形式，一般运用变形、比拟、象征、暗示、影射的方法，构成幽默诙谐的画面或画面组，有较强的娱乐性。数学练习，有时候也可以采用漫画形式呈现。

例如学习"圆柱的认识"之后，我们也可以把第四章《小学数学预习性任务的设计》之《如何巧用学生心理推动课前预习？》中的那个"给圆柱量衣服"的漫画设计为练习题，提出这样的思考任务："为什么'给你做衣服最方便，量一个身高和腰围就够了'？"为了说明这个问题，学生首先需要说出用圆柱的侧面周长（也就是底面周长）乘高可以直接求出圆柱的侧面积，其次还需要与之前学过的求长方体侧面积需要测量长宽高三个数据相比较。

除了用漫画做数学练习，我们还可以指导学生画漫画来复习所学知识。例如学生学习了"小数点的移动引起小数大

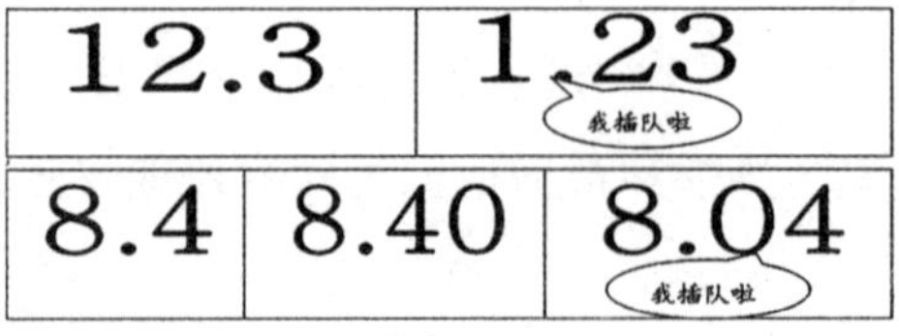

图 2

小的变化"之后,教师就可以指导学生创作如"我可不可以插队"的漫画(如图2)。

另外,我们还可以指导学生把所学的数学知识用图画形式表达出来,打通数与形之间的关系,达到以形助数和以形助记的学习效果。

例如乘法分配律的文字表述是:"两个数的和与第三个数相乘,等于把这两个数分别与这个数相乘,再把它们的积相加起来,积不变。"读起来有点

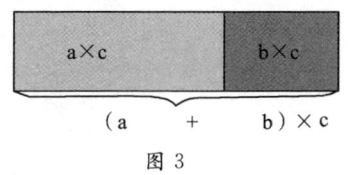

图3

长还有点拗口,理解起来也有点费劲。对此,我们可以布置学生:"你会画出乘法分配律吗?"这样的表现性任务(如图3),学生就能一目了然,并且理解得一清二楚,一下子就能明白其中的道理,记起来也不累。

又如学习"求商的近似值"后,教师布置了这样的练习题:

$1 \div 7 = (\quad)$,
$2 \div 7 = (\quad)$,
$3 \div 7 = (\quad)$,
$4 \div 7 = (\quad)$,
$5 \div 7 = (\quad)$,
$6 \div 7 = (\quad)$。

通过计算,学生发现这组题的商都由1,4,2,8,5,7这六个数字组成,只是排列顺序不同,但对具体的规律不太会用数学化的语言进行表述。此时,教师让学生画图来表达自己意会到的规律。学生凭直觉创造出了许多精彩的规律图:有的学生设计了"开心大转盘"(如图4),内圈表示被除数,外圈表示循环节的起点与次序,如当指针指向内圈

"1"时,商的小数部分在外圈读出来是0.142857142857……有的学生画出了"顽皮蛇"(如图5)用咬住尾巴的方式来揭示商中各数字的排列顺序。这样的图画既形象地揭示了商的规律,又深化了学生的"图感"。

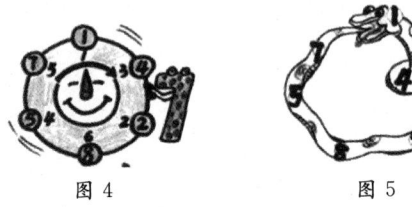

图4　　　　　　图5

3. 借用魔术

在数学教学中,还有一种艺术形式可以为学生的数学练习助兴,这种艺术形式叫数学魔术。当今很多强大的魔术表演背后都少不了数学规律的支撑,可以说,数学在魔术效果中起着非常重要的作用。与学生玩心灵感应,找出学生挑选的某张纸牌,口算出两个9位数相乘之积,一切都是那么神奇,教师只需一副纸牌、一些日常用品和一点数学知识就可以把学生玩得晕头转向。例如前文中所谈到的神秘数字黑洞"6174",我们就可以采用魔术形式把它表演出来。

现在网络上有很多这样的数学魔术视频,我们可以让学生看一看。或者,我们也可以教会学生玩数学魔术,表演给其他班级的学生看或者回家表演给家人看。

如何把知识整理与复习的任务"承包"给学生

尽管新课改的一个重要指向是尊重学生的主体地位,但在教与学、师与生的关系中我们常常看到的还是"教"的过度强势,"师"的过分张扬。面对这样的课堂困境,教师应该有意识地做出调整,就是教师在学生明确任务后能够逐步"淡出",用自己的"慢作为""少作为"甚至"不作为",换取学生有所作为。例如数学教学中,整理与复习这样的任务能否靠学生去完成,而不再只是教师的事情?

这里所说的整理与复习,并不限于一单元知识结束后"过去完成时"的《整理与复习》,还包括每节课所学知识中"现在进行时"的整理与复习。

传统教学中的整理更多地由教师包办,流于形式,新授课中的整理环节更是"来也匆匆,去也匆匆";传统教学中的复习更多地依靠布置较多的练习题或让学生再次阅读教材来达到目的,而学生更多的是被动地应付任务。

怎样让学生自主整理、自主复习?我认为教师不妨"懒"一下,把整理与复习的权力下放,"承包"给学生。如果学生有能力完成这样的任务,那么就让学生自己进行整理与复习工作,也就给了学生学习之后一个自我表现和自我锻炼的机会。下面介绍几种任务形式。

交给学生设计板书的任务

教学中,教师都比较重视板书,面面俱到、纵横交错、一目了然。全课总结、整理知识时,学生只需照"板"宣读,统一、省时却导致了学生思维的消极、单调。

例如一位教师教学"圆的认识"时,板书工整清楚、横串纵联、层次分明、一目了然。全课总结时,学生照"板"宣读,异口同声,只字不差。而另一位教师教学时,板书却是乱七八糟,最后在学生"不舒服,要求整理"的"抗议"下,"麻烦"学生动一番脑筋,重新整理记录。两者相比,孰优孰劣,毋庸多言。

板书内容是教学进程的直观反映,板书艺术是教师教学技能之一。然而,现在好多板书呈现的是工整的字迹、呆板的布局和清晰的结构。当学生不假思索地进行全课总结时,教师或许为自己的得意之作而暗暗叫好,却不知造成了教学中的全课总结有时形同虚设,难以吸引学生的注意。其实,教师可以把知识的整理任务和板书的设计任务交给学生,让学生在全课总结时把杂乱的教师板书进行梳理。学生可以口头整理也可以书面整理,可以课内整理也可以课后整理。

所以,笔者建议把板书这块教师的"责任田"改制成学生的"自留地",在课中不再追求板书的完美,不再完整揭示知识及其关系,课尾总结时,没有了现成的"板"本,学生不得不通过回忆、组织、勾连相关知识进行整理。虽然结果可能多种多样,或有些不尽人意,但反映出学生思维的积极、多向。此举所花时间可能会增加,教师可以让学生延至课后继续整理,学生的相互交流又等同于进行了多次整理与复习。

例如学习"比的基本性质"后,学生课后整理的板书作品(如图1)图文并茂、举一反三、奇思妙想,令人惊叹。

①

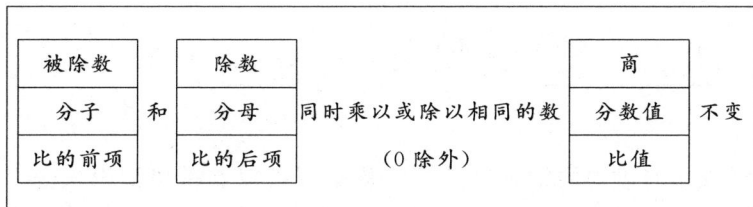

②

除法	被除数	÷	除数	商	商不变性质	一种运算
分数	分子	―	分母	分数值	分数基本性质	一种数
比	比的前项	:	比的后项	比值	比的基本性质	一种关系

③

$$\frac{a}{b} = \frac{a \times c}{b \times c} = \frac{a \div c}{b \div c} \quad (c \neq 0)$$

$\frac{a}{b}$既可以看作除式，又可以看作分数，还可以看作比。

④

甲 : 乙 ＝ 甲 : 乙 ＝ 甲 : 乙

⑤

$$\begin{array}{c} \uparrow \times m \quad \uparrow \times m \\ 前项 : 后项 = 前项 : 后项 \\ 前项 : 后项 = 前项 : 后项 \quad (m \neq 0) \\ \downarrow \div m \quad \downarrow \div m \end{array}$$

⑥

$$\text{分：厘米}=\text{角：分米}=\text{元：米}$$

图 1

板书设计很多时候如同知识的地图，从中既可以看得出知识从哪里来，又可以看到知识即将到哪里去。对有如此功能的板书，我们既可以让学生利用板书设计整理和复习已学知识，还可以让学生利用板书设计展望和创造还没学的知识。

例如"间隔规律"一课的知识生长脉络可以通过以下板书整理把"知识块"清晰地反映出来，如果继续生长下去，就会自然地连接到另一个"知识区"——以后将学的"周期规律"（如图2）。

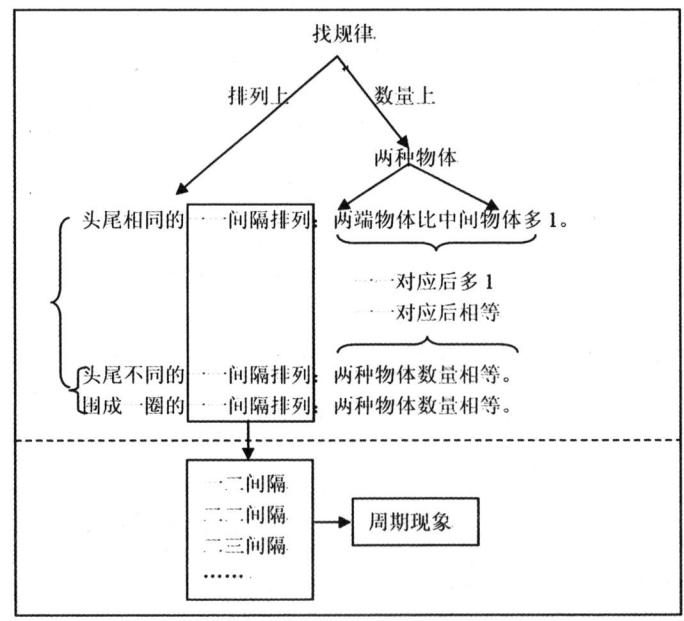

图 2

交给学生补白教材的任务

重视过程的教学，课中经常会出现一些教材中没有的内容，或拓展，或深化，有些是教师预料的，有些是教师意外的。一节课结束，如果不及时组织学生细细回味，这些精彩的过程教学很容易瞬间流逝，学生脑中"结余"的可能仅仅是一些空洞的结论。

于是，笔者把课本改制成"笔记本"，要求学生课后把课中看到的、听到的、说过的、做过的，而教材没有的内容，整理补充于课本。这样，一是可以把学习的生成过程及时记录于学生的书本，二是学生课后有更多的时间再次思考研究问题，有可能闪现课中未有的"火花"。这也是让学生把教材"由薄变厚"的做法。在补白的同时，学生自然会再次阅读和复习教材上所写的内容。

例如学习"梯形的面积"后，笔者布置学生把课中出现的梯形面积计算公式的其他推导方法再次梳理，补写在课本上。在整理中，有些学生又产生了新的想法——

①课中已出现的新方法

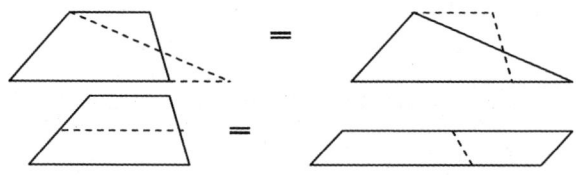

②课后又出现的新思路

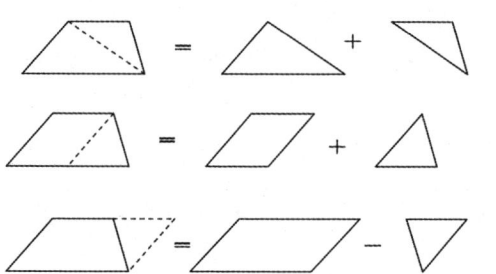

交给学生自寻题目的任务

教学中,练习题一般都是现成的,由教材提供,或由教师补充。"计划经济"下的统一、单调、量多,较容易造成学生为解题而解题、为教师而解题的错觉。

于是,笔者把习题这块教师提供的"大锅饭"改制成学生自主的"自助餐",改换出题途径,增添学生为自己而解题的良好感觉。

1. 领赏题

笔者把常规的练习布置改为见机行事,让学生能够舒服地做题。其中有一种做法叫"奖赏题",课后"奖"给活跃的学生一道习题加以鼓励,据其能力水平出发展性习题,做对加分。

有趣的是,有时候"罚题"也能讨得学生的欢心,笔者常在课后"罚"给失误的学生一道习题加以补过,据其错误原因出针对性习题,做对补分。这些学生同样热烈响应,争着自讨"题"吃,原来他们也视之为奖赏,常常追着我讨题做。

2. 自编题

课后,学生解答一些现成的习题后,笔者还布置学生自编题目的任务,相互交流,相互解答。学生自编习题,既可以巩固知识的结构特征及其数量关系,又可以挖掘身边的数学,培养收集信息、处理信息能力,还可以更为广泛地了解其他学科知识。

例如学习"用比例知识解应用题"后,一名学生自编了一题:"蚯蚓能消化许多垃圾,有人将 7.5 吨垃圾运到一个蚯蚓养殖场,78 天后,这些垃圾全部被消化了,这个养殖场一年可以消化大约多少吨垃圾呢?"交流中,学生惊奇于蚯蚓的作用,在解答时关注了习题的事实情理,开阔了视野。

当然,教师也可以布置学生自编一单元练习卷的光荣任务,学生要出好试卷，就必须整理与复习一单元的所有知识，还必须去收集、比较和筛选众多习题，并且自己出的试题自己自然也得会解答，也就是说，看似出了一张试卷，其实复习了很多知识，也练习了很多题目。

我们还可以利用学生出的试卷组织考试，例如我们可以进行分组的对抗式考试——一组学生面试另一组学生，一组学生出题，另一组学生相互商量、合作解答，出题组可评述或追问。各组轮流进行，小组成绩视为组员成绩。考试中，对抗组的学生可对疑惑问题（例如试题解法的多样性、试题情节的合理性、试题内容的发展性等）进行答辩，旁听组的学生也可向对抗组的学生发问。

交给学生编书办报的任务

编书本是成人之事，作文本是语文之事，但众所周知，写文章可以起到整理知识、扩充知识、延伸知识的作用，还可以起到锻炼语言、思维的功效。

于是，笔者把写作这块语文的"专业"改制成数学的"副业"，尝试让学生完成编书办报的课外任务。

1. 编写《十万个是什么》《十万个有什么》《十万个为什么》《十万个为了什么》等文稿

指导学生根据学习内容编写主题为"是什么""有什么""为什么"和"为了什么"的数学知识性小文章，以此代替平常而平淡的看书复习。

例如学习"圆的认识"后，笔者布置学生完成撰写"圆规使用说明书"的写作任务。学生要完成"圆规的构造""圆规的用法"以及"圆规的原理"等问题的回答任务，就必须复习和整理课中所学的知识。同样，学生学习"角的度量"后，教师也可以布置学生完成撰写"量角器使用说明书"的写作任务。

又如学习"平行四边形的面积"后，教师可以布置学生编写"平行四边形面积计算为什么不是邻边相乘?""平行四边形面积计算公式推导为什么要沿着高剪?""平行四边形面积计算公式推导有什么方法?"等写作任务。

2. 编写数学手抄报或数学宣传画报

指导学生根据学习内容编写数学手抄报或数学宣传画报,或摘抄,或汇编,或创作,题材广泛、形式多样、内容综合,以此代替无聊而无奈的看书整理。

例如学习"循环小数"后,笔者布置学生编写手抄报的任务。学生的作品中有本节数学知识的框架图、练习题、注意点等内容,还有一些学生引用了自然中的昼夜交接四季更替的循环、语文中的"老和尚讲故事"的语句回复的循环、音乐中的音调节奏的循环等其他学科知识,还有一名学生把循环节上的循环点比作戴帽子,编写了一则有趣的童话故事……真是五花八门、丰富多彩。

美国教师不写板书,在美国的课堂里替代传统板书的神器就是Pictorial Input Chart,笔者给它取了个中文名字:学科画报。简单来说,就是图文并茂的大海报。学科画报里除了图吸引人,知识点的配文也是色彩斑斓。这可不是老师为了画报好看换着颜色写知识点,而是用颜色分类整理知识点。

当然,美国学生在复习时,也会像老师那样采用画报形式。这些,都可以借用在我们的教学中。

例如在复习平面图形面积计算时,除了指导学生画出常规的知识网络图(如图3),我们还可以引导学生采用数学画报的形式代替知识网络图。有学生画出了"7"字图

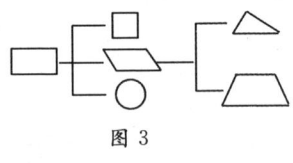

图3

(如图4),有学生画出了树形图(如图5),还有学生画出了"机器人"图(如图6),让知识网络图变得充满了趣味。当然,还可以配上背景。

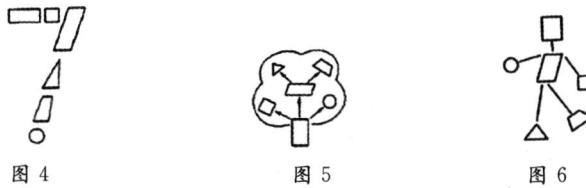

图 4　　　　　图 5　　　　　图 6

交给学生批阅试卷的任务

在教育中，如果你要问学生最怕什么，那么会有许多学生告诉你，他们怕考试。考试时，望着那密密麻麻的题目，学生感到紧张，害怕自己做不完；考试后，听着那高高低低的分数，学生又感到紧张，害怕自己考砸了。这一切，都是由于考试的利害性与神秘性给学生造成的压力。那么，有没有一种考试能让学生感到是一种快乐、一种期待、一种成就呢？那就是，教师不妨"懒"一点，把批阅任务和命题任务让学生去完成。

以笔者自身为例，在中学时，英语老师待我特别好，经常让我帮他批阅试卷，当时，他的盛情让我很乐意为他批阅试卷。批阅试卷，让笔者在被老师重视的快乐中尽管许多次地重复对照了英语单词、语法等知识点，但不知疲倦，每批阅一张等于又记忆了一次。教师这一高明的"懒惰"，让我难以忘怀他的这份厚爱。

后来，笔者也做了教师，于是，也常常变"懒"，不批阅学生的作业，而让他们互批，让他们自己讨论寻找出正确的答案。另外，笔者还常常让学生提供单元考试的试题，每人每种类型出一二题，然后笔者告诉他们笔者会从这些题目中选择组合成一张单元试卷。于是乎，在接下来的时间里，学生就忙了起来，他们相互求教，把每一个同学出的题目都练习了一遍。后来的正式考试其实已经不重要了，因为他们早已经胸有成竹了。此间，他们还非常想知道自己的题目有没有被老师选中，要知道，那对学生而言将是一种"中奖"的快乐与荣耀。此时，这种考试已经真正成为促进学生主动学习和表现自我的一种手段了。

又后来，看到学生为自己能替老师出题而奔走相告的兴奋劲，笔者干脆把每一单元考一次分解成每一周考一次，由原来的90分钟缩短成10—15分钟，从而增加学生体验快乐的机会。另外，这一微型试卷就完全由学生轮流出，每次只需要出2—4道填空题、2—4道计算题和2—4道应用题，因为题量少，所以出题者需要精选题目，做题者也不感觉疲劳。命题者出好题后由笔者审查，笔者主要是控制知识难度与把握知识分布，以保证试题的针对性和有效性。这种"短、平、快"的自主考试让学生不再害怕考试，而是盼望着每周的考试，也给了学生超越记录或者重新攀登的更多选择，让学生有了心理调整和复习调理的机会。

学生的自理，并不等于教师偷懒，教师不是"无所作为"，而是把教师的"教"隐身于学生学的需求之中，根据学生学的需求来巧妙安排教的策略；又如"因势利导"，教师不搞全盘授予、机械灌输，而是顺着学生的发展趋势相机点拨、诱导。如此，教师的"懒"让学生既是受教育者，又是能积极参与的"教育者"，其教学效益必然会大幅提升。

如何指导学生完成"小老师"的扮演任务

每个学生都有的向师心,使得他们心中都有一个美好的愿望,那就是如果有一天能够像老师那样驰骋讲台,表现自我,那该多好啊!

在任务驱动式教学中,我们就可以利用学生都想过一把当"小老师"的瘾来设计这种能让学生展露风采的表现性任务,提供学生可以"潇洒当一回"和"潇洒教一回"的机会和舞台,从而激发或重新燃起学生学习的热情。

学生当小老师的几种"任务形式"

那么,学生当"小老师"可以做些什么呢?教师可以为学生当好"小老师"做些什么呢?下面就提供几种思路:

一、让学生当"小老师",寻找题目

1. 设计新题

让学生当"小老师"的方法,大多于用复习课。传统的复习课学生往往缺乏复习的兴趣,也往往缺乏复习的自主,其复习的线索、方式、材料和习题往往都由教师设定。那么,怎样让学生产生复习的兴趣呢?我们可以布置给学生"当'小老师'出题复习"的光荣任务。例如一节

"小数的整理和复习"的单元复习课上,教师没有提供大量的复习题,只在黑板上写了"103.2560",让学生思考"如果你是老师,会根据这个小数设计出哪些复习题?"结果,学生出的复习题大部分就是我想出的复习题——

生1:你能指出这个小数的整数部分、小数部分吗?它们以什么为界?

生2:这个小数怎么读?

生3:103.2560表示什么?

生4:1在( )位,表示1个( );2在( )位,表示( )个( );6在( )位,表示( )个( )。

生5:103.2560由( )个1和( )个0.0001组成。

生6:103.2560中的哪些"0"可以去掉?为什么?

生7:如果在这个小数后面添上单位"米",请你填上合适的单位,103.256米表示103( ) 256( );其中2就表示2( ),5表示5( ),6表示6( )。

……

上述案例中,教师只是在课头写了一个具有张力的小数作为"代表",为学生的复习开个头,布置给学生"如果你是老师,会根据这个小数设计出哪些复习题"的出题任务,结果学生由这个"线头"帮老师想出了许多题型和题面,在出题过程中也理清了知识的来龙去脉,同样达到了复习单元知识的教学目标。

由此可见,复习课有时并不需要设计许多问题和许多习题,让学生感到应接不暇、眼花缭乱,产生厌倦的心理。教师应该懂得,有时过多、过细的复习材料反而会牵制学生的活动、压抑学生的思维、减弱学生的兴趣，相反，有时较少的复习材料反而能起到让学生"微"以足道的放大效应——"小限制，大发挥"，发挥出学生的能动作用，因为学生都有当"小老师"的巨大潜质，也都能完成当"小老师"的光荣任务。

2. 讨论错题

上复习课时，学生还有一种出题渠道是收集和选用自己平时的错题，之后的复习主讲也可以让学生当"小老师"，筛选自感值得一提的"病情"，在课中自我剖析，说"病源"，说"病理"，说"药方"。学生这种"露丑"活动，对于自身是一次反思和巩固的过程，对于别人则是一次提醒和复习的过程。学生的"露丑"活动，学生用自己的语言讲出了自己学习中遇到的疑惑和困难。属个体性的问题，则容易引起其他学生的好奇，属普遍性的问题，则容易引起其他学生的共鸣。这是来自学生真实的声音，学生爱讲，学生爱听，学生的"错误"成了很好的复习教学资源。教师只需把学生未涉及的一些知识重点、难点或注意点进行补充即可。

二、让学生当"小老师"，发挥"批改"兴趣

1. 批改题目

当学生做错题目时，许多教师会提醒学生注意并且要求学生分析错误原因，那么，反过来，如果教师出错或做错题目，学生会如何呢？

作为教师的你能否有意制造一些错误，设计能让学生扮演"小老师"来帮你改错的任务呢？下面我们来看一个案例——

在教学"一个数是另一个数的几倍"时，我故意出示了下面一道少画了一个正方形的题目，要求学生说出下列两种图形的倍数关系：

○○○　　□□□□□

（　）是（　）的（　）倍。

题目刚刚出来,学生就大喊:"题目错啦!题目错啦!""这题不好做!"

我故意表现得很尴尬:"是吗?那怎么办呢?谁来帮帮我?"学生一听说要帮老师,热情一下子被激发了起来,他们个个跃跃欲试,想出了各种办法——

方法1:再添上一个□。□是○的2倍。

方法2:再添上2个○。□是○的1倍或○是□的1倍。

方法3:去掉2个○。□是○的5倍。

方法4:不增加也不减少图形的个数。□是○的1倍多2个或□是○的2倍少1个。

上述案例中,学生想出来的方法多么富有创意,学生的想象力真是不可估量!他们不仅从不同的角度思考问题,而且用多种方法解决了问题。而如此精彩的讨论和如此丰富的答案,源自于教师故意少画了一个"□",以能让学生当"小老师"帮老师改正。我们从中不难发现,学生帮助老师解决问题的过程也就是编写题目的过程,学生编写题目的过程也就是学生练习题目的过程,从而拓展了原来单一习题所不具有的知识功能和思维功能。

2. 批改答案

学生除了对给题目挑错充满兴趣外,对与老师换角色,检查老师的答题过程和答案,也充满兴致。请看下面的案例——

教学"乘法分配律"一课后,教材有很多练习题。

教师布置后,学生埋头做题。巡视中,教师发现一位学生做了前两小题后就不再做了。问他原因时,他振振有词:"这些题目都是差不多的!"其他学生听了也纷纷抱怨这样的题目太多、太没意思了。

见此,教师灵机一动:"那我们来换个角色,你们来当老师,出一些能运用乘法分配律的题目来考一考我?"话音刚落,学生的精神立即抖擞起来了——有的学生立刻动笔;有的与同桌交流、合作出"考题";还有的在窃窃私语,得出难点的题目,不能"便宜"老师……教师认真分析学生出的每一道题,并让学生判断正误,直至学生满意为止。

学生的学习状态决定着课堂教学效果,上述案例中的教师深知这一点,及时在学生情感的冷漠处、学生活动的冷场处、学生思维的冷却处、学生兴趣的冷淡处进行加温或聚热,并采用积极有效的调节方式,变换学生的角色,让学生当老师出题考自己,使学生群情激奋、绞尽脑汁、千方百计地出题,希望能够难倒教师,以展现自己的水平。而对老师做题过程的监督和检查,则让学生再一次巩固和强化了对知识的掌握。学生会出题,也就会做题。

另外,我们还可以让孩子当"小老师"批改判断生活中各种含有数学素材的问题是否正确,这要比单纯地做家庭作业要有意思得多。

例如,网络上有一个视频,有一只狗会通过踏板敲锣次数来表示"2+3""4+4""5+5"等加法计算题的结果。我们可以充分这个视频资源,把它放入一年级学习这类加法计算后的练习中,代替常规题目,播放给学生看,然后教师布置学生给小狗批改作业的任务,此时,学生个个像"小老师"那样认真倾听然后做出评判。

三、让学生当"小老师",讲解题目

1. 一对多

学生当"小老师",可以是"一对多"的对全班讲课。这样一方面可以让已经会的学生把自己的收获或学习诀窍教给尚不会的同学,另一方面可以让有好方法或新方法的学生把自己的学习成果教给同学。

如果是预习后的课堂，那就更可以让学生当"小老师"汇报预习收获。例如"百分数的认识"一课，课前教师可以布置给学生搜集任务："寻找生活中百分数的例子。"课中则可以给学生布置讲解任务："试着讲一讲你搜集到的百分数表示什么意思？""百分数与分数完全一样吗？""既然已经学了分数，为何还要学百分数（百分率）？"当学生完成了关于百分数的讲解任务，也就完成了对百分数认识的知识任务。

从上述课例我们还可以看出，有时候一节课所涉及的任务设计，数量可能不止一个，类型也不止一种，"百分数的认识"一课从课前到课中就设置了"搜集百分数的例子""解释百分数的意义"和"思考百分数的价值"等三大任务。

2. 一对一

学生当"小老师"，可以是学生"一对一"的结对帮扶，还可以是"一传一"的接力辐射。比如一道数学题，如果学生甲会，就让他去教会学生乙，学生乙会了以后又可以继续教学生丙，如同一个光源不断地向四周散发出光芒一样，最终让所有学生学会。

3. 学生讲给教师听

这有两种情况：一种情况是教师明知故装不知，让学生讲给教师听。学生在讲给教师听的时候，也等同于教师在讲给其他同学听，特别是讲给那些还不知的学生听。这种教学策略也就是借学生的嘴说教师想说的话，但说的学生和听的学生的心理幸福指数优于仅听教师讲，因为能够"教"自己的老师，学生会有一种荣耀感和成就感。

另一种情况是教师确实不知，让学生讲给你听。有时候，教师会一时听不懂学生的想法特别是一些创见，此时你就可以让学生当"小老师"解释给你听，或者让听懂的同学"翻译"给你听。有时候，学生的方法或见解会跳出教师的预设或超过教师的储备，此时教师就应该虚心地让学生当"小老师"讲解。生成性课堂时常会表现出这样的未知性和不确定性。对生成性问题，既然是"生"成的，我们就可以发挥学生的主体作用，让他们当"小老师"，使课因"生"而"成"，此时教师的及时让位才能成"生"——成全学生、成就学生。

让学生当"小老师"的合理性

我们可以让学生在学习新知之前就有这样一种准备，那就是课后有可能要帮助那些学习有困难的同学。如果学生有了这样的意识，当"小老师"的光荣使命会促使学习有余力的学生更加勤奋地学习，在自己学会和会学的同时，他们也可能会时刻思考等会儿该如何讲给需要帮助的同学听。

那么，让学生当"小老师"，同学能听话吗？答案：能！

理由一：因为学生走上讲台主讲还是一件新鲜事，出于好奇，同学们是不会"砸场子"的，而会努力地配合着"小老师"。

理由二：同学们知道讲台上的"小老师"是自己的同伴，理应支持，何况他的今天或许就是自己的明天。

理由三：同学们平常在教师主导的课堂中受惯了教师高高在上的气势，今天终于能够扬眉吐气，机会难得，自然珍惜，不会自搬石头砸自己的脚。

理由四：同学是否能够当好"小老师"，对学生来说也是一个悬念，所以他们密切注意着"小老师"的一言一行，一旦"有难"就及时出手相助。

如此万众一心的课堂，必然众志成城，"小老师"能上不好课吗？同学们能学不好知识吗？"小老师"的课堂完全有可能胜于教师领衔主演的教学。陶行知先生说："小孩子最好的先生，不是我，也不是你，是小孩子队伍里最进步的小孩子。"

另外，让学生当"小老师"，同学能听懂吗？答案：能！

有人说，孩子与成人是两个世界的人。例如成人思维常常把简单的问题复杂化，而孩子则相反，他们似乎更加理解造物的真谛，能赋予万物灵魂与生命，大凡至善至美的东西，都是简单的，对此有人说，"儿童离哲学最近"。

还有人说，孩子与成人有着不同的语言系统，有时候孩子听不懂教师讲的，却能够听懂同学讲的。所以，有人提出，教师要站在儿童的立场教学，用儿童方式教儿童。然而，棘手的是，教师未必真正清楚儿童的立场是什么。许多老师都有这样的困惑：为什么一道题目讲了很多遍，学生仍然出错？往往是因为老师的思路离学生太远，一时难以被学生接受。此时孩子就比教师更懂得同龄人的想法，学生与学生之间的知识水平、思维方式、语言风格更为接近，他们之间的交流相对于师生之间的交流而言更为顺畅和自然，因为"儿童离儿童最近"。当学生发现同伴听不懂时，也会想方设法尝试、寻找或变换讲解方法，甚至采用我们成人看来似乎不科学的解释。

例如一位"小老师"这样跟伙伴讲解"$3:5=\frac{3}{5}$"的关系："'3:5'好比一个人躺着，'$\frac{3}{5}$'好比这个人站着。"又如一位"小老师"这样跟伙伴讲解约分知识："约分好比减肥，减肥后还是那个人——分数大小不变，但减肥后变瘦了——分子、分母变小了。"这样的说法充满着童趣。

还有一位喜欢看古龙小说的孩子，在跟小伙伴讲解奇数时说："为什么古龙小说中的人物爱以数字命名，尤以奇数为甚？如龙五、杜七、朱七、燕十三、彭十三豆、萧十一郎。可能给人一种很'难除'的感觉。"这样的说法充满着奇思妙想。

由此可见，学生教学生，属于同学之间的"同"学，地位上是平等的，情感上是平静的，在"心心相印"之中很多时候能起到息息相通的学习效果，所以学生教学生，有时候反而会比教师教学生更能让同学们听懂。若孩子讲错了、讲错了，此时则需要教师再介入。

"兵教兵"是一件双赢的事情，不仅让同学受益，也让"小老师"得益。美国教育专家曾经做过这样的实验：学生通过听讲，能记住学习内容的5%；学生通过阅读，能记住学习内容的10%；学生通过观看视频音像资料，能记住学习内容的20%；学生通过老师的演示，能记住学习内容的30%；学生通过讨论，能记住学习内容的50%；学生通过实践，能记住学习内容的75%；学生通过教授给其他人，能记住学习内容的95%以上。由此可见，记住所学知识最好的方法是当"小老师"，教师理应实施"兵教兵"战术。"小老师"要能够讲课，就必须深刻理解所"教"知识，并能够用合适的方式讲出来让同学听懂，需要"小老师"的真功夫——既要具备过硬的问题分析能力，也要具备过硬的语言表达能力，还要具备过硬的人际交往和沟通能力。

当"小老师"，尤其让优生有事可做，不必再为了配合教师而装作一无所知，而可以放心大胆地发挥自己过剩的学习能力和利用自己旺盛的学习精力，带领同学们分享自己的学习收获和学习经验。而对于后进生而言，学生之间的这种分享，少了上对下的心理紧张，也就敢向"小老师"提出自己还不懂的问题，并能得到随时随地、不厌其烦地指导。所以，我们不必担心同学们会听不懂"小老师"的教学，因为他们听不懂会主动提出来。何况当一个"小老师"教不会的时候，还会有许多个"小老师"来教，总有一个"小老师"的教学方式适合他，让他听懂。

让学生当"小老师"的非知识性策略

在安排辅导结对对象的性别上，下面这则笑话也许可以启发我们，尽量选择男女搭配——

手机通话时长规律：

父子：7 秒；

母子：27 秒；

男女：1 小时 14 分；

女女：12 小时 36 分；

男男：你有一个未接来电。

我们不难想象，一个女同学辅导男同学，男同学会压制不良情绪，耐心听讲，也会努力让自己尽快学会，不让女同学看不起；反之，一个男同学辅导女同学，男同学一般都表现得很有耐心，哪怕女同学要求多讲一遍，也不会恼火。这或许也就是俗话所说的"异性相吸"和"男女搭配，干活不累"。

另外，我们还可以让结对对象同桌而坐。除了方便帮扶，更主要的是可以产生影响，因为科学研究发现注意力可以被"传染"——当身边的人都在专注工作时，你的注意力也会提高。

比利时布鲁塞尔自由大学的研究人员发表研究成果说，一个人的工作学习效率会受到身边人行为的影响，这种影响不仅有正面的，也有负面的。因此，选择坐在一个高效学习的人身边更为"明智"。

研究成果发表在美国《心理规律通报和评论》杂志上。论文第一作者、布鲁塞尔自由大学认知心理学博士后科贝·德森德和其研究小组让38名志愿者相邻而坐，每两人共享一台电脑和键盘。当屏幕出现特定色块时，志愿者被要求按下相应按键。实验发现，当参与者专注于接受难度较大的测试时，会带动旁边参与者注意力相应增加。有趣的是，即使让参与者在互相看不到对方的情况下接受测试，结果也没有变化。

这一研究与此前发现的其他"社会传染"行为类似，研究人员曾发现减肥行为也会在邻近群体间"传染"。不过，这是科研人员首次发现脑力活动也会"传染"。

德森德说，目前尚不清楚为什么脑力活动也会互相"传染"，有可能是我们受旁人散发出的气味信号、甚至是他们身体姿态影响——因为一些姿态暗示着高注意力。另一种推测是我们只是在无意识地模仿他人行为，就像打哈欠也会"传染"一样。

学生除了当"小老师"帮同学之外，我们还可以设计让学生当"小老师"帮不相识的人。

例如网上有一个名为"'3×5'太难了，小萝莉急得哭"的视频，大体内容为一个小女孩，被父母逼着背5的乘法口诀，横竖背不出"三五十五"这一句口诀，越是急越是背不对，最后急得哇哇大哭。

这个视频资源，可以用于替换课中教完5的乘法口诀之后，巩固记忆环节教师惯用的方法："如果你忘记了'三五十五'这一句口诀，怎么办？"为何可以替换呢？这是因为学生已经学了"1—4的乘法口诀"，对这样的老套路已经开始生发倦意，所以，当别具一格的方式呈现在学生面前，学生普遍会感到耳目一新，何况它还能让自己当"小老师"——教师布置学生助人为乐的任务："你有什么好办法可以帮助这位小朋友？"

当然，这个视频也可以直接放在教学"5的乘法口诀"的课首，作为激发学生当"小老师"的导火索，布置学生完成任务："我们该怎样帮这位小朋友学会5的乘法口诀，而不是死记硬背？"

第五章
小学数学任务驱动式教学设计及案例

案例 1 一堂别有"风味"的数学课
——"认识左右"教学实录

教学环境的改变——咖啡屋?

上课铃声响了,一年级同学带着数学书、文具盒来到熟悉的专用大教室。

"今天,这个教室好特别"。

"我们有没有走错啊?"

"没错,数学老师在这儿呢"。

"顾老师今天真帅!"(女教师穿一身运动装,显得青春、"帅"气)

"这像我去过的咖啡屋嘛。"(教室里课桌两张一组靠墙围成一圈)

"我坐哪儿呀?"孩子们抱着学习用品一边嘀咕着一边四处寻找着自己的座位,教室里"乱"成一团。

教学内容的多彩——体育课?美术课?音乐课?数学课?

突然,哨声响起,同学们的目光不由地集中到老师身上。

教师做了一个体育课上专用的整队手势。学生愣在那儿,不知所措。在教师目光的示意下,终于有几个同学反应过来,半信半疑地过来排队,其他同学也慢悠悠地跟了上来。

教师开始进行体育课的常规队列训练：稍息，立正，向右看齐，向前看，向左转，向右……

"老师，你来代上我们的体育课的吗？"学生感觉有些"不对劲"。

教师含糊地答道："欢迎吗？"

"欢迎！"学生虽疑惑着但仍热情地异口同声。

教师接着又发口令："我们该各就各位了。请你们第一排右边的第一位同学向前一步走，这位同学左边的三位同学也向前一步走，请这四位同学组成第一小组围坐在一号台；再请你们第一排左边数起四位同学组成第二小组围坐在二号台……"

学生一就座便被桌上的"玩具盒"吸引住了。教师顺风扬帆："请同学们从玩具盒中取出小轿车图片摆在'玩具柜'（用 $3×3$ 格的方格纸代替玩具柜）的正中间，再取出一辆公共汽车图片摆在小轿车的左边，在小轿车的上面摆一辆摩托车，摩托车的右边摆一辆吉普车，摩托车的左边摆花草，小轿车的右边摆树木……"

这时，有一个男孩与他对面的女孩"争吵"起来："你怎么把公共汽车摆到小轿车的右边去了？"

女孩反复地用自己的左右手比画着："我是摆在左边的呀！"

男孩指着自己摆的公共汽车说："应该摆在这里。"

女孩不服气地辩道："我对的。不信，你过来看。"

男孩走过去一看："咦，怎么又对了？"

"老师，这是怎么回事呀？"男孩向教师发出"SOS"信号。

教师借机向全班同学解开了这个谜。

然后，教师指导学生将这些车辆及花草进行贴画活动（教师提供每小组一张十字路口的简图），在轻柔的音乐声中学生开始了有趣的贴画游戏。随即，争论声又此起彼伏、穿插其间——

"这样贴错了，要撞车的。"一位学生对着合作伙伴喊道。

"汽车要靠右行使的。它的右边在这里。"这位学生边解释边转过身来与"汽车"同方向，并伸出右手示意。

……

一张张美丽的"城市交通一瞥"展现在大家眼前。"车辆行驶的路线正确吗？"教师在教室中间的地面上画出"十字路口"，让学生到"公路"上来看一看、演一演、想一想、说一说、议一议。学生在亲身体验中理解、清楚了左右和交通原理，并达成"要遵守交通规则"的共识。接着，教师相机介绍了国外的交通规则，如有的国家的车辆是靠左行驶的等知识。

此时，轻音乐转入奔放、热烈的《健康歌》，教师也"不由自主"地跳起来，学生见了，都大胆地走下座位跟着跳起来。教师俨然一位健身操教练："左脚预备，右脚预备，左三圈，右三圈，左手掐腰，右手伸起，脖子扭扭，屁股扭扭……"

学生正尽兴地学着、跳着，下课铃声响了。

教学时间的延伸——下课了？

教师无奈地摊摊手："同学们，我们的数学课就上到这里。今天我们学习了……"

"不是数学课，是体育课。"一名学生插嘴"纠正"。

"美术课！""音乐课！"……学生各抒己见。

"是数学课，数学书上有《左右》的。"班长高高举起数学书。

"是呀，今天我们就是在体育、美术和音乐活动中学习数学，认识了'左''右'。"教师顺势把大大的"左""右"两字分别写在黑板的左方和右方。

"课后，请同学们当'小警察'，到楼梯口去看看我们学校的同学有没有都做到'靠右行走'。"……

　　下课了,然而,学生还会在生活中继续演绎这节数学课的知识和情感,他们永远不会"下课"!

　　("认识左右"选自苏教版义务教育课程标准实验教科书数学一年级上册。执教老师顾文亚)

案例 2 "任重",让学生的学习更加"道远"

——"用假设的策略解决问题"教学实录和教学思考

教学实录

一、找区别,孕育任务

(出示复习题:小明把 720 毫升果汁倒入 6 个小杯,正好都倒满。小杯的容量是多少毫升?)

师:此题能解吗?

生:720÷6=120(毫升),小杯的容量是 120 毫升。

(出示缺少条件的例题:小明把 720 毫升果汁倒入 6 个小杯和 1 个大杯,正好都倒满。小杯和大杯的容量各是多少毫升)

师:此题能解吗?

生:不能。因为现在有两种大小的杯子。

师:你的意思是,如果换成一种大小的杯子,就能解了,对吧?

生:对。

二、找关系,明确任务

师:那能不能换?怎样换?我们一起来研究一下。如果用 ▮ 表示

小杯的容量，同学们想一想，大杯容量画多大的时候，它们就可以转化成一种杯子？（教师在黑板上画下6个小杯子）

生：我觉得一个大杯画成两个小杯大小的时候，它们就可以转化成一共8个小杯或4个大杯的容量。

教师根据学生回答补充条件"已知大杯的容量是小杯的2倍"或"已知小杯的容量是大杯的$\frac{1}{2}$"。（让学生在黑板上画出大杯）

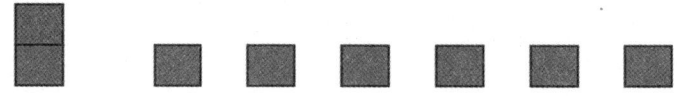

师：现在你们会解答了吗？

生：如果换成小杯，那么小杯的容量为$720÷8=90$（毫升），大杯容量为$90×2=180$（毫升）；如果换成大杯，那么大杯的容量为$720÷4=180$（毫升），小杯容量为$180÷2=90$（毫升）。

师：你会检验吗？

生：（1）$90×6+180=720$（毫升）；（2）$180÷90=2$。符合题目条件，所以结果是正确的。

师：其实，当一题有两种解法的时候，另一种解法也是一种检验。我们应该知道，有一种检验叫另一种解法。

三、找相同，完成任务

师：比较上述两种解法，它们都是把两种大小的杯子换成一种大小的杯子，那么它们之间是随便换的吗？

生：不能随便换，它们的总量不变。

师：在解决问题的时候，我们根据需要把两种大小的杯子等量替换成了一种大小的杯子，但实际上它们是——

生：两种大小的杯子。

师：由此可见，我们在解决问题的过程中，是在假设"把720毫升果汁倒入了8个小杯或倒入了4个大杯"。这就是我们今天要学习的"解决问题的策略——假设"。

四、找联系，拓展任务

师：其实，假设策略在我们以前的学习中也运用过。你们比较一下，它们与今天学的假设是否有着不同之处？

①计算除数是两位数的除法，把除数当作整十数试商。

②把接近整百或整十的数看作整百或整十数，估算出大致的结果。

③已知两个数的和与差，假设两个数同样多，分别求出这两个数。

生：我发现它们并不是等量替换。

师：我们还可以用以前学过的列方程来解决今天研究的问题。

解：设小杯的容量为 x 毫升，大杯的容量则为 $2x$ 毫升。

$$6x + 2x = 720$$

$$x = 90$$

$$2x = 90 \times 2 = 180 \text{（ml）}$$

答：小杯容量为90毫升，大杯容量为180毫升。

解：设大杯的容量为 x 毫升，小杯的容量则为 $\frac{1}{2}x$ 毫升。

$$(6 \times \frac{1}{2})x + x = 720$$

$$x = 180$$

$$\frac{1}{2}x = 180 \times \frac{1}{2} = 90 \text{ (ml)}$$

答：大杯容量为 180 毫升，小杯容量为 90 毫升。

师：在列方程解的过程中，你看到其中也运用了假设策略了吗？

生1：我感觉"设"的意思就是"假设"。

生2："设小杯的容量为 x 毫升，大杯的容量则为 $2x$ 毫升"的意思就是"假设 720 毫升果汁全部倒入小杯"，反过来，"设大杯的容量为 x 毫升，小杯的容量则为 $\frac{1}{2}x$ 毫升"的意思就是"假设 720 毫升果汁全部倒入大杯"。

五、找变化，深化任务

师：如果把题目中的条件"把 720 毫升果汁倒入 6 个小杯和 1 个大杯"改成"把 720 毫升果汁倒入 6 个小杯和 2 个大杯"，其他条件和补充条件不变，这样还可以运用假设策略解决这个问题吗？

生：可以的。如果换成小杯，那么小杯的容量为 720÷10＝72（毫升），大杯容量为 72×2＝144（毫升）；如果换成大杯，那么大杯的容量为 720÷5＝144（毫升），小杯容量为 144÷2＝72（毫升）。

师：那么补充的条件"已知大杯的容量是小杯的 2 倍"或"已知小杯的容量是大杯的 $\frac{1}{2}$"这个关系句能改吗？

生1：可以改成"已知大杯的容量是小杯的 3 倍"或"已知小杯的容量是大杯的 $\frac{1}{3}$"。

生2：还可以改成"已知大杯的容量是小杯的4倍"或"已知小杯的容量是大杯的$\frac{1}{4}$"。

生3：还可以改成"已知大杯的容量是小杯的5倍"或"已知小杯的容量是大杯的$\frac{1}{5}$"。

……

师：是不是都可以呢？大家各选一个试一下。

（学生解答，发现受情境限制，大杯与小杯的关系并非可以任意改编，需要在一定范围之内。）

师：刚才我们改的都是倍数，那能否把题目中的倍数关系改成如"大杯比小杯多40毫升"这样的相差关系？（出示改编后的题目：小明把720毫升果汁倒入6个小杯和2个大杯，正好都倒满。已知大杯比小杯多40毫升，小杯和大杯的容量各是多少毫升？）这样的问题还能解答吗？如果能，还能用假设的策略解决问题吗？

生1：我认为只要能转化成同一种杯子，就可以用假设的策略解决问题。

生2：我认为根据"已知大杯比小杯多40毫升"这个条件，应该可以把两种大小的杯子转化成一种大小的杯子。（其他同学都表示同意）

师：大家想法很好，这个问题我们就留到下节课再做研究。

（教师接着指点"正好都倒满"语句。）

师：你觉得"正好都倒满"还能改成怎样的情况？

生1：没有全部倒满。

生2：全部倒满之后还剩下一些果汁。

师：如果题目改成："小明把720毫升果汁倒入6个小杯和2个大杯，全部倒满之后还剩下20毫升果汁。已知小杯的容量是大杯的$\frac{1}{2}$，小杯和大杯的容量各是多少毫升?"你们敢不敢接受挑战,解决这个难题?

生:敢!

(学生展开讨论——)

生1:其实很简单,只要把原来的"720毫升果汁"减去"全部倒满之后还剩下"的"20毫升果汁",就变成了刚才做过的例题了。

生2:我觉得题目还可以改成"小明把720毫升果汁倒入6个小杯和2个大杯,还差20毫升果汁将所有杯子倒满。已知小杯的容量是大杯的$\frac{1}{2}$,小杯和大杯的容量各是多少毫升?"

师:大家认为他编得怎样?

生:好!

师:那他的题目你们会解答吗?

生3:720+20=740(毫升),小杯的容量为740÷10=74(毫升),大杯的容量为74×2=148(毫升)。

师:老师还有一个问题,那就是例题中的"倒果汁"还能换成生活中的哪些事情,依旧可以用假设的策略来解决问题?大家打开书本,找找有没有这样的应用题。

生1:书上的这道"练一练"跟例题是一回事,它只是把总容量替换成了总价、大杯容量和小杯容量替换成了桌子的单价和椅子的单价。它也能够用假设的策略来解决问题,它和例题的解题方法是一样的。

练一练:1张桌子和4把椅子的总价是2700元,椅子的单价是桌子的$\frac{1}{5}$。桌子和椅子的单价分别是多少?

生2:书上的练习题3与例题也是一样的,200双运动鞋相当于720毫升果汁,小纸箱相当于小杯,大纸箱相当于大杯。根据大纸箱和小纸箱之间的 2 倍关系,就能用假设的策略解决问题。

练习题 3:商店仓库共有 200 双运动鞋。2 个小纸箱装的运动鞋和 1 个大纸箱同样多。6 个纸箱和两个大纸箱刚好装完。问:每个大纸箱装多少双运动鞋?每个小纸箱呢?……

师:同学们,到现在,你们已经运用假设的策略解决了各种各样的问题,非常棒!在这节课即将结束之际,老师还要给你们更大的挑战,下面这个中学才学的方程组,你们会解吗?

$$\begin{cases} 6x+y=720 \\ y=2x \end{cases}$$

(许多学生面露难色,教师鼓劲:试试看,要相信自己!)

(学生讨论后——)

生 1:可以把 x 假设成小杯的容量,y 假设成大杯的容量,这样这个题目就变成了刚才的例题:"小明把 720 毫升果汁倒入 6 个小杯和 1 个大杯,正好都倒满。已知大杯的容量是小杯的 2 倍,小杯和大杯的容量各是多少毫升?"由此可得:$x=720÷8=90$,$y=90×2=180$。

生 2:不假设成例题也能直接解答,只要把 y 替换成 $2x$,就能求出 x 的值:$6x+2x=720$,$x=90$,$y=2x=90×2=180$。

师:到此,可以发现,我们已经学过的解方程中也运用了假设策略,同样,我们要到中学才学的解方程组也运用了假设策略。由此可见,假设确实是一种解决问题的策略。

本课教学特点分析

一、用任务的形式强有力地驱动学生的学习

俗话说得好,任重而道远。"内容的复杂"是任务设计的一个要素,

它能够让学生感到学习具有挑战性。在本节课中，学生在遇到含有两种未知量的问题时就深切地感受到其带来的前所未有的挑战力。

不过，这样的挑战虽然能够激发学生"欲上青天揽明月"的壮志豪情，但也必须给学生"能上青天揽明月"的希望，否则只会让学生望洋兴叹甚至望而生畏。所以，我们还需要为学生提供"方法的导引"。既然含有一种未知量的问题在解决上已经很熟练，学生顺此自然会生发一种美好的遐想——能否把含有两种未知量的问题转化为只含有一种未知量的问题？这样的疑问自然会驱动学生对路径的寻觅和进行必要的探索和叩问。

当学生一筹莫展时，教师就应该及时为学生提供"方法的支撑"，让学生明白只有找到两种未知量之间的关系，才能够找到把含有两种未知量的问题转化为只含有一种未知量的问题的通道。

其中，两种未知量之间的关系是教师给予还是学生自己寻找，这就涉及"学习环境的开放"。在许多教师的教学中，本节课中所采用的"画图"仅仅显示了"图画"功能——让学生能够直观地看到大杯容量和小杯容量之间的数量关系。但像上述课例中，让学生在画图的过程中自觉感悟到"大杯画多大"就能把含有两种未知量的问题转化为只含有一种未知量的问题，也就能促使学生自己去建立关系和确定关系。如此"自说自画"的活动，能够很好地促使学生"自说自话"，说出自己的所见所思所悟。

可以说，"能不能把含有两种未知量的问题转化为只含有一种未知量的问题"以及"如何把含有两种未知量的问题转化为只含有一种未知量的问题"两个关键性任务，成了驱动学生展开学习活动的强劲动力之源，深深地吸引着学生一心一意地为完成这样有挑战性的任务而不断思考。

二、用拓展的方式打破一课的局限，连通思维的界限

1. 横向勾连

"任重"而能"远"需要好的课堂设计。在这节课中，通过一题多变实现了从"一发"到"全身"的拓展。这样的"小题大做",让学生感觉一节课似乎只做了"一道题",却又感觉做了"很多道题"。而这些问题一步步拓展,锻炼了学生的多项思维能力:

第一步,改变实际数据,从"把720毫升果汁倒入6个小杯和1个大杯"向"把720毫升果汁倒入6个小杯和2个大杯"拓展,从"已知大杯的容量是小杯的2倍"向"已知大杯的容量是小杯的3倍、4倍、5倍……"拓展。这是一种由少到多的拓展,既可以达到巩固知识的目的,又可以训练学生举一反三的能力。

第二步,改变关系性质,从"已知大杯的容量是小杯的2倍、3倍、4倍、5倍……"的倍比关系向"已知大杯比小杯多40毫升"的差比关系拓展。这是一种由此及彼的知识拓展,既可以开阔学生的思维,让学生进一步感受到策略应用的广泛性,又可以训练学生触类旁通的能力。

第三步,改变总量状态,从"正好都倒满"向"没有全部倒满"和"全部倒满之后还剩下一些果汁"拓展。这是一种由全到缺的拓展,既可以培养学生运用策略的灵活性,又可以训练学生融会贯通的能力。

第四步,改变事物类别,从"倒果汁"替换为其他事情,从"大杯""小杯"替换为其他事物,这是一种由点到面的拓展,让学生明白尽管事情不同、事物不同,但它们都具有相同的知识模型,都可以采用相同的解决问题的策略和方法。

题目中各个条件有次序、有层次地改变,在条件的不断拓展中使得任务变得越来越有挑战性,不仅可以有效驱动学生不断深入学习,而且让学生的思维得到了各个维度的激活。

2. 纵向拓展

如果说上述拓展是横向的勾连,使学生的数学头脑变得越来越全面,那么本节课也兼顾了纵向的拓展,通过"瞻前"(与已学知识建立联系)与"顾后"(与未学知识建立联系)的方式引导学生突破自己的数学能力：

第一步，引导学生发现已经学过的试商、估算等解题法中隐含着假设策略，尽管它们不是等量替换，但同样运用了假设的策略。这样由实到虚的拓展，有利于学生打破对知识的惯有认识。

第二步，引导学生发现已经学过的列方程解题法中隐含着假设策略，从而让学生认识到列方程解只不过是假设策略在方法层面的一种解决问题的形式，进而沟通了方程解和算术解之间在策略上的一致性。这样由此到彼的拓展，有利于学生打破列方程解与算术解两种解法之间的知识壁垒。

第三步，引导学生发现还没学过的列方程组解这种解决问题方法中隐含着假设策略，虽然它要到中学才学，但学生依然能够借助实际情境或直接运用假设策略中的替换法，解决这一似乎超越了学生知识范围和能力范围的挑战性问题。这样由易到难的拓展，有利于树立学生战胜困难、战胜自我的信心。

案例 3　设计多种类型的任务，驱动学生主动学习
——"认识方程"教学实录和教学思考

教学实录

一、课前导入

师：我们要认识这样一个未曾谋面的人，你想知道些什么？

生 1：我想知道他是谁？（师板书：叫什么名字？）

生 2：我感觉他就是您。

师：是吗？要确定是不是严老师，最简单的做法就是……

生：让他转过身来，看一看他长什么样子？（师板书：长什么样子？）

师：嗯，但严老师确定地告诉你们，他不是我，你们没觉得他的样子没我帅吗？（生笑）

生 3：我想知道他怎么联系？

生 4：我想知道他是哪里人？（师板书：住在哪里？）

生5：我想知道他是做什么的？（师板书：做什么的？）

师：那你们是否认识我了呢？

生6：我知道您姓严，但还不知道您的名字。

师：那我告诉你，我叫严育洪。记得以后给我写信哦。（生笑）

生6：要给您写信，您还得告诉我您住在哪里？

师：我住在江苏省。

生（齐喊）：范围太大了。

师：我住在无锡市。

生（齐喊）：还是太大。

师：我住在首创隽府小区，行了吧？

生：行了。

师：另外两个问题"长什么样子"和"做什么的"，你们怎么不问我了呢？

生：您的脸，我们看见了。您给我们上课，应该是做老师的。

二、新课教学

（一）教学等式与不等式

1. 教学等式

师（出示图1）：那这个你们认识吗？

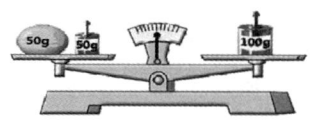

图1

生：天平。

师：你能根据这张图，列出一个式子吗？

生1：50+50=100。

师：为什么可以用等号连接？

生1：因为天平平了。

师：嗯，也就是天平平衡。这说明什么？

生：说明天平两边一样重。

师：50＋50＝100 是一个等式。（板书：50＋50＝100）

2. 教学不等式。

师（出示图2）：如果在天平的左边加一个50克的鸡蛋，天平会怎样？

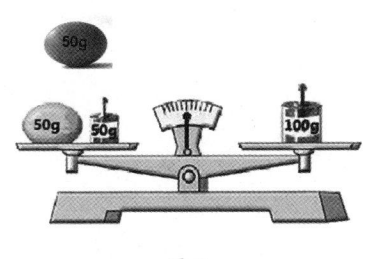

图 2

生1（用两手手臂演示）：会这样倾斜。

师：如果不用手势来描述，你会用数学语言直截了当地告诉我吗？

生（讨论）：50＋50＋50＞100。（板书：50＋50＋50＞100）

师（出示图3）：如果在天平的右边加一个50克的鸡蛋，天平又会怎样？

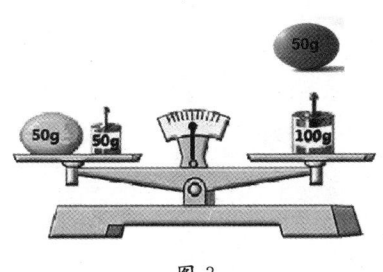

图 3

生2：50＋50＜100＋50。（板书：50＋50＜100＋50）

师：咦，你怎样不用手势告诉我呀？

生2：直接说式子简洁明了。

师：50＋50＋50＞100 与 50＋50＜100＋50 还是等式吗？

生：不是等式。

师："不是等式"可以简单地说成……

生：不等式。

师：对，50＋50＋50＞100 与 50＋50＜100＋50 是不等式。

（二）教学方程

1. 借助天平教学方程的意义

师：现在有一个苹果不知道重多少，我们以前学过了用字母表示数，你准备用哪个字母来表示这个未知数？

生1：可以用字母 x 表示。

师（出示图4）：好的，那一个苹果 x 克，两个苹果是……

生：$2x$ 克。

师：$2x$ 还是未知数吗？

生：是。

师：那砝码的质量数是未知数吗？

生：不是。它是已知数，它重 400 克。

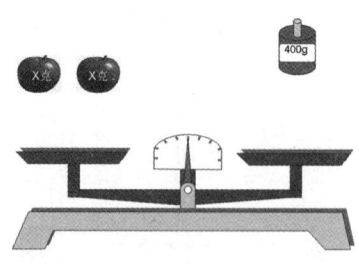

图 4

师：如果把它们分别放在天平的左右两边，想一想，天平的状态会怎样？

生1：有三种情况，可能是$2x=400$，也可能是$2x>400$，还可能是$2x<400$。（板书：$2x=400$，$2x>400$，$2x<400$）

师：老师想问问你们，这三种可能中，你们希望出现怎样的结果？

生2：我希望天平正好平衡，也就是$2x=400$。

师：你为什么这样想？

生2：因为这样可以知道一个苹果重200克。

师：想法很好。那实际上是怎样的情况呢？请看（图5）——

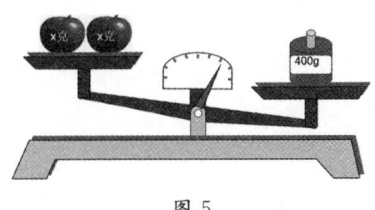

图5

师：看到这样，你们接下去有什么想法？

生3：我想把砝码换轻一点的。

师：为什么这么想？你的目的是什么？

生3：我想让天平平衡，好知道一个苹果重多少。

师：那我们换一个200克的砝码，结果（图6）——

图6

生：换一个 300 克的砝码试试。

师：好的，我们在天平右边加一个 100 克的砝码（图 7）——

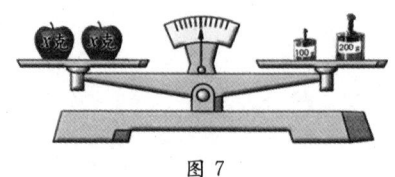

图 7

师：这时天平怎么样了？

生：天平平衡了，说明 2 个苹果与 2 个砝码的质量相等，也就是 $2x=200+100$。（板书：$2x=200+100$）

师：根据 $2x=200+100$，你能知道一个苹果的质量了吗？

生：一个苹果是 150 克。

（课件将图 7 中"x 克"换成"150 克"）

师：此时我们又可以得到一个式子——

生：$150\times2=200+100$。（板书：$150\times2=200+100$）

师：到现在，黑板上留下了这样一些式子，你会分类吗？

$50+50=100$，$50+50+50>100$，$50+50<100+50$，$2x=400$，$2x>400$，$2x<400$，$2x=200+100$，$150\times2=200+100$。

生4：我认为可以分成两类，一类是等式，另一类是不等式。

师：可以。那么 4 个等式还可以分类吗？

生5：等式又可以分成两类，一类是含有未知数的，另一类是不含有未知数的。

（至此，教师根据学生回答逐步引出重点。）师："像这样的含有未知数的等式，它的名字叫方程。"

师：如果拿走一个苹果，放一个重 y 克的橘子（图8），在什么情况下可以得到一个方程？

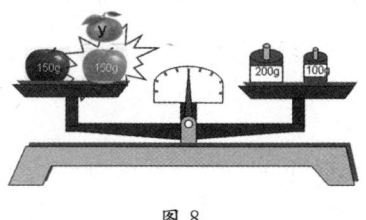

图 8

生1：在天平平衡的情况下，我们可以得到方程 $150+y=200+100$。

生2：我感觉橘子比苹果轻，不能得到方程 $150+y=200+100$。

师：说得有道理，确实是这样（图9）——

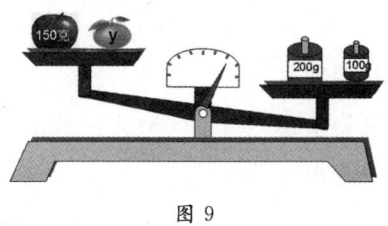

图 9

生3：把砝码换轻一些的试试。

师：你想做什么？

生3：我想让天平平衡，这样就可以得到一个方程，求出一个橘子的质量。

师：好，我们就先去掉一个小砝码试试（图10）——

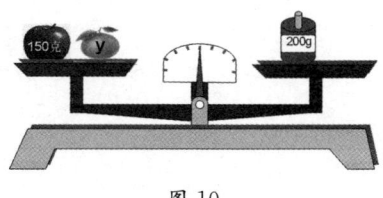

图 10

学生欢呼。列出方程 $150+y=200$，得出一个橘子重 50 克。

2. 在其他情境中丰富方程的认识

师：刚才我们借助天平找到了方程，解决了问题。那么，如果没有天平，在其他情境中你还能找到方程吗？

出示练习（图11）：

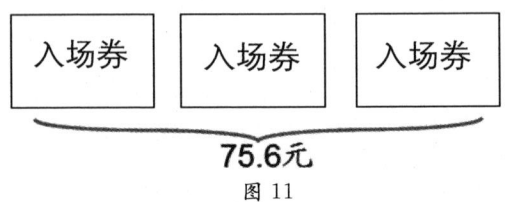

图 11

师：根据这幅图，你能找到方程吗？

生：$3x=75.6$。

师：你是怎样找到这个方程的？

生：我们根据数量关系式"单价×数量＝总价"，找到它们之间的等量关系，就能直接列出方程。

师：好。下面这题（出示图12），你们能直接根据它们之间的等量关系来列方程吗？

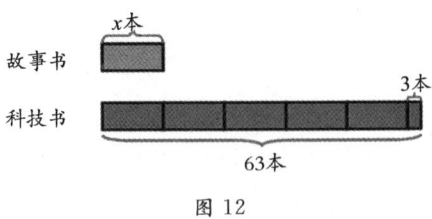

图 12

学生找出它们之间的等量关系"故事书的本数×5＋3＝科技书的本数"，然后列出方程 $5x+3=63$。

（三）教学方程与等式之间的关系

师：现在有两个判断，一个是"方程一定是等式"，一个是"等式一定是方程"，你认为对吗？

（学生意见不统一。）

师：不急。我们做了下面一题，一定能清楚地认识这两个判断了。

下面的式子哪些是等式？哪些是方程？

$6+x-14$　　$36-7-29$　　$60+23>70$　　$8+x$

$50÷2=25$　　$x+4<14$　　$y-28=35$　　$x+y=70$

（做完此题，学生得到方程与等式之间如下的关系，对上述两个判断有了清楚的认识。）

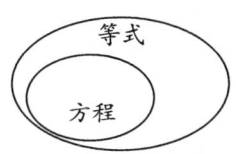

（四）沟通方程与之前知识之间的联系

师：有一张纸，盖住了一个式子中的一个数，或一个字母，或一个符号。想一想，这个式子有可能是方程吗？

$x-■$

$12×y■25$

生1：第一个式子不可能是方程。

生2：第二个式子，如果盖住的是等号，那它就是方程。

师：那这个呢？

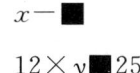

$■×7=42$

生3：如果盖住的是字母，那它就是方程。

（教师课件演示揭开盖头，露出"（　）$×7=42$"。）

师：这是方程吗？

生3：不是。盖住的不是字母。它是我们以前做的填空题。

生4：老师，我觉得是方程。因为括号表示的是未知数。（其他学生表示同意。）

师：是啊，含有未知数的等式是方程，它没说"含有字母的等式是方程"。

师：那"? ×7＝42"是方程吗？

生（异口同声）：是。

师：原来方程早就隐藏在我们身边，已经是我们的老朋友了。

（五）多层次练习，体会方程的作用

1. 体会方程的多种列法

教师出示（图13）：

用方程表示下面的等量关系：

原价：? 元

优惠：? 元

现价：988元

图13

师：这里有两个问号，咋办？

生1：我们可以假设原价 x 元，优惠 y 元。可以列出方程 $x-y=988$。

师：这个方程，你依据的是怎样的等量关系？

生1：原价－优惠＝现价。

生2：还能列出这样的方程 $988+x=y$。依据的等量关系是"现价＋优惠＝原价"。

生3：还有一个方程 $x-988=y$。依据的等量关系是"原价－现价＝

优惠"。

师：确实，根据不同的数量关系式，我们可以列出三个不同的方程。那你知道老师喜欢哪个方程么？

生4：我猜想老师喜欢 $988+x=y$，因为用加法比较顺。

生5：我觉得 $x-y=988$ 更顺，因为先有原价，再有优惠，最后才有现价。

师：两位说得都有道理，关于这个以后随着学习的深入，大家会有更多的体会。在这里，你能知道 x 和 y 分别是多少吗？

生：不能，必须先知道一个未知数，才能求出另一个未知数。

2. 体会方程的多种应用

教师出示练习：

根据题中的数量关系列方程

(1)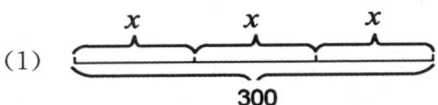

(2) 每杯果汁 x 毫升，3 杯果汁共 300 毫升

(3) 儿子藏书 x 本，爸爸藏书是儿子的 3 倍，爸爸藏书 300 本

(4) 汽车每小时行驶 x 千米，3 小时行驶 300 千米

（学生列出方程后发现都是 $3x=300$。）

师：四个问题各不相同，为什么列出的方程却一样？

生：因为它们的等量关系都是一样的，都可以用"每份数×份数＝总数"来表示。

（教师顺势画出各题的线段图，发现线段图表示的数学模型相同。）

师：无论多少个问题，只要具有同样的相等关系就可以用一个方程概括，这就是方程的魅力所在。同学们，你还能够根据 $3x=300$ 这个方

程编不同的题目吗?

生1：修一段300米的路，修了3天，每天修 x 米。

生2：一个等边三角形，边长 x 厘米，周长300厘米。

……

三、全课总结

出示课前的谈话内容：

> 你认识它了吗？
> 它叫什么名字？
> 它长什么样子？
> 它住在哪里？
> 它是做什么的？

师：通过今天的学习，你认识了什么？

生：认识了方程。

师：现在你知道方程长什么样子了吧？

生：方程既含有未知数，又是一个等式。

师：它住在哪里？

生1：方程住在数学里。

师：范围太大了。

生2：方程住在数里。

师：还是太大。

生3：方程住在等式里。

师：方程是做什么的？

生：方程可以让我们求出未知数。

教后思考

关于"教什么",这毫无疑问,当然教师得以揭示方程的意义为己任。关于"如何教",却让我颇费思量:以"给"的方式教学生学,还是设计一个任务活动或者创设一种任务情境来驱动学生主动地学?我当然选择了后者。

首先,我以"怎样来认识方程"的拟人手法来设计活动任务,作为全课的知识线索。

我让学生把"要认识一个未曾谋面的陌生人,你想知道些什么"的生活经验引用到数学之中,要认识一个陌生的知识,同样涉及"它叫什么名字""它长什么样子""它住在哪里""它是做什么的"等与之相对应的知识名称、知识特征、知识范畴、知识价值。

面对这样一个不仅充满着趣味而且充满着人情的"与一个陌生知识打交道"的认识任务,学生充满着学习的热情。此时,学生就会发现知识不再那么冰冷和枯燥,认识数学概念的方式也可以与生活中的认识方式相通。

其次,我以"认识方程是为了什么"来设计探究任务,作为全课的知识核心。

我们都知道,学以致用。知识之"用",主要表现在它能够帮助我们更好地解决问题,不管是在实际生活中遇到的问题,还是在数学学习中遇到的问题。如果学生在学习的一开始就能够知道知识有什么用,这无疑给了学生学习、奋斗和前进的目标,也就能够更好地驱动学生朝着目标而主动学习、积极进取。由此可见,"用"亦可致学,知识之"用"亦可成为驱动学生学习的任务。

于是,我没有用图片静态呈现天平的各种状态,而是像有情节的"连续剧"那样,通过实际称重已知物体的活动来反映天平的真实变化,让学生动态地看到天平的平衡与不平衡,逐步由生活语言、肢体语言过渡到数学语言——用一个等式或不等式来表达情景；然后通过称重含有未知数的物体来发散学生思维，得到天平三种可能状态的数学表达式；进而我又进行"这三种可能中，你们希望出现怎样的结果"的学情探测。不出所料，学生具有相应的生活经验，都希望天平能够平衡以求出未知物体的质量。而这，恰恰正是方程的核心价值，即为了寻求未知数。过程则包括两部分：一是寻未知数，也就是列方程，二是求未知数，也就是解方程。

经过如此接二连三"连续剧"的真情演绎，学生对方程的作用有了深切的体会并留下了深刻的印象。

再次，我以"没有天平怎样找方程"来设计创造任务，深化全课知识。

认识方程之初期，我们借助了天平的平衡。当学生慢慢明白这种"平衡"指代等量关系之后，我们就要帮助学生慢慢脱离天平这一特殊又具体的情景载体，从更大的范围和更高的层次来认识方程。

于是，我在揭示方程概念之后，紧接着通过电影票问题引导学生由想象出天平，到领悟只需找到数量中所表示的等量关系就可以直接列出方程，进而在电视机问题中，让学生明白根据不同的数量关系式可以找到不同的等量关系，从而列出不同的方程，并借"那你知道老师喜欢哪个方程"再次试探学生对这三种方程在思维上的不同认识。最后设计了一个题组，让学生明白只要等量关系相同，具有相同的数学模型，就可以列出相同的方程。接着布置了让学生根据这一方程进行创编的任务，进一步体会方程的广泛应用。

最后，我以"以前有没有遇到过方程"来设计沟通任务，作为全课的知识拓展。

在处理方程与等式之间的关系时，我设计了一个判断任务——判断"方程一定是等式"和"等式一定是方程"。在有些学生不十分明了的情形下,借机牵带出教材上的一道判断题。这道题也成了这个知识点非常好的切入口。

在沟通方程与之前知识之间的联系时,我又设计了一个判断任务——"这个式子有可能是方程吗?"在学生"揭开红盖头"的兴奋中,既检测了他们对方程的认识,又巧妙地"请进"了以前学生经常做的填空题"( )×7=42"——它身份的确定引起了学生小小的辩论——这一"机关"的设计,对学生能够更加清晰、更加全面地认识方程具有促进和提升作用。

案例4　把挑战性任务转化为教学生产力

——特级教师严育洪"年、月、日"教学赏析

元代范德玑在《诗格》中说,作诗有四法:"起要平直,承要春容,转要变化,合要渊永"。

"起":歌曲蕴伏,唤醒生活经验

片段一

教师播放歌曲《365个祝福》的视频,学生情不自禁地随着曲调对着歌词轻声唱起来。

赏析

"起要平直",放之一节课中,也就是课首导入要"平直",选择学生熟悉的生活直接引入教学,在最短的时间内激起学生的学习情感和引起学生的学习意向。

课首,严老师播放《365个祝福》这首流行歌曲,一方面活跃了课堂教学气氛,唤醒了学生已有生活经验,另一方面也将要探究的一些知识隐含其中,例如歌词"一年有365个日出"就很好地勾起学生的生活联想和思维联动,让学生在悦耳的歌声中既领略了歌曲的韵律又领教了

知识的韵味。

"承"：情境引导，走近知识入口

片段二

师（板书"今天"两字）：看到"今天"两字，你想说什么？

生：今天是什么日子？

师：对呀，今天是哪一年的几月几日？星期几？

生：今天是 2010 年 3 月 16 日，星期二。

师：如果老师问你，今年的最后一天是几月几日，星期几？你有没有办法知道？

生：今年最后一天是 12 月 31 日，星期五。我是从老师发的 2010 年的年历中查到的。

师：那么，明年的今天是星期几呢？我们身边还没有 2011 年的年历可以查询，你们想自己来制作一张 2011 年的年历吗？

生：好啊。

赏析

"承要春容"，放之一节课中，也就是要能激发学生浓厚的学习兴趣和强烈的学习欲望。而让学生产生问题与悬念是引导学生从生活走向书本的一条学习通道。

从"今天"到"年末"进而承接到"明年的今天"，询问学生这些日子分别是"星期几"，学生由脱口回答到借助年历查找回答，再到没有年历查找回答，时间的逐渐远离与条件的逐渐苛刻使问题愈发成为"问题"，促使学生对教师提出的"制作一张 2011 年年历"的任务倡议表示由衷欢迎和热烈响应，于是，接下来的学习就成为学生为解决问题的自觉需要，此时学生内心涌动的课堂必将春意盎然。

"转"：任务驱动，探寻材料储备

片段三

1. 统计

师：那么，制作新一年的年历，根据经验，我们需要知道些什么？

（学生依次回答出：需要知道一年有几个月，每个月有多少天，2011年第一天是星期几。）

师：这三个问题，谁已经能回答？

生1：我知道，每年都有12个月。

生2：从今年的年历上可以找到2010年的最后一天是星期五，那么2011年的第一天1月1日就是星期六。

生3：从2010年的年历上看，每月的天数在30天左右，具体是这样的——

	1月	2月	3月	4月	5月	6月	7月	8月	9月	10月	11月	12月
2010年	31	28	31	30	31	30	31	31	30	31	30	31

师：是不是每年都是这样的呢？请各小组拿出装在信封中的2006—2009年的年历看一看，比一比。

（学生观察交流。）

	1月	2月	3月	4月	5月	6月	7月	8月	9月	10月	11月	12月
2006年	31	28	31	30	31	30	31	31	30	31	30	31
2007年	31	28	31	30	31	30	31	31	30	31	30	31
2008年	31	29	31	30	31	30	31	31	30	31	30	31
2009年	31	28	31	30	31	30	31	31	30	31	30	31
2010年	31	28	31	30	31	30	31	31	30	31	30	31

2. 分类

师：观察这张统计表，你发现了什么？

生：一年中，1月、3月、5月、7月、8月、10月、12月的天数都是31天，4月、6月、9月、11月的天数都是30天。二月比较特殊，有的年份是28天，有的年份是29天。

师：如果把这些月份进行分类，你准备怎样来分类？（根据学生回答揭示"大月"和"小月"）

赏析

"转要变化"，放之一节课中，也就是要为学生提供有结构、有变化的研究材料，让学生能够知其"变"，并能找到其"不变"。在"变"与"不变"的深入研究中，最大限度地促进学生对学习材料的观察、比较以及归纳、归类等一系列活动。

本课中，学生要完成"制作2011年的年历"这一挑战性活动任务，就要对完成这一任务的诸多要素进行自主搜索，而这些要素恰恰就是教学的知识内容。

"合"：实践操作，加深方法记忆

片段四

1. 制作

（学生完成 2011 年 1 月份的日历，如右图）——

师：为什么填了 31 天？

生：因为 1 月是大月。

师：从中你能推想出 2011 年的 2 月 1 日是星期几？

日	一	二	三	四	五	六
						1
2	3	4	5	6	7	8
9	10	11	12	13	14	15
16	17	18	19	20	21	22
23	24	25	26	27	28	29
30	31					

生：星期二。

师：现在告诉你 2011 年的二月份有 28 天，请你接下去制作 2011 年 1—6 月的日历表。

2. 记忆

师：要清楚一个月有多少天，我们只要知道这个月是大月还是小月。那么，一年中大月和小月的分布有没有什么规律？为了能更清楚地研究，请同学们给大月的月份涂上红色、小月的月份涂上绿色。观察一下，你有什么新的发现？

生 1：我发现一年中大月的个数比小月多。

生 2：我发现，7 月和 8 月两个大月是连在一起的，不像其他大月一个隔一个……

师（接言）：按照你的发现，如果要把 12 个月分成两部分，你认为怎样划分比较合适？为什么？

生2：我认为分在7月和8月之间，7月之前的大月是单数月份，8月之后的大月是双数月份。（教师顺势出示顺口溜：要找大月请记住，七八两月换着数；七月以前找单数，八月以后找双数。）

生3：还可以用拳头来记忆。

师：哦？

生3：我在一年级的语文书中学过。（教师让学生介绍拳头记忆法。）

师：这些方法都可以帮助我们记忆大月小月。这样，我们就可以更方便地把2011年的年历制作下去。

师：现在我们有了2011年的年历，你能从中找到明年的今天是星期几了吗？

生：是星期三。

3. 计算

师：同学们，你们还是否知道一年有多少天呢？

生：365天。

师：你是怎么知道的？

生1：我从刚才那首《365个祝福》的歌词中知道的。

生2：我从《365夜故事》中知道的。

师：一年是不是365天呢？我们可以算一算。请你把2010年的天数算一算，想一想，怎样算比较方便？

（交流：方法一，把每月的天数依次相加；方法二，$31×7+30×4+28$；方法三，$30×12+7-2$。）

师：从刚才的统计表中我们可以看出，大多数年份有365天，而有些年份却是——

生：366天。

赏析

"合要渊永",放之一节课中,也就是要为学生巩固知识、运用知识和长久的记忆知识创造条件。

本课中,学生运用学习的知识制作2011年年历的过程就是不断运用知识的过程。这一制作任务,学生因活动而体验学习的快乐,又因实用而体会学习的价值。同时,教师又把制作活动分成两个时段,"1—6月日历的制作"重在知识的即时巩固,而把"7—12月日历的制作"放在指导学生快速记忆大月和小月之后,旨在让学生能够体会方法记忆所带来的好处。

(本文作者:包晓燕 作者单位:江苏省无锡市云林实验小学)

案例5　教学需要教师多向的"复式"思维
——由听一节"复式统计表"数学课想到的

听几位教师上"复式统计表",感觉教师对例题教学一晃而过,学生只是在轻而易举的看表、填表、读表的"流水线"中平淡无味地度过一节课。

复式统计表的知识,是讲给学生听还是让他们自己体会,教师大都选择后者,但教学达成度不甚理想,根本原因在于学生没有产生把单式统计表合成复式统计表

图1

的自觉性。而要解决这一问题，就要让学生能够把"为什么要制成复式统计表"作为探究任务。

一则成功的本课实录

一、拆出一段渐进的体悟过程

1. 出示"航模小组"情境图以及"航模小组活动统计表"

师：根据这一情境（如图1），你会填这张统计表吗？（学生填表）

2. 出示"民乐小组"情境图

师：要统计民乐小组男女生人数，能与这张航模小组的统计表一样设计吗？为什么？

生：可以一样设计。因为虽然是不同兴趣小组，但它们都是统计男女生人数情况。

（教师用多媒体演示从"航模小组活动统计表"中复制出一张统计表，并改名为"民乐小组"。）

3. 出示"书法小组"和"美术小组"情境图

师：如果要统计书法小组和美术小组男女生人数，你认为还能用上面的统计表样式吗？

生：可以。

4. 比较四张统计表的异同

小结：统计表形式相同，都是统计男女生人数情况，只是统计的小组名称不同。

二、提出一个突破性的思考问题

1. 合并统计表

师：我们从每张统计表的"合计"中可以很快看出各个兴趣小组的总人数，如果我们要比较四个小组男生总人数与女生总人数哪个多，怎样设计统计表更方便看？

生：把分散在四个小组中的男生和女生人数合在一起，分别算出总人数。（教师用多媒体依次演示，把四张统计表移在一起，如表1。）

性别	合计	男	女
航模小组人数	14	8	6
性别	合计	男	女
民乐小组人数	8	3	5
性别	合计	男	女
书法小组人数	7	3	4
性别	合计	男	女
美术小组人数	10	4	6

表1

性别	合计	男	女
航模小组人数	14	8	6
民乐小组人数	8	3	5
书法小组人数	7	3	4
美术小组人数	10	4	6

表2

2. 精简统计表

师：对这张统计表，你们感觉怎样？

生1：这张统计表不太简洁。可以把相同的栏目合在一起。

（教师用多媒体演示合并过程，如表2。）

生2（指着每一栏的"人数"）：这些"人数"，能不能也只写一个？

生：不行的，都去掉了就不知道统计的是什么数据了。

师：其实，"人数"也可以简化的，我们可以把它合并到表头。（教师用多媒体演示表头的形成过程，如表3。）横栏统计的是"性别"，竖栏统计的是"组别"，那"人数"呢？（学生回答略）

3. 完善统计表

师：现在我们可以统计出各组男生总人数和女生总人数了，但总计的结果写在统计表的什么位置呢？

生1：写在统计表下面最后一栏。

生2：我不同意。我认为应该写在统计表上面第一栏，因为"合计"也是放在统计表的前面第一栏的。（其他学生赞同）

(教师用多媒体补出"总计"栏，如表4，并指导学生填写和检验方法，最后把整个复式统计表写完整。)

组别 \ 人数 \ 性别	合计	男	女
航模小组	14	8	6
民乐小组	8	3	5
书法小组	7	3	4
美术小组	10	4	6

表3

组别 \ 人数 \ 性别	合计	男	女
总计	39	18	21
航模小组	14	8	6
民乐小组	8	3	5
书法小组	7	3	4
美术小组	10	4	6

表4

4. 比较统计表

教师引导学生比较单式统计表与复式统计表的异同，体会复式统计表的优越性。

5. 拓展统计表

教师介绍复式统计表的另一种设计方法（如表5）：如果有10个小组，画在作业纸上，你觉得哪种比较合适？

性别 \ 人数 \ 组别	合计	航模小组	民乐小组	书法小组	美术小组
总计	39	14	8	7	10
男	18	8	3	3	4
女	21	6	5	4	6

表5

小结：设计复式统计表还要根据实际情况，因地制宜，要注意美观。

教学思考

一、让知识之"新"与生活之"性"相融

教学时,教师不仅要考虑知识之"新",还要考虑生活之"性"。学生在生活中,其实经常见到复式统计表的"影子",例如课程表、背书登记表、成绩统计表等,学生都会看、会填,况且学生已经学过了单式统计表,所以教师不教复式统计表,大部分学生也会填写复式统计表。

从教学的生活性出发,我们就很容易发觉知识之"新"发生了变化。对于学生而言复式统计表的"看"法、"填"法以及"用"法都已不新鲜,而"新"的应该是复式统计表的"长"法,也就是知识是怎样生成的,这才是吸引学生想完成的具有挑战性的任务。

所以,生活之"性"是教学之"新"的起点,并决定着教学的方向。

二、让知识之"芯"与学生之"心"相印

教学时,教师不仅要考虑知识之"芯",还要考虑学生之"心"。在教学中,教师的教是为了学生的学,知识的新意要跟随学生的心意而显现与推进。

例如我们就可以利用学生的求简心理设计挑战性任务:"要比较四个小组男生总人数与女生总人数,怎样设计统计表可以更方便地看?"促使学生主动寻找简单的方法,进而在多张单式统计表合并中多次进行精细化操作,最终水到渠成地创造出复式统计表的"模样"。

所以,学生之"心"是知识之"芯"的落点,并决定着教学的归宿。

总之,在教学中,教师不仅需要考虑知识因素,还要考虑人的因素,这种教学的"复式"思维,才能保证教学充满生命的活力。

案例 6 "表面积的变化"任务驱动式教学设计

一、任务驱动:从生活问题引入

1. 出示生活任务:老师准备把 10 盒磁带包装成一包(接头处不计),怎样包装最节省包装纸?

2. 转为数学任务:求这个问题就是求什么,你能把它转化为数学问题吗?(出示:怎样拼,拼成长方体的表面积最小?)

3. 设计研究任务:像这样比较复杂的数学问题,我们可以怎样解决呢?从简单的入手,找到表面积的变化规律后,相信大家一定能轻松地解决这个问题。

二、任务分解:从简单、特殊起步

(一)初步感知:用两个正方体拼成长方体

1. 拼一拼:

(1)拼拼:用两个 1 立方分米的正方体拼成一个长方体,可以怎样拼呢?

(2)展示:哪位同学上来边拼边介绍你是怎样拼的。(上下面重合 1 次、前后面重合 1 次、左右面重合 1 次)

(3)统一:发现了什么?(拼成长方体的形状相同)为了研究方便,我们让左右面重合 1 次。

2. 比一比：拼成的长方体和原来两个正方体，你有什么发现？

3. 算一算：拼成长方体的表面积是多少呢？

(1) $(1×2+1×2+1×1)×2=10$（dm^2）

(2) $10×1=10$（dm^2）

(3) $6×2-2=10$（dm^2）

4. 说一说：用两个 1 立方分米的正方体拼成一个长方体，拼成前后，体积不变，表面积变化了——原来正方体一共有 12 个面，重合了 1 次就减少了原来 2 个面的面积。

（二）继续体验：用若干个正方体拼成长方体

1. 操作体验：如果用 3 个、4 个甚至更多个 1 立方分米的正方体横着拼成一排，拼成一个长方体，表面积又会发生怎样的变化呢？（小组合作研究）

2. 表象体验：5 个呢？看着图想象一下。是不是这样呢？验证一下。

3. 分析体验：101 个呢？为什么不需要验证了？

4. 总结交流：

正方体的个数	2	3	4	5	7	101	n
原来正方体一共有几个面	12	18	24	30	42	606	$6n$
重合了几次	1	2	3	4	6	100	$n-1$
拼成后减少了原来几个面的面积	2	4	6	8	12	200	$(n-1)×2$

5. 拓展研究：如果改用长方体拼，表面积又会发生怎样的变化？

三、任务解决：从复杂、一般情况总结

（一）初步感知：用两个长方体拼成长方体

1. 拼一拼：这个磁带盒是长方体，用两个这样的长方体磁带盒拼成三个不同的大长方体，同桌合作，先拼一拼、再填一填。

长方体的个数	2	2	2
重合了几次	1	1	1
拼成后减少了原来哪几个面的面积	上下	前后	左右

2. 比一比：第一个大长方体减少的面积最大，表面积最小；第三个大长方体减少的面积最小，表面积最大。

（二）继续体验：用若干个长方体拼成长方体

1. 拼一拼：如果用 4 个这样的长方体磁带盒拼成大长方体，怎样拼表面积最小呢？小组合作，先拼一拼、再填一填。

2. 比一比：

拼法　　　　　　　　　　　减少了哪几个面的面积	只重合1种面			重合2种面		
大面几个	6			4	4	
中面几个		6		4		4
小面几个			6		4	4

引导学生发现磁带 4 个中面的大小正好等于 1 个大面，于是可以知道重合"4 大 4 中"这种情况等同于重合"5 大"，所以重合"6 大"减少的面积最大，表面积最小。

3. 想一想：

（1）回到生活问题：把 10 盒磁带包装成一包，要求怎样拼合表面积最小，还需要像刚才那样一一列举出所有拼法吗？（直接比较只重合大面的与重合大中面的 2 种）

（2）那么，是否还是只重合大面的拼法表面积最小呢？（重合 10 个中面相当于 2 个大面和 2 个中面，再加上 16 个大面，就是 18 个大面和 2 个中面，所以重合两种面的拼法减少的面积最大，表面积最小，也就是最节省包装纸。）

4. 理一理：回顾一下，我们是怎样解决这个问题的呢？从简单问题入手，通过拼一拼、比一比、算一算等实践活动，找到表面积的变化规律后，再综合运用所学知识就能轻松地解决较为复杂的问题，这是我们数学学习中常用的思考方法。

四、任务拓展：从正面问题向反面问题转身

倒过来，如果把1个正方体或长方体切割成小长方体，表面积又会发生怎样的变化呢？课后，同学们也可以像研究拼合中的表面积变化规律一样继续去探寻切割中的表面积变化规律。运用规律，你也一定能轻松地解决这个挑战题："一个棱长为1米的正方体木料，平行于上下面切两刀，平行于左右面切三刀，平行于前后面切四刀，把这个正方体切成60个大小不同的长方体，求这些小长方体的表面积总和。"

案例 7　教学，让学生与什么样的任务"相遇"
——对"相遇问题"教学的评说

让学生在任务的"多少"中与知识真情"相遇"

本课教材例题是典型的相遇问题——

小明和小芳同时从家相向出发走向学校，小明每分钟走 70 米，小芳每分钟 60 米，经过 4 分钟两人在校门口相遇。他们两家相距多少米？

教材启发学生通过画图或列表来整理题目的条件和问题——

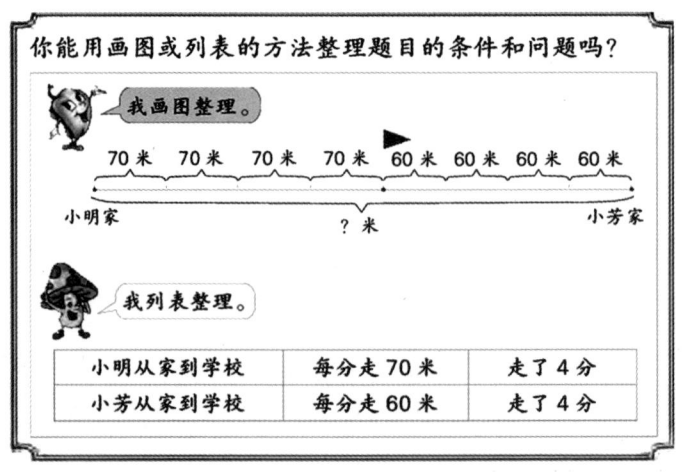

虽然教材呈现了画图和列表，但重点在画图。许多教师对教材所要到达的"终点"心知肚明，在此教学理念的指引下，教学中往往厚此薄彼，对"列表"这种解决问题的策略常常一晃而过，而以引导学生能够快速地与"画图"这种解决问题的策略"相遇"为己任，并以此作为成功教学的标志。这样的任务定位使得教学有了图、表"分家"的感觉——画图成了"新娘"、列表只是"伴娘"。在平常教学中，列表的引出可以说很是尴尬，教师也常常在"要"与"不要"之间纠结，而一旦引出画图，列表也就顺理成章地被抛弃。

其实，对刚刚从知识"起点"开始学习的学生而言，胸无成竹，对哪种策略最有效尚不能心中有数，在学生眼里，画图与列表都是在第一时间、第一现场能够想到的解决问题的策略，他们只有经过尝试与比较，才能清楚地体会到策略之间的差异、哪种策略最简便。所以，列表在引出画图之后不应该退出教学的舞台，而应该成为指导学生进行策略比较和做出选择的支持性资源。在这里可以给学生提出一个富于挑战的任务——"哪种策略能更快更好地解决问题？"进而引导学生进行反思性学习，这也就是建构主义所认为的"教学应该基于方法的导引性和支撑性"。例如教师抓住学生的细节表现及时追问："你们在说算理时，为什么都喜欢指着线段图来说（而不喜欢指着列表说）？"有意引导学生进行对列表法与画图法的比较，从而凸现线段图比较直观形象的特点——所见即所得。

另外，教师还可以在解决巩固练习中的"环形问题"上——

> 小张和小李在环形道上跑步，两人从同一地点出发，反向而行。小张的速度是 4 千米/秒，小李的速度是 6 米/秒，小李的速度是 6 米/秒，经过 40 秒两人相遇。环形跑道多少米？

让学生进一步体会列表的局限性——难以让学生一目了然地"看"出其

中的奥妙，而画线段图则可以较好地克服这种"弱视"，让题中关系清晰，让学生思路通畅。

由此可见，教学内容在教学过程中可能会有主次之分，但不能把所谓的"次要"内容轻描淡写地带过甚至"驱逐出境"，而应充分发挥它的参照功能与服务功能，来推动学生能够及时而正确地与"主要"内容"相遇"。

让学生在任务的"取舍"中与知识真正"相遇"

在教学画线段图时，教师都会紧紧扣住"画的线段图要能全面反映题目的全部信息"来指导学生画线段图，例如标明出发点和相遇点、平均分段表明速度和时间等等。于是，学生根据教师的示范开始端正又细致地打磨线段图，以求能得到一个"标准""齐全""美观"的作品。这一精耕细作花了学生许多时间，结果却成了许多学生"讨厌"画图的原因，让人啼笑皆非。

策略是为了学生能更好、更快地解决问题。"好"体现在这种策略能帮助学生发现数量关系、理清解题思路、写出算式算法，"快"则表现在学生不需要花费太多的工序、太多的材料、太多的时间去运用这种策略。此处，教师就可以给学生提出一个富于挑战的任务——"怎么画线段图可以反映出题目的主要信息？"

在画线段图这种策略由浅入深的学习过程中，教师应让学生经历两次提升：一是由"杂"到"简"的提升，即由例题文字叙述的繁杂发展到线段图示意的简明。一开始，教师为了能让学生领略线段图的意图，可以把线段图做全、做细，这一过程教师课中一般都能操作到位。二是由"实"到"虚"的提升，即由线段图据实全面反映信息到线段图大体反映信息的简化。例如可以省略后续均分点位、省略出发和相遇地名、省略行走方向等，这样，可以进一步提高线段图的实用性和抽象性，也唯有这样，学生才能发现简化后的相遇问题模型与加法模型相同、与乘法分配律模型相同。

让学生在任务的"彼此"中与知识真实"相遇"

教学中，教师按照教材编排设计的教学内容，教学程序一般是："相遇问题"（例题）→"相背问题"（试一试）→"环形问题"（练习题），然后拓展到"工程问题"（练习题）。此过程中，许多教师会对上述各种问题进行比较，但往往仅仅局限于情节的区别与解法的沟通。

确实，对题目之间情节、结构与解法的比较，是十分必要的，但这样比较还没有触及问题的本质。在此，教师应该站得更高，从全局观照所教知识，进行更深层次的比较——关照学生重点比较线段图。其中"环形问题"可以化曲为直：如果从出发点"剪开拉直"，就可看成相遇问题；如果从相遇点"剪开拉直"，就可看成相背问题。接着，让学生关照各个具体问题经"提纯"后的线段图，让学生发现它们的图像具有共同特征，即都反映着"两部分量之和等于总量"这一基本数量关系，由此把行程问题中的不同情形纳入相同的数学模型中。

紧接着，教师可以顺势给学生提出一个富于挑战的任务——"相遇问题还可以与哪些问题'相遇'？"同理，学生发现工程问题也能纳入相同的数学模型，这样"一线串珠"的拓展可以实现知识的融会贯通，实现举一反三的板块式整体教学，这也就是建构主义所认为的"教学应该基于教学情境的浸润功能"。同时，通过线段图的"串通一气"，可让学生的目光始终围绕在"解决问题的策略"的主题词"策略"——画线段图上。

在这样的引导下，学生最终"相遇"的就不仅仅只是相遇问题，还可能是相背问题、环形问题等行程问题，还可能是跳出行程问题的工程问题、价格问题、打字问题等其他多种生活问题。最后全课总结时，留在学生记忆中的,本课解决的不再只是一个相遇问题"点"的学问,而是一组相关问题"面"的扩展,串联它们的"红线"是相同的解决问题的策略。

让学生在任务的"定活"中与知识真确"相遇"

平常教学中,许多教师只是就题论题,这节课只是这节课,从例题到习题,课堂呈现给学生的一般都是结构类似、单一、完整的题组,课后学生的作业准确率尽管高,但并不等于学生是真的学会了,因为很多情况下学生的学习方式只是模仿。学生这种不假思索的"依葫芦画瓢"的练习再多,对理解性学习也无济于事。

对此,解决上述"问题"的教学策略是,当学生完成了数学模型的建构以后,教师应重新打破学生的认知平衡,具体可以采用以下两个"增加":

一是可以增加开放题。例如把习题中方向明确的工程问题改编成一个挑战性问题——"两个工程队准备合修一条路,甲队每天修 12 米,乙队每天修 15 米,计划 8 天修完。请你设计一个修路方案,然后提出问题解答。"对此,学生可以设计成"从两头向中间修"和"从中间向两头修"等方案,自觉迁移前面学过的行程问题中的"相对而行"与"相背而行"。

二是可以增加反面题。例如补充"在一条东西走向的路上,小红与小明同时从同一地点出发,小红每分走 60 米,小明每分走 70 米,10 分钟后,两人相距多少米?"在可能产生的"相背问题"与"追及问题"的碰撞中,提醒学生注意有些问题"形似神合(线段图相同)",而有些问题"形似神离(线段图不同)",促使学生脚踏实地地注重分析过程。

学生在任务的"动静"中与知识真切"相遇"

平常教学采用的大多是排排坐听讲的方式，偶尔用活动形式，也大多呈间歇性、点缀性、调节性，穿插在整体环节之中，很多时候只是热闹一会儿，起不到实质作用。

如果有这么一节数学课能够最大限度地让学生"动"起来，让学生感到耳目一新，教学必将"活"起来。例如"相遇问题"就是可用于表演的知识，那么对把知识表演出来的任务学生必定乐于接受。

杜威就曾在"经验实作学习"中引入戏剧方法：通过戏剧创作过程的角色设计与表演，来完成相应的同化过程，获得相应的经验和意义。

美国著名脑科学家詹森的研究表明：戏剧表演可以激活人脑前庭、加速脑皮层成熟、促进情绪管理和控制。人脑前庭控制着运动和阅读，戏剧表演中的肢体动作能充分刺激前庭，将潜前庭激活，从而使得学生获得注意力和阅读能力的发展。而人的阅读、数数、说话和问题解决能力都和皮层系统的成熟度有关。戏剧艺术能引起面对面的相互作用，需要孩子控制情感、表达语言和非语言的请求、延迟满足、控制自己说话的态度、识别他人的情感、化解矛盾等，能够消除恐惧、悲伤和攻击性，继而促进孩子基本的社会和情绪技能的发展。

在教学中，简单地说，演戏也就是角色扮演，角色扮演模式的学习属于情境学习。

如果只是让学生静观"相遇问题"的文字表述，那么有些学生对题目中的"同时出发""相向而行""相遇时间"等数学术语会感觉有点绕，对解法中的"路程＝速度和×相遇时间"理解起来也就有点困难。此时，教师如果把"相遇问题"的文字表述看作脚本，让学生据此排演一个活动剧，学生必定兴趣盎然，会主动琢磨题目含意，无须教师多言。其间，从两位主演学生的站位上可以看出他们对"相向而行"的理解，从"怎么走"上可以看出他们对"同时出发"和"相遇时间"的理解。这也是建构主义所认为的"教学应该基于学习环境的丰富性、挑战性和开放性"。另外，相遇问题是实际问题，有着具体的现实模型，让学生把具体生活场景表演出来，学生就有了真情与实感。这也就是建构主义所认为的"教学应该基于内容的真实性和复杂性"。

在走的过程中，学生常常会犯相遇在中点也就是速度相同的错误，此时旁观者清，下面的观众就会及时指出问题，并告诉他们该如何演好"速度不同"以及"速度不同却能最终相遇"的技巧。这也是建构主义所认为的"教学应该基于评价的激励功能与支持反思和自我调控功能"。

之后，学生还可以继续演好"相背而行""追及问题"以及"环形上的相遇问题"等数学戏剧。教师还可以教学生如何写"剧本"，例如用线段图把所演的数学戏剧情节表示出来。学生对这样可以活动的、可以演戏的数学，学起来自然不再感觉累，学生学得不累，教师自然就教得不累。

案例 8 数学是要有感情的
——"认识图形"教学实录

一

预备铃响起。听课教师和上课学生早已坐在教室,他们在窃窃私语。学生偷偷地回头,他们对今天坐着这么多"新面孔",有些陌生感,没了往日课前的嬉闹,只是偷偷地与前后左右的同学使眼色、动嘴巴;听课教师对教室环境颇感兴趣,前面墙的上方镶着一面国旗,后面墙的上方挂着一只圆钟,黑板报是"车轮滚滚迎奥运"的评比栏,旁边的橱柜里摆放着各种各样的玩具,墙上张贴着学生的书画作品。

李老师轻轻地"飘"了进来,教室里一阵骚动。师生突然眼前一亮,身板不由地挺了起来,目光聚集于李老师胸前。

"哇!"有的学生忘乎所以地叫了起来,"李老师,你真漂亮!"

只见李老师的衣服上贴着各种五颜六色的贴纸,有长方形的、正方形的和圆形的,构成了一道亮丽的风景线。

学生相互猜测着老师此举用意,没等老师解释,有聪明的学生代为发言道:"老师,那是不是给我们的奖品呀?"

"对呀。"

"那为什么不是红五星了呢?"学生嘀咕着,感到新鲜。

"对呀，那为什么呢？"李老师趁机反问。

"这肯定与我们的学习有关系。"又有聪明的学生道。他们毕竟也算是久经"学"场了，有些捉摸老师行为的经验了。

二

上课铃响起。李老师只能打住了本可以顺势继续的聊天内容，换了一个话题："同学们，李老师是不是你们的好朋友呢？"

"是。"学生异口同声。

"那你们知道我——这位大朋友的名字吗？"

"李——小——娟。"回答声参差不齐，有的学生有些顾虑。

"今天，我们这儿又来了新朋友。"

学生转头又回头。

"你们想不想也和他们交朋友呢？"

"想。"又是异口同声。

"交新朋友时，你们想知道些什么呢？"

"我想知道我的新朋友叫什么名字。"一名学生回答。

"我想知道我的新朋友长什么样子。"另一名学生回答。

"我想知道我的新朋友住在什么地方。"又有一名学生回答。

"我想知道我的新朋友好不好。"有一名学生补充。

……

"那你们想不想和老师衣服上的这些图形交朋友啊？"李老师昂首挺胸。

"啊！"学生惊呼，原来是和它们交朋友。

"不想？"李老师追问。

"想。"学生回过神来。

"那你们知道它们叫什么名字吗？"李老师试探。

"那是长方形,那也是长方形,旁边的是……"没等这名学生说完,一些学生忍不住脱口而出,"还有圆形。"

"那它们长什么样子呀?"

"长方形是长长的,正方形是方方的,圆形是圆圆的。"有学生在下面高声答道。

"说得真棒,"李老师顺手从衣服上撕下一个"长方形"奖品贴在这位学生的额头,"今天你又有长进了。"

"长进"之"长"配"长方形"之"长",有味道!

"那它们住在什么地方呢?"李老师又问。

学生面面相觑,不理解老师的意思。

"不要急,下面我们来做一个游戏,做完游戏你们就知道长方形、正方形和圆是从什么地方得来的了。"

学生拿出各种各样的长方体、正方体、圆柱体木块玩起了搭积木游戏。搭积木学生在幼儿园时经常玩,不过今天在玩之前老师提了一个要求:先要用手摸一下这些几何体的每个面,然后再拼搭。

游戏很快就完成了,学生在相互欣赏小组作品的同时思考着玩之前老师的提问,各小组自发讨论着,李老师走下来倾听着,指点着,鼓励着。

很快,就有学生发现了"新大陆":"老师,老师,正方形住在这儿呢。"她用手在正方体积木上指着,"李老师,对吗?"

李老师边点头边奖给她一个"正方形"。

这一下子,长方形、圆形都被其他学生找到了。

"同学们,你们想不想给这些新朋友拍一张照片呀?"老师又提出一个新的建议。

"没照相机,怎么拍呀?"学生又有了困惑。

"你们有铅笔和白纸嘛。"李老师提示学生。

学生拿出积木、铅笔和白纸，在这三者间频频走动着，探索着，尝试着。

终于，有学生找到了办法：把几何体压在白纸上用铅笔沿边描下来。这正是书上提供的方法。当然，老师衣服上又少了一个奖品。接着，老师组织学生用这种方法在白纸上描画出长方形、正方形和圆，然后剪下来。

之后，李老师又启发学生想到了用印泥、橡皮泥等方法印出长方形、正方形和圆形。

"其实，长方形、正方形和圆形这些平面图形在我们生活中有许许多多的家，我们的教室里就有很多。你们能给你们剪下来的这些图形分别找到新家吗？"李老师又抛给学生一个有趣的问题，"找到它们的新家后，就把这些图形贴在相应物体的面上。"

这下可热闹了：喊的喊，跳的跳，推的推，拉的拉……够得着的自己贴，够不着的找老师帮着贴。墙壁上、门窗上、桌椅上、开关上、钟面上、国旗上、玩具上，还有地砖上，点缀了一层白白的"雪花"。

后继活动内容是学生用橡皮筋在钉子板上围、用水彩笔在方格纸上画"想象中的长方形、正方形和圆"，学生尽情地围着、画着。他们不约而同地在"圆形"处遇到了困难，也只好求救于老师了。这是教师意料中的事。

三

该全课总结了，李老师要大家给这节课起个课题。

"我们学的是长方形、正方形、圆形。"

李老师根据学生的回答板书了课题《长方形、正方形、圆》，刚要转过头来，一名男孩突然爆出一声："交朋友！""哗……"师生满堂哄笑，这名男孩不好意思地伸了伸舌头，坐了下去。

李老师怔了一怔，尔后随机应变地用粉笔重重地把课题改成了《和长方形、正方形、圆交朋友》，并带头鼓起掌来，听课老师似乎意识到了什么，也鼓起掌来，学生也跟着鼓起掌来，这名男孩得意地，对大家做了个鬼脸。

离下课还有近五分钟时间。李老师布置了一个机动节目："请小朋友们把发下来的卡片制作成一张明信片，正面用长方形、正方形和圆形贴纸进行组合拼贴，设计一幅美丽的图画，然后选一位客人老师做朋友，让他们对你的作品进行评价。你可以在反面写上你想对客人老师说的话，也可以请客人老师在反面写上他想对你说的话。"

不难想象，学生又忙得不亦乐乎，听课老师随之也忙得不亦乐乎！忙来忙去，忙得学生不想下课、教师不能下课……这算不算拖课？

感情这东西，的确叫人难分难解啊！

（本课内容为苏教版国标本数学教材一年级下册"长方形、正方形、圆"，执教老师李小娟）

案例9　在小心求证中验明知识真身

——"钉子板上的多边形"教学实录与思考

教学实录

一、研究多边形的边数和面积之间的关系

教师板书"关系"：这个词认识吗？你会找关系吗？（选一个学生）说说我们是什么关系？

生：师生关系。

师：我们还可以是什么关系？

生：朋友关系。

师：我很高兴我们之间能有这样的关系。今天这堂课，我们就来找关系。

（出示图：  ）

师：这些图形认识吗？

生：认识。它们是多边形。

师（板书"多边形"）：找找这些多边形的边数与面积大小有关系吗？

生：我发现，多边形边数越多，面积就越大。

(教师接着出示： ⬜)

师：这是一个四边形，按照刚才你们的猜想，它的面积应该比五边形的面积小。你看呢？

生1（有点拿不准）：感觉平行四边形面积比前面的五边形大。

生2（似乎有一种预感）：想错了？

师：为了便于同学们确定它们的面积到底是多少，我把它们放到钉子板上（如图1）。（补充板书"钉子板上的"，揭示完整课题）现在，你能很快地知道它们的面积了吗？（学生用计算、割补或数方格等方法得到每个多边形的面积，完成填表）

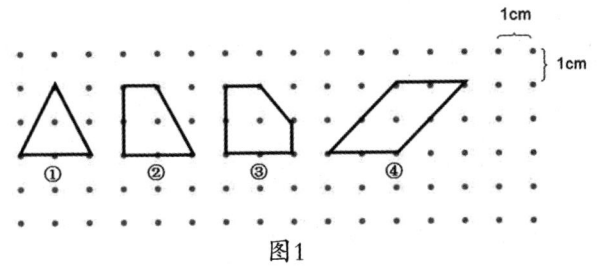

图1

图形	多边形的面积/平方厘米
①	2
②	3
③	3.5
④	4

师：有了这些数据，刚才"多边形边数越多，面积就越大"的发现，还对吗？

生（有点沮丧）：嗯，是错了……

师：看来，我们只要找到一个反例，就能推翻以前发现的结论。

二、研究多边形边上的钉子数和面积之间的关系

1. 起：从"a＝1"开始

师：在目前情况下，没有发现这些多边形的边数和面积有一定的关系。那现在将多边形放在钉子板上后，你能发现，什么也在变化？

生1：边越多，点就越多。

生2（受其启发）：好像边上的点越多，面积越大。

师（追问）：你确定吗？

生2（摇头）：感觉是这样。

师：那多边形边上的钉子数与面积到底有没有关系呢？下面我们就来研究这个问题。数一数，每个多边形边上的钉子有几枚呢？（完成后一部分填表）

图形	多边形的面积/平方厘米	多边形边上的钉子数/枚
①	2	4
②	3	6
③	3.5	7
④	4	8

师：看了表格中的数据，你有什么发现？

生1：多边形边上钉子数是面积的2倍。

生2：面积是多边形边上钉子数的一半。

师（指着多边形的面积以及多边形边上的钉子数）：我们已经学过，可以用什么来表示变化的数？

生：用字母表示数。

师：图形面积我们一般用什么字母表示。

生：用字母 S 表示。

师：在这里，我们用字母 n 来表示钉子数。这样，你会用字母式来表示钉子数与面积之间的关系了吗？（根据学生回答板书：$S＝n÷2$）

师：用字母式来表示它们之间的关系，感觉怎样？

生：更简洁。

2. 承：在"$a=2$"中发现

师：$S=n\div 2$ 告诉我们，只要知道了 n，就能求出 S。下面我们用这个结论来解决一些问题。

（教师把原来的三边形拉长，如图2，让学生数出 $n=4$，代入字母式算出 $S=2$。此时，许多学生发现了矛盾：面积明明变大了，怎么可能还是2呢？计算实际面积大三角形的面积应该是3。）

（教师继续把后面两个多边形做同样的处理，如图3，让学生数一数、算一算、比一比，发现结果与实际也不符。此时，越来越多的学生怀疑刚才的结论：又错了？）

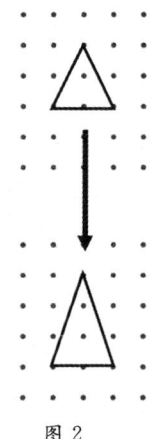

图 2

生1：肯定错了。

师：为什么？

生1：例如把三角形继续拉长，边上的钉子数仍然可以是4，但面积可以变得越来越大。这一个例子就可以推翻刚才的结论。（学生鼓掌）

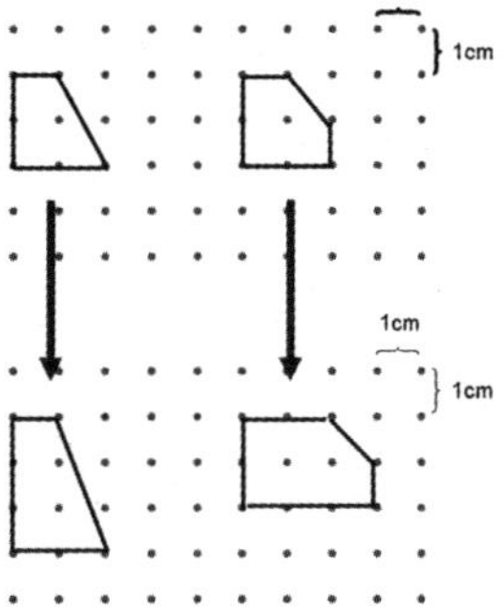

师：学会找反例来说问题了，非常好！那是不是刚才的发现完全错了呢？我们再来仔细地观察和比较变化前后的多边形……

图 3

生2（惊喜）：老师，我看出来了！上面的多边形内的钉子数是1，下面的多边形内的钉子数是2。（许多学生也发现了这一点）

师：好！你们终于找到了问题所在。看来，多边形内的钉子数跟我们刚才的研究也有关系。（学生表示赞同）如果用字母 a 表示多边形内的钉子数，那么在 a 等于几的情况下，$S=n\div 2$ 成立？

生（异口同声）：$a=1$。

师：那刚才的发现错了吗？

生：不全错。

师：补上前提条件后，我们就能判定刚才的结论正确了么？

（教师的语气让学生再次感到疑惑：难道还不对么？）

师：请注意，这些例子都是老师给的哦！你们觉得自己还应该做些什么？

生（恍然大悟）：举例验证。（学纷纷举例说明。）

师：最后不要忘记找一找有没有反例。

（学生尝试。）

生 3：老师，我找到了反例。

师：哦？是怎样的反例？

（教师根据生 3 的示意在点子图上画出这样一个圆，如图 4。）

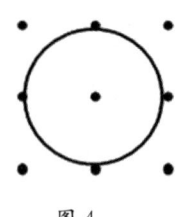

图 4

师：请你解释一下。

生 3：圆的边上钉子数是 4，代入 $S=n\div 2$ 算出的面积是 2，但我用割补法发现实际面积应该比 2 大。

师：同学们，你们对这个反例有什么看法？

生 4：在二年级的时候，我们已经知道钉子板上围不出圆的。

生 3（不服）：但可以画出来啊。

（生 4 感觉自己的理由不充分，坐下继续思考。）

生 5（小心求证）：老师，圆是多边形吗？

（其他同学看着老师，期待着答案。）

师：你真棒！找到了谜底。的确，圆不是多边形，所以这个反例不符合要求。到此，我可以宣布刚才的结论正确了吗？

生（异口同声）：可以。

师：接下来我们继续研究 $a=2$ 的情况，S 和 n 之间有怎样的关系？

生6：多边形内的钉子数比刚才多多少，面积就比刚才那个多多少。

师：你的意思是说，a 比刚才的多1，那么 S 也比刚才的（$n÷2$）多1，是吧？

（生6点头。教师顺势出示下面的表格并板书：$a=2$，$S=n÷2+1$。）

	a	n	$n÷2$	S
①	2	4	2	3
②	2	7	3.5	4.5
③	2	9	4.5	5.5

师：依照这些数据，我们可以宣布发现一定正确了吗？

生：不行！还需要继续举例验证和找一找有没有反例。（学生活动）

3. 转：向"$a=3$、$a=4$…$a=0$"拓展

师：由 $a=2$ 你想到了什么？（学生想到 $a=3$，$S=n÷2+2$；$a=4$，$S=n÷2+3$…）

师（指着如下板书）：观察这些关系式，你觉得它们之间有关系吗？

$a=1$，$S=n÷2$
$a=2$，$S=n÷2+1$
$a=3$，$S=n÷2+2$
$a=4$，$S=n÷2+3$
……

生1：下面的加数比上面的加数多1。

生2：我感觉，后面的加数比前面的 a 少1。

师：你们是怎么看 $a=1$，$S=n\div 2$ 的呢？

生：写成 $S=n\div 2+0$ 就行了。

师（故意用神秘的语气）：反过来，$a=0$ 时，刚才的发现还正确？

（一些学生察言观色，思想开始动摇：还错了？）

师：哈，这次老师肯定地告诉你们，没想错！祝贺你们！

生（欣喜）：耶，没有错！

师：那 $a=0$ 表示什么意思？S 和 n 之间又有什么关系？这也留到课后去研究。好吗？

生（异口同声）：好！

4. 合：为"$S=n\div 2+(a-1)$"准备

师：要让自己变得聪明，首先，我们要学会由"一点"想到"许多点"，例如刚才我们由 $a=1$ 想到 $a=2$，$a=3$……以及 $a=0$；其次，我们还要学会把"许多点"变到"一点"，例如你有没有想到把"$a=1$ 时 $S=n\div 2$，$a=2$ 时 $S=n\div 2+1$，$a=3$ 时 $S=n\div 2+2$，$a=4$ 时 $S=n\div 2+3$……"这些规律再合成一条规律呢？有兴趣的同学课后可以继续研究。

三、全课总结

师：回顾探索和发现规律的过程，你有什么体会？

师（抓住板书中的"不变"点明）：要善于从不同的多边形中找到它们的相同点。

师：（抓住板书中的"说关系"点明）：用含有字母的式子表示规律，简明易记。

（抓住板书中的问号与大括号点明）：探索规律时，要认真观察、反复比较，发现规律后要验证。

附板书设计：

钉子板上的多边形

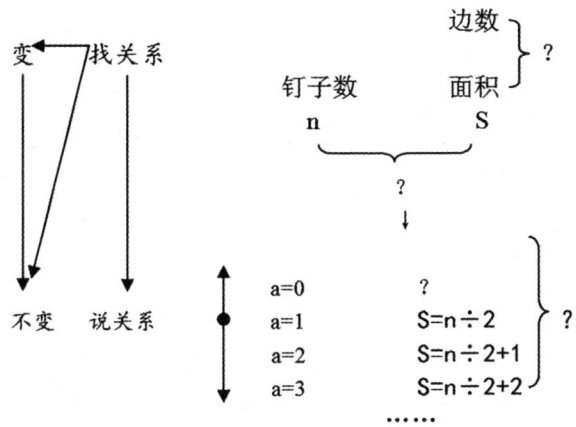

设计意图

本课属于《用字母表示数》单元后的找规律教学。以往的找规律教学有着太多的"一定"，例如发现一定都是正确的、认识一定要一步到位、探究一定都在课内完成……首先，这种"一定"未必符合科学，事实的真相往往是：找规律，可能找不到规律，也可能找不对规律，还可能找不完规律。其次，这种"一定"的没有悬念、没有波折的教法，让学生轻松找到规律后，就会疏于求证知识、反思问题、调整策略，无须担心结论是否正确，也无须担心时间是否紧张，因为最终教材和教师都会给你一个结果。

由此，我想通过本课教学，除了达成知识目标——找到规律，还要通过以下三个"不一定"，突出找的过程和方法，使学生的探究过程不再一帆风顺，从而刷新学生对教材、对教学的惯常思维，还科学探究本来面目。从学生的情感反应来看,教学取得了预期效果——学生对"不一定"有了深刻认识,有了怀疑意识,学会了在小心求证中验明知识真身。

一、通过"想错了?""嗯,是错了……"的情感反应,让学生意识到:发现不一定都是正确的。

如今的教材普遍存在着一种缺陷,那就是所有的探究都是成功的,结果都是正确的,这就可能给学生造成"凡是给我们探究的,都有正确的结论"的错觉。对此,我在课的一开始,引进多边形时,故意绕了一个弯,增加了一个所谓"找规律"的过程,在学生自以为是的时候,出示平行四边形这个反例,让学生清醒地认识到,发现未必成真,一个反例足以推翻结论,同时为接下来的探究提供"技术手段"。

这个教学的"绕弯",还有一个辅助功能是,它让学生对研究背景的添加不感到突兀。在平行四边形与前面的五边形比大小时,学生感觉目测已经不可靠,教师趁机把多边形放在了钉子板所表示的点子图中,从而为开启另一个研究视角——"钉子板上的多边形"做好了过渡和必要的硬件准备。

二、通过"又错了?""呵,不全错。"的情感反应,让学生意识到:认识不一定要一步到位。

在知识逻辑上,前提理应"前"提,因为它是规律成立的首要条件。在一般教学中,教师都会按照知识逻辑实施教学。如果我们反其道而行之,在教学中,把前提条件"后"置,有时反而会产生戏剧性效果,例如课中我没引导学生先关注形内钉子数这一前提条件,故意留下知识"漏洞",让学生获得"一知"和"半解",然后在学生觉得没问题的时候,及时提供了问题,结果出现了问题,从而使学生产生认知矛盾,自觉怀疑前期发现——是知识错误还是认识错误,主动检查问题出在哪里,从而在比较中找到问题根源——原来是犯了以偏概全的错误,最终修正原有的片面认识。其中,对 $a=2$ 的图例,我没有重起炉灶,而是在原来多边形的基础上做延伸处理,其用意正是为了便于学生比较,及时聚焦到问题本质。

这种不一步到位的教学方法，一方面可以使教学呈现出一波三折、高潮迭起的生动局面，另一方面也是更重要的是可以让学生明白，许多时候对事物本质的认识并不能一步到位，需要在学习或应用过程中不断纠正偏差或积累经验。同时，让学生明白，探究也并不是一帆风顺的，发生错误是很正常的，例如课中学生在举反例的过程中画出的那个圆，我们不能以"圆面积计算公式还没学"而推之大吉，也不能简单地把它看成是学生思维的跑偏，其实它的出现，不是"事故"而是"故事"，反而是学生思维深刻的反映，恰好是帮助学生理解知识不可多得的辨析资源。

三、通过"还错了？""耶，没有错！"的情感反应，让学生意识到：探究不一定都在课内完成。

现在，课堂教学普遍追求"今日之事今日毕"，不愿意留下知识"空隙"，以免给自己也给学生留下遗憾。其实，课堂教学时间是有限的，而知识是无限的，例如这节课的知识可以一直延伸到皮克定理，而这节课的教学只是其中的一"块"。从长远看，一节课结束，最多只能把一"块"知识作一个小结。

在此，我想说，对课中的这一"块"知识，也不一定要完全小结或赶忙小结，不妨留点缺口、留点尾巴供学生课后研究，这样反而可以让学生学得更从容、学得更充分、学得更深入。此时，课堂教学的作用只是推动学生持续研究的一个例子、一个引子，例如课中，我让学生最终带着三个问题走出课堂：第一个问题是 $a=3$ 时 $S=n\div 2+2$，$a=4$ 时 $S=n\div 2+3$……的猜想是否正确，第二个问题是 $a=0$ 时 S 和 n 之间又有什么关系，第三个问题是这么多关系是否可以归结到一个规律。这一条"步步高"的问题链，不断指引着学生登上知识的高峰。

课堂，是问题不断消失的地方，但也是问题不断产生的地方。新问题的产生，不管是学生想到的还是教师给出的，都将会引导着学生一直研究下去并一直学习下去，把"课外"变成"课堂"。

图书在版编目（CIP）数据

让学习真正发生/严育洪著.—济南:山东文艺出版社,2017.5
 ISBN 978-7-5329-5466-7

Ⅰ.①让… Ⅱ.①严… Ⅲ.①小学数学课—教学研究 Ⅳ.①G623.502

中国版本图书馆 CIP 数据核字(2017)第 051915 号

让学习真正发生
——小学数学任务驱动式教学解读与实施

严育洪　著

主管部门	山东出版传媒股份有限公司
出版发行	山东文艺出版社
社　　址	山东省济南市英雄山路 189 号
邮　　编	250002
网　　址	www.sdwypress.com
读者服务	0531-82098776(总编室)
	0531-82098775(市场营销部)
电子邮箱	sdwy@sdpress.com.cn
印　　刷	山东德州新华印务有限责任公司
开　　本	710 毫米×1000 毫米　1/16
印　　张	19　插页/2
字　　数	260 千
版　　次	2017 年 5 月第 1 版
印　　次	2017 年 5 月第 1 次印刷
书　　号	ISBN 978-7-5329-5466-7
印　　数	1~5000
定　　价	37.00 元

版权专有,侵权必究。如有图书质量问题,请与出版社联系调换。

教育发现

教育发现